UTB 3089

Eine Arbeitsgemeinschaft der Verlage

Böhlau Verlag · Köln · Weimar · Wien
Verlag Barbara Budrich · Opladen · Farmington Hills
facultas.wuv · Wien
Wilhelm Fink · München
A. Francke Verlag · Tübingen und Basel
Haupt Verlag · Bern · Stuttgart · Wien
Julius Klinkhardt Verlagsbuchhandlung · Bad Heilbrunn
Lucius & Lucius Verlagsgesellschaft · Stuttgart
Mohr Siebeck · Tübingen
Orell Füssli Verlag · Zürich
Ernst Reinhardt Verlag · München · Basel
Ferdinand Schöningh · Paderborn · München · Wien · Zürich
Eugen Ulmer Verlag · Stuttgart
UVK Verlagsgesellschaft · Konstanz
Vandenhoeck & Ruprecht · Göttingen
vdf Hochschulverlag AG an der ETH Zürich

Wolfgang Hörner
Barbara Drinck
Solvejg Jobst

Bildung, Erziehung, Sozialisation
Grundbegriffe der Erziehungswissenschaft

2. Auflage

Verlag Barbara Budrich
Opladen & Farmington Hills, MI 2010

Bibliografische Informationen der Deutschen Nationalbibliothek
Die Deutsche Nationalbibliothek verzeichnet diese Publikation in der Deutschen
Nationalbibliografie; detaillierte bibliografische Daten sind im Internet über
http://dnb.d-nb.de abrufbar.

Gedruckt auf säurefreiem und alterungsbeständigem Papier.

Alle Rechte vorbehalten.
© 2010 Verlag Barbara Budrich, Opladen & Farmington Hills MI
Verlags-ISBN 978-3-86649-804-2
www.budrich-verlag.de

ISBN 978-3-8252-3089-0

Das Werk einschließlich aller seiner Teile ist urheberrechtlich geschützt. Jede Verwertung außerhalb der engen Grenzen des Urheberrechtsgesetzes ist ohne Zustimmung des Verlages unzulässig und strafbar. Das gilt insbesondere für Vervielfältigungen, Übersetzungen, Mikroverfilmungen und die Einspeicherung und Verarbeitung in elektronischen Systemen.

Lektorat und Satz: Susanne Albrecht-Rosenkranz, Opladen, www.lektorat-albrecht.de
Umschlaggestaltung: Atelier Reichert, Stuttgart
Druck: Pustet KG, Regensburg
Printed in Germany

Inhalt

Zur Einführung 6

I. Bildung
Wolfgang Hörner

Kapitel 1: Begriffliche und historische Grundlagen 11
Kapitel 2: Das Verhältnis von Allgemeinbildung und Berufsbildung – noch ein deutscher Sonderweg? 26
Kapitel 3: Die Soziologisierung des Bildungsbegriffs 40
Kapitel 4: Bildungstheorie und ihre Anwendung in Didaktik und Curriculum 52

II. Erziehung
Barbara Drinck

Kapitel 5: Erziehung unter der Betrachtung anthropologischer Voraussetzungen 75
Kapitel 6: Erziehungstheorien und ihr geschichtlicher Diskurs 94
Kapitel 7: Konzepte erzieherischen Handelns 115
Kapitel 8: Institutionelle und gesellschaftliche Rahmenbedingungen der Erziehung 137

III. Sozialisation
Solvejg Jobst

Kapitel 9: Der Sozialisationsprozess: Begriffsbestimmung und theoretische Ansätze 161
Kapitel 10: Sozialisationsfeld: Familie 178
Kapitel 11: Sozialisationsfeld: Schule 192
Kapitel 12: Entwicklung von Identität als zentrale Herausforderung in der Jugendzeit 203

Zur Einführung

Den äußeren Anstoß zu diesem neu in 2. Auflage erscheinenden Studienbuch ergab die pragmatische Notwendigkeit, im Rahmen der modularisierten Lehramtsstudiengänge eine Reihe bildungswissenschaftlicher Seminare mit gleicher Thematik durch mehrere Lehrende mit verschiedener Vorbildung (verschiedenen erziehungswissenschaftlichen Arbeitsprofilen, Forschungsschwerpunkten, Studienrichtungen...) durchzuführen und mit einer gemeinsamen Modulprüfung abzuschließen. Dieser Kontext machte es erforderlich, gemeinsame Arbeitsmaterialien bereitzustellen.

Das Problem ist jedoch keine Besonderheit eines einzelnen Hochschulstandorts. Im erwähnten Fall war das Thema „Grundbegriffe der Erziehungswissenschaft" als Teilmodul für den Bachelor-Studiengang „Bildungswissenschaften" in Übereinstimmung mit dem Kerncurriculum der Deutschen Gesellschaft für Erziehungswissenschaft entwickelt worden. Die inhaltliche und hochschuldidaktische Reflexion konnte deshalb über den regionalen Rahmen hinaus potentiell für den gesamten deutschsprachigen Raum nutzbar gemacht werden. Das Studienbuch ist somit von seiner inhaltlichen Fokussierung her faktisch für alle deutschsprachigen Studiengänge mit erziehungswissenschaftlicher Ausrichtung verwendbar.

Die Orientierung an der Leitidee der „Grundbegriffe" ist auf den ersten Blick eher klassisch. Die Originalität des Zugangs und damit die Besonderheit des Studienbuches liegen allerdings in seinem konzeptionellen Zuschnitt, der Art der Fragestellung und ihrer inhaltlichen Ausfüllung.

Thema des Studienbuchs sind die zentralen Begriffe erziehungswissenschaftlichen Denkens, die bei wenig reflektiertem Gebrauch oft ineinander übergehen. Sie erweisen sich so, zumal für den Anfänger, als konturenarm, zugleich aber auch als etwas sperrig, weil schwer definierbar. Ein zentrales Ziel des Studienbuches ist es deshalb, diese Begriffe so aufzuschlüsseln, dass sie für das (weitere) Studium mit Gewinn genutzt werden können.

Der Teil des Bandes, der den Begriff *Bildung* thematisiert, wählt zur Erhellung der umfangreichen semantischen Verästelungen des Bildungsbegriffs einen begriffsgeschichtlichen und pädagogikgeschichtlichen Zugang. Er versteht sich damit auch als ein wesentlicher Beitrag zur Auflösung der Be-

Zur Einführung 7

griffsverwirrung, die durch die unterschiedlichen semantischen Felder des Bildungsbegriffs entstanden ist, die heute im deutschsprachigen Raum vorfindbar sind und die durch die unreflektierte Absorption englischsprachiger Forschung noch verstärkt wurde. Das Nebeneinander von Bildung als innere Formung der Persönlichkeit einerseits und als gesellschaftlich verwertbare Qualifikation andererseits kann nicht nur bei Anfängern zu Irritationen und Missverständnissen führen.

Im Bereich des *Erziehungsbegriffs* geht das Spektrum der Fragestellungen vom Bereich der pädagogischen Anthropologie über praxeologische Aspekte der Erziehung bis zur Schulpädagogik und Sozialpädagogik. Historische Aspekte der diskursiven Gestaltung von Erziehungskonzepten werden mit gleicher Gewichtung wie auch die systematische Analyse von Erziehungstheorien behandelt.

Im Umfeld des *Sozialisationsbegriffs* wird der Leser mit unterschiedlichen theoretischen Perspektiven zur Wechselwirkung zwischen Mensch und Gesellschaft bekannt gemacht. Es werden Erkenntnisse aus der familialen und schulischen Sozialisationsforschung vorgestellt und zentrale Aspekte von Jugendforschung und Identitätsbildung diskutiert. In den beiden Teilen zu Erziehung und zu Sozialisation werden zudem – über die in diese Themen integrierte Behandlung des *Entwicklungsbegriffs* – zentrale Elemente der Entwicklungspsychologie thematisiert. Durch die Verschränkung von begrifflicher und problemzentrierter Zugangsweise spiegelt das Studienbuch die interdisziplinäre Breite und Vielfalt erziehungswissenschaftlicher Ansätze und Betrachtungsweisen wider.

Unter den drei Begriffen hat der – auf den ersten Blick spezifisch deutsche – Begriff *Bildung*, der ja dem bildungswissenschaftlichen Studiengang seinen Namen gegeben hat, insofern eine Sonderstellung, als seine Analyse von den semantischen Differenzierungsmöglichkeiten der deutschen Sprache ausgehen kann. Dies gibt aber zugleich die Möglichkeit, den Begriff auch im Licht anderer Sprach- und Denkräume zu betrachten. In dieser Reflexionslinie besteht eine weitere Besonderheit darin, dass bewusst über den englischen Sprachraum hinaus gefragt wird, inwieweit sich das „Alleinstellungsmerkmal" des deutschen Bildungsbegriffs in einer sprachlich weiter gefächerten internationalen Betrachtungsweise aufrechterhalten lässt. Internationale Erweiterung des Bezugshorizonts bedeutet hier explizit nicht nur die Beschränkung auf angelsächsisch geprägtes Denken.

Der Zugang zu den ausgewählten Begriffen Bildung, Erziehung und Sozialisation ist so ausdifferenziert, dass über die begrifflichen Klärungen hinaus mittels der thematisierten Teilaspekte ein weites Spektrum erziehungswissenschaftlicher Fragestellungen und Probleme vorgestellt wird. Die durchgängige systematische Perspektive wird ergänzt durch historische und vergleichende Aspekte unter Einbeziehung internationaler bildungssoziologischer und bildungsökonomischer Ansätze bis hin zur Einbeziehung von

Problemen allgemeiner Didaktik. Auf diese Weise wird zugleich eine Einführung in zentrale *Probleme und Fragestellungen der Erziehungswissenschaft* anvisiert. Die Begriffe dienen als Leitfaden, um wichtige Inhaltsbereiche der Erziehungswissenschaft zu erschließen, wobei auch – wenngleich eher schlaglichtartig – die historische Dimension wichtiger Themen (insbesondere aus den Bereichen Bildung und Erziehung) beleuchtet wird. Über den strukturierten begrifflichen Zugang werden weitere Themenbereiche der Erziehungswissenschaft insbesondere für Anfänger geöffnet.

Der methodische Aufbau des Bandes differenziert die drei Leitbegriffe Bildung, Erziehung und Sozialisation jeweils in vier in etwa gleichgewichtige Problemkreise aus. Diese insgesamt zwölf Problemkreise können als abgeschlossene Lehreinheiten verstanden werden, die aus analytisch-deskriptiven Texten bestehen.

Diese analytisch-deskriptiven Texte sind den Standards von Studienbüchern entsprechend mit Marginalien versehen, die es erlauben sollen, den Gang der Argumentationslinie besser zu verfolgen und die Fragestellungen schneller auffindbar zu machen. Den einzelnen Kapiteln folgen jeweils Fragenkataloge, die sich in einfache Kontroll- bzw. Wiederholungsfragen über die behandelten Inhalte einerseits und anspruchsvollere weitergehende Reflexions- bzw. Diskussionsfragen andererseits gliedern. Ausgewählte kurz kommentierte Empfehlungen zentraler Monographien und Aufsätze zur vertiefenden eigenen Lektüre folgen auf die einzelnen Kapitel.

Ausführliche Literaturangaben zu den drei Leitbegriffen und den behandelten Themenfeldern sollen die Problemfelder weiter aufschlüsseln und zur weiterführenden selbständigen Bearbeitung einladen. Auf diese Weise versucht der Band dem in den neuen Studienstrukturen gewachsenen Postulat der selbständigen Arbeit der Studierenden stärker Genüge zu tun.

Leipzig, im Mai 2010

Wolfgang Hörner   Barbara Drinck   Solvejg Jobst

I. Bildung

Wolfgang Hörner

Kapitel 1: Begriffliche und historische Grundlagen

1 Der Bildungsbegriff

Warum ist es nötig, in einem Studiengang für Lehrer systematische Überlegungen zum Bildungsbegriff anzustellen? Diese Frage führt uns unmittelbar zur Leitfrage des Gesamtkapitels, nämlich zur Kanonfrage der Schule: Welche Inhalte sind es wert, durch schulische Institutionen an die jüngere Generation vermittelt zu werden? Die Antwort auf diese Frage setzt eine wertende Hierarchisierung von Wissen voraus, die uns nach den Kriterien dieser Wertung fragen lässt: Welches Wissen ist von größtem gesellschaftlichen Nutzen und prägt zugleich Persönlichkeit, kurz: welches Wissen „bildet"? Um eine Antwort auf diese Frage zu versuchen, ist es unabdinglich, den Begriff Bildung näher zu betrachten. *Der Nutzen des Bildungsbegriffs*

Dass ein Studienbuch über erziehungswissenschaftliche Grundbegriffe überhaupt mit dem Begriff „Bildung" beginnt, scheint auf den ersten Blick eine typisch deutsche Erscheinung zu sein, die durch die besonderen semantischen Möglichkeiten der deutschen Sprache vermittelt wird. Dabei hat sich im Laufe der deutschen Geistesgeschichte ein komplexes Bedeutungsgeflecht aufgebaut, das nicht nur Anfänger entmutigen kann. Eine wesentliche Aufgabe der ersten Kapitel soll es sein, diese Bedeutungskomplexität, die auch eminente Fachvertreter in Verwirrung gebracht hat (siehe Kapitel 3), etwas zu entwirren und damit für die Analyse schulischer und außerschulischer Prozesse handhabbar zu machen. *Der Bildungsbegriff: Eine deutsche Besonderheit?*

Der oft behauptete sprachliche Einmaligkeitscharakter des deutschen Begriffs (vgl. auch Eggers 1981) scheint zunächst gegenüber den westeuropäischen, lateinisch beeinflussten Sprachen zu gelten: in direkter Ableitung lassen sich alle romanischen Sprachen und indirekt (vermittelt über das Normannische) auch Englisch, auf ein lateinisches Grundwort *educatio* beziehen, in dem etymologisch der Gedanke des Herausführens aus einem Rohzustand („aufziehen") angesprochen wird. Ein anderes Wort im Sinne des deutschen Wortpaares Bildung/Erziehung gibt es in diesen Sprachen offensichtlich nicht (eine Ausnahme bietet allenfalls das Französische, s.u.). Allerdings schwindet dieses Alleinstellungsmerkmal des deutschen Bildungsbegriffs, wenn man, was selten geschieht, die slawischen Sprachen daneben betrachtet, die eine solche Unterscheidung zwischen Bildung und Erziehung mit *„Bildung" in anderen europäischen Sprachen* ähnlichen Bedeutungsgrenzen wie im Deutschen sehr wohl machen (einer der wenigen Autoren, die darauf aufmerksam gemacht haben, da er zu dieser Sprachwelt Zugang hatte, war offensichtlich Eugen Lemberg, vgl. Lemberg 1963: 33f.):

Das Russische unterscheidet zwischen *obrazovanie* („Bildung", mit der Metapher des „Bilds" – *obraz* – wie im Deutschen) und *vospitanie* (Aufziehen = Erziehung). Das Polnische verwendet die aufklärerische Lichtmetapher *oświata* (Bildung, eig. Erleuchtung, von *światło* = Licht) oder die Metapher des Gestaltens (*kształcenie*) gegenüber *wychowanie* (Aufziehen = Erziehung). Ähnliche Begriffspaare bilden auch die anderen slawischen Sprachen.

Semantische Unterschiede zwischen Bildung und Erziehung?

Was macht nun aber den Unterschied zwischen den deutschen Begriffen Bildung und Erziehung aus? Zur klareren Unterscheidung empfiehlt es sich vom Erziehungsbegriff auszugehen (vgl. auch Kapitel 6): „Erziehung" wird im deutschen Sprachgebrauch als von außen veranlasst gedacht, „erziehen" ist ein transitives Verb (ich erziehe jemanden, bzw. ich werde von jemandem erzogen), das schließt ein klares Verhältnis zwischen Subjekt (dem/der Erziehenden – educans) und Objekt (dem/der zu Erziehenden – educandus/-a) ein. Dieses Erziehungsverhältnis hat starke normative Konnotationen, denn der Erziehungsprozess soll gezielt die Normen der Gesellschaft bzw. der älteren Generation weitergeben. Dies geschieht unter bewusster Einbeziehung des affektiven Bereichs, Erziehung möchte auch Gefühle erzeugen bzw. festigen und wendet auch emotional betonte Erziehungsmittel an. Die semantische Ebene wird ganz deutlich bei der Unterscheidung von Politischer Erziehung und Politischer Bildung. Bildung bezieht sich in erster Linie auf den kognitiven Bereich, hat keine ausdrücklich normativen Komponenten und taucht sprachlich primär in reflexiven Zusammenhängen auf (er bildet sich). Die Metapher des Bildes deutet darauf hin, dass ihr Ziel etwas mit der Formung der Persönlichkeit zu tun hat, in der Sprache des deutschen Idealismus ist Bildung (als Ergebnis) innere Form, die durch die Auseinandersetzung mit den Bildungsinhalten erreicht wurde. Die Nähe dieser „Formung" zur Aufklärung, die in keiner Sprache so deutlich wird wie im Polnischen (s.o.), und die stillschweigend vorausgesetzte Eigentätigkeit des sich bildenden Individuums, verleihen dem Bildungsbegriff ein Element von Emanzipation. Dieses Element kommt in der vorwiegend passiv oder allenfalls reaktiv erlebten Erziehung höchstens indirekt (in der antagonistischen Auseinandersetzung des Individuums mit seiner Erziehung) zum Ausdruck.

Erster Definitionsversuch

Aus diesem gedanklichen Zusammenhang ergibt sich eine der kürzesten und prägnantesten Definitionen des deutschen Bildungsbegriffs, der uns im Folgenden als Leitgedanke dienen soll:

„Bildung ist nichts anderes als Kultur nach der Seite ihrer subjektiven Zueignung" (Adorno, 1959/1972: 94).

Adorno selbst hat diesen Gedanken aus der Tradition der deutschen geisteswissenschaftlichen Pädagogik übernommen, denn Herman Nohl formulierte in seinem Buch über die Reformpädagogik schon früher: „Bildung ist die subjektive Seinsweise der Kultur...". Sein Satz geht allerdings dann weiter, „...die innere Form und geistige Haltung der Seele..." (Nohl 1949: 140), womit er die Gedankenwelt des Neuhumanismus aufgreift (siehe unten).

Dass Bildung subjektiv angeeignete Kultur sei, ist den Kennern der französischen Sprache nicht fremd. Denn der französische Begriff *culture* bezeichnet in seiner ersten Bedeutung genau das: die vom Individuum angeeigneten Bildungsgüter, also die erworbene Bildung des einzelnen. Der kollektive Aspekt der Kultur als eines gemeinsamen Symbolsystems einer Gruppe entspricht im Französischen eher dem Begriff der *civilisation*. Ein kollektiver Aspekt im Sinne des deutschen Wortes Kultur wurde im Französischen erst im 20. Jahrhundert als Lehnbedeutung mit der Rezeption der deutschen Philosophie bzw. der amerikanischen Ethnologie (*primitive culture*) übernommen. Aus diesen Erläuterungen folgt, dass auch das Französische einen Bildungsbegriff kennt, der neben *éducation* existiert, so dass das Alleinstellungsmerkmal des deutschen Bildungsbegriffs auch aus diesem Grund eingeschränkt werden muss.

Der französische Sprachgebrauch

Die Doppelbedeutung des heutigen französischen Begriffs *culture* mit seiner subjektiv-individuellen und seiner kollektiven Komponente führt uns zurück auf die schon angesprochene Leitfrage der folgenden Überlegungen, das Dauerproblem der Bestimmung von schulischen (und auch außerschulischen) Bildungsinhalten. In der Frage: Was ist wert, durch pädagogische Institutionen für die Bildung der Persönlichkeit angeeignet zu werden, liegt die zentrale praktische Bedeutung des Bildungsbegriffs. Die Antwort auf diese Frage wird von den jeweilgen gesellschaftlichen Kräften gegeben. Die historisch unterschiedlichen Antworten bestimmen weite Strecken des Verlaufs der Pädagogikgeschichte.

Das Dauerproblem des Bildungskanons

2 Bildung in der klassischen Antike

Eine klassische Antwort auf diese Frage, die im Kern viele Jahrhunderte hindurch ihre Gültigkeit behielt, gab die griechisch-hellenistische Antike, die über die verschiedenen Renaissancen des klassischen Denkens über das Mittelalter hinaus das europäische Bildungsdenken bis heute beeinflusst.

Ihre Ursprünge gehen letztlich auf zwei Varianten griechischen Denkens im vierten vorchristlichen Jahrhundert aus dem Umkreis der Sokrates-Schüler zurück. Die Vertreter sind Platon (427-348 v. Chr.) und Isokrates (436-338 v. Chr.).

Beide verstehen sich als Schüler des großen Sokrates (469-395 v. Chr.) und sind sich einig darin, dass zur Bildung der nützlichen Bürger sowohl die Beschäftigung mit mathematischen als auch mit sprachlich-literarischen Gegenständen gehört. Allerdings setzen beide Autoren die Akzente sowohl hinsichtlich der genaueren Zielvorstellungen als auch hinsichtlich des besten Weges dahin jeweils anders.

Bildung nach Platon

Das gesellschaftliche Ziel Platons ist die Ausbildung von Philosophen als Leiter seines idealen Staatswesens. So ist sein Ziel ein philosophisches, nämlich die Suche nach Wahrheit über eine rationale Wissenschaft. Das hat zur Folge, dass Platon gegenüber den „Lügen" der Mythen, die durch die Dichter vermittelt werden, äußerst skeptisch bleibt. Eine Schlüsselrolle haben dagegen die mathematischen Disziplinen, zu denen nicht nur Arithmetik und Geometrie, sondern auch die Astronomie und die Musiktheorie gehören. Das geht vom elementaren Rechnen zur theoretischen Arithmetik, wo bereits die philosophischen Dimensionen von Gleichheit/Ungleichheit und Proportionalität angedeutet werden. In methodischer Hinsicht ist für Platon die trockene Mathematik eine Art „Abhärtungsübung" für die künftigen Philosophen. Der reine Geist, den es zu erreichen gilt, soll sich von allem Sinnenhaften lösen. Außerdem sind die mathematischen Disziplinen und vor allem die theoretische Arithmetik bei Platon ein Ausleseinstrument während einer äußerst langen Philosophenausbildung, die erst mit ca. 50 Jahren abgeschlossen ist, um dann dem Sammeln praktischer Erfahrung in der Polis Platz zu machen. Platon geht von vorn herein davon aus, dass nur eine verschwindend kleine Zahl von Schülern überhaupt diesen Prozess übersteht. Mit der Betonung des „geometrischen Geistes", wie Blaise Pascal (1623-1662) dies gut 2000 Jahre später bezeichnen wird, wird Platon zum Vater der empirisch-analytischen Wissenschaften (zum Begriff siehe Kasten).

... und nach Isokrates

Isokrates ist dagegen Pragmatiker. Sein Ziel ist die Ausbildung politisch tätiger Redner. Für die Bewältigung des politischen Alltags kann die Polis nach seiner Meinung nicht 50 Jahre warten. Für ihn und seine Rhetorenschule ist deshalb die Literatur und natürlich die Sprache das wichtigste Bildungsmittel. Die mathematischen Disziplinen werden zwar nicht vergessen, aber sie sind lediglich eine Gymnastik des Geistes. Die Kunst des Streitgesprächs, die Eristik, gilt für Isokrates als Hinführung zur Dialektik und damit zur Philosophie. Die Philosophie, wie sie Isokrates versteht, ist nicht die letzte Stufe eines (in seinen Augen absurden) 50-jährigen Bildungsgangs, sondern lediglich die Vorstufe zur echten Rhetorik. Anders gesagt, was Isokrates als „Liebe zur Weisheit" (Philosophie – von Sophia = Weisheit) bezeichnet, ist eigentlich mehr „Liebe zum Wort" (Philo-logie). Denn das Wort, der Logos, macht den Menschen erst zum Menschen.

Auch die Rhetorik besteht nicht nur aus formalen Regeln. Wenn sie ihr Ziel erreichen soll, muss sie allgemein-menschliche Inhalte und Probleme ansprechen. Marrou (1977: 176) formuliert:

„Daher verwandelt sich unter den Händen des Isokrates die Rhetorik nach und nach zur Ethik. Zweifellos weigert er sich, das zu teilen, was nach seiner Meinung die Illusion der Sokratiker war, nämlich die These, daß die Tugend lehrbar sein könne und daß sie eine Sa-

Begriffliche und historische Grundlagen

che der Erkenntnis wäre; er ist aber doch davon überzeugt, daß es ein sicheres Mittel ist, zur Erziehung des Charakters, des moralischen Sinnes, des Adels der Seele beizutragen, wenn man das Denken auf einen großen, seiner würdigen Gegenstand richtet: Ein wahrhaftes Wort [λόγος], übereinstimmend mit dem Gesetz und gerecht, ist das Abbild einer guten und rechtlichen Seele" (Nic. 7). Durch diesen unmerklichen Übergang von der Literatur zum Leben, … durch diesen ganzen naiven Idealismus, dieses grenzenlose Vertrauen in die Macht des Wortes …erscheint Isokrates so recht als die Quelle des großen Stromes des Schulhumanismus."

Die wahre menschliche Bildung geschieht nämlich nicht in der mathematischen Abstraktion, sondern „auf der bescheidenen Ebene des Wortes (…) dem gegenständlichen Bereich der Literatur" (Marrou 1977: 418). Klares Denken und treffender Ausdruck sind für Isokrates aufeinander bezogen. Ein Schlüsselgedanke, der in seinen Werken mehrfach auftaucht ist: „Das passende Wort ist das sicherste Zeichen für das richtige Denken" (Isokrates, Nikokles 7, und Antidosis 55, zit. nach Marrou 1977: 179). Verkörpert Platon in der Sprache Pascals den „Geist der Geometrie", so steht Isokrates für den „Geist des Feinsinns", der Intuition für die Beurteilung und Entscheidung komplexer Probleme sowie eines ausgewogenen Verhältnisses zwischen Form und Inhalt. Dadurch wird Isokrates zum Wegbereiter der hermeneutisch-phänomenologischen Wissenschaften.

> **Empirisch-analytische Wissenschaften** sind die auf Beobachtung und Erfahrung beruhenden Wissenschaftszweige (v.a. die Naturwissenschaften). **Hermeneutisch-phänomenologische Wissenschaften** sind die auf Textverständnis und Interpretation (Hermeneutik) und ganzheitliches Erfassen von Phänomenen gegründeten Wissenschaften (wie die Literaturwissenschaft oder die Geschichte).

Isokrates starb 338 v. Chr., kurz vor Alexanders entscheidendem Sieg bei Issus (333 v. Chr.), der als Beginn der hellenistischen Epoche zählen kann. Bei Isokrates bereits deutet sich ein neues Verständnis griechischer Kultur an, das die europäische Geistesgeschichte nachhaltig prägen sollte. Isokrates schreibt: „Wir nennen diejenigen [Menschen] Griechen, die mit uns die Kultur gemeinsam haben, vielmehr als diejenigen, die mit uns dasselbe Blut haben" (Isokrates, Panathenaikos 50, zit. nach Marrou 1977: 174).

Die Universalität von Bildung

Damit ist der Übergang in die hellenistische Epoche angezeigt, die durch die Eroberungen Alexanders des Großen über den Mittelmeerraum hinaus in den ganzen vorderen Orient getragen wurde. Grieche war von nun an, wer an der griechischen Sprache und Kultur Anteil hatte („Barbaren" = Stammler waren die, die kein Griechisch konnten, mit der späteren Bedeutung „ungebildet"). Mit dem Hellenismus wurden aber, wie Marrou plastisch zeigt (1977: 185ff.), auch die pädagogischen Institutionen und Vorstellungen in die neuen Reiche transportiert.

Tab. 1: Platon und Isokrates als Pole europäischen Bildungsdenkens

	Platon	Isokrates
Ziel	Suche nach Wahrheit über rationale Wissenschaft	Ausbildung des politisch tätigen Redners
Mittel	Mathematik, vom elementaren Rechnen zur theoretischen Arithmetik	Literatur als wahres Bildungsmittel, Mathematik nur Gymnastik des Geistes
Weg	Trockene Mathematik als Abhärtungsübung des Geistes	Eristik → Dialektik → Philosophie als Vorstufe der Rhetorik
Folgerungen für Bildung	Reiner Geist gegen Sinnenhaftigkeit, Mathematik als Ausleseinstrument sehr langer elitärer Bildungsprozesse	Bildung wird vermittelt auf „der bescheidenen Ebene des Wortes" (selbst die Vermittlung der Naturwissenschaften geschieht durch Lehrgedicht) passendes Wort als Voraussetzung für richtiges Denken
Modell für:	„Geometrischer Geist" wird zur Voraussetzung für empirisch-analytische Wissenschaften	„Feinsinniger Geist": intuitive Fähigkeit zur Beurteilung + Entscheidung komplexer Probleme wird zur Voraussetzung für hermeneutisch-phänomenologische Wissenschaften

Von entscheidender Bedeutung ist in diesem Prozess, dass der griechische Begriff *paideia* (Erziehung, abgeleitet von pais = das Kind) seine Bedeutung verschob: Von der ursprünglichen Bedeutung der Technik des Erziehens (also dem Prozess) wurde er zum Ergebnis der Erziehung (also dem Produkt) und damit zu dem, was zu Beginn des Kapitels mit dem deutschen Begriff „Bildung" umschrieben wurde. *Paideia* wird nun verstanden als der Zustand des entwickelten Geistes, der seine Möglichkeiten entfaltet hat, *paideia* ist damit bleibender Besitz.

Da diese Entfaltung der Möglichkeiten auch den abstrakteren Begriff der „Befähigung" einschließt, sind wir hier dem Begriff der „Kompetenz", wie er in der Moderne genannt wird, ziemlich nah (vgl. dazu auch die Bildungsdefinition Robinsohns, Kapitel 4).

Die Geburt des Humanismus

Die Römer übernahmen die hellenistische Kultur weitgehend, so dass der Kern dieses Konzeptes erhalten blieb. Die lateinischen Klassiker (z.B. Cicero 106-43 v. Chr.) übersetzten den Begriff *paideia* jedoch mit *humanitas* (die wahre menschliche Bildung, die den eigentlichen Menschen ausmacht). Damit war der Humanismus als Bildungsideal geboren, das sich aus diesem Begriff ableitete und das dem europäischen Bildungsdenken bis heute als Referenzgröße dient. Marrou (1977: 192) übersetzt *paideia* mit dem französischen Begriff *culture* in seiner personalistischen Bedeutung, wie sie oben eingeführt wurde. Damit nähern wir uns wieder dem Bildungsbegriff, wie er zu Beginn nach Adorno definiert wurde.

Begriffliche und historische Grundlagen

Nun sind diese Bestimmungen vergleichsweise formal und abstrakt. Welche konkreten Inhalte sollte Bildung vermitteln? Unter dem Namen *enkyklios paideia* (allgemeine, d.h. landläufige Bildung, „das was jeder wissen muss") setzten die hellenistischen Theoretiker den Bildungskanon fort, der sich schon in den vorangegangenen Epochen herausgeschält hatte. Es entstand das sprachlich dominierte Trivium in der Stufung Grammatik, Rhetorik und Dialektik und das im Kern schon auf Pythagoras (etwa 570-480 v. Chr.) zurückgehende Quadrivium der mathematischen Disziplinen Arithmetik, Geometrie, Astronomie und Musiktheorie. Naheliegenderweise wurden die beiden letzten Disziplinen aus der Perspektive ihrer Mathematisierbarkeit behandelt. Je nach Philosophenschule wurde die so verstandene Allgemeinbildung entweder unter Einschluss der höheren Bildung oder als Propädeutik der höheren Studien verstanden. Schon in hellenistischer Zeit schwindet der Einfluss des Quadriviums als „allgemein bildendes" Gut: Die mathematischen Disziplinen wurden zur Sache der Spezialisten und damit Teil einer beruflichen Spezialisierung. Damit tritt eine Verkürzung des Allseitigkeitsideals um die mathematische Komponente ein, die das humanistische Denken seit dem Hellenismus bis heute prägt. Das Allgemein-Menschliche, der Mensch an sich, nicht die Bildung des Fachmanns steht im Mittelpunkt. Es geht um eine Bildung, die zu allem hinführen kann.

Daher ist die Betonung des Wortes (griech.: logos) auch verständlich. Allgemeinbildung ist auch (allen) gemeinsame Bildung und das Wort verbindet, „es bricht den Bann der Einsamkeit, in der der Fachmann mit seinen Kenntnissen unvermeidlich eingeschlossen bleibt" (Marrou 1977: 417).

Die „sieben freien Künste" (septem artes liberales) bleiben zwar bis in die Neuzeit der Kern der voruniversitären Allgemeinbildung, in der „Artistenfakultät" des Mittelalters werden jedoch als Vorbereitung auf das Fachstudium (wie Jura, Medizin, Theologie) fast nur noch „triviale" Fächer (das sprachlich dominierte Trivium) gelehrt.

Die antiken Bildungsinhalte

3 Der deutsche Neuhumanismus

Eine radikale Infragestellung des klassischen Kanons erfolgte erst im Zeitalter der Aufklärung im 18. Jahrhundert.

> Die Epoche der Aufklärung (engl.: enlightenment; franz.: le siècle des lumières) bezeichnet die am Ende des 17. Jahrhunderts entstehende und das ganze 18. Jahrhundert bestimmende geistige Bewegung, die der menschlichen Vernunft – frei von Bevormundung durch jegliche religiöse Dogmatik – den Vorrang einräumte.

Die Infragestellung war Folge der allmählichen Ausdifferenzierung der Wissenschaften, dem Aufschwung der Naturwissenschaften und ihrer Anwendung in der Technik, der Industrialisierung und ihren gesellschaftlichen Begleiterscheinungen der Vermassung, Anonymisierung, der gesellschaftlichen und existenziellen Verunsicherung mit ihrer Wendung zum kartesianischen „Ich".

> René Descartes (1596-1650), latinisiert Cartesius, gilt als Vorbereiter der Aufklärung (siehe vorigen Kasten). In seinem „Discours de la méthode" (dt.: Abhandlung über die Methode) hat er nicht nur die Regeln für eine moderne wissenschaftliche Untersuchung festgelegt, die den „methodischen Zweifel" als Grundprinzip hatte – es gilt nur, was mit wissenschaftlicher Methode bewiesen ist –, sondern hier steht auch zum ersten Mal der berühmte Satz „je pense, donc je suis" (cogito, ergo sum – ich denke, also bin ich), mit dem er sich aus seinen Seins-Zweifeln befreite und der so zur Prämisse seiner wissenschaftlichen Methode wurde.

Diese Entwicklung hatte Rückwirkungen auf den Erziehungsprozess: Für die neue Zeit erschien keine von außen gelenkte Einführung in vorgegebene Lebenssituationen erforderlich, sondern, wie Menze (1977: 78) formuliert, „Selbsterziehung", die Herausbildung des Ich, eine besondere Art von Bildung, die ganz bewusst Persönlichkeitsbildung ist.

Die Rückbesinnung auf den Menschen

Mit dieser Entwicklung setzt die „anthropologische Wende in der Pädagogik" (Menze 1977: 78) ein. Wilhelm von Humboldt (1767-1835), der einer der Hauptpromotoren des neuen Bildungskonzepts war, kritisierte, dass die Aufmerksamkeit der Zeit mehr auf Sachen als auf Menschen, mehr auf Massen von Menschen als auf Individuen gerichtet ist.

Bildung als Aufhebung von Entfremdung

Die Konzentration auf die Bildung des Menschen, die sich dieser „neue Humanismus" durchaus in der Tradition des Isokrates und der hellenistischen Denker zum Ziel setzte, ist nichts weniger als der kühne Versuch der Aufhebung der Entfremdung, die von den gesellschaftlichen Zwängen der Zeit verursacht wurde. Da es aber gerade um die Aufhebung der Zwänge von außen gehen sollte, war die Bildung, die hier in den Mittelpunkt gestellt wurde, nicht Bildung zu etwas, sondern Selbstbildung, die Bildung der eigenen Persönlichkeit, um diesen Zwängen zu widerstehen. Die dahinter liegende Vorstellung war, dass eine von fremden Zwecken unbeeinträchtigte Selbstdarstellung des Menschen die Entfremdung infolge der Unterwerfung unter die dem wahren Menschsein „fremden" Zwecke verhindert (Menze 1977: 80).

Bildung durch ästhetische Erziehung?

Der zentrale Inhalt der humanistischen Bildung, der den Weg zu dem „wahren Menschsein" ermöglicht, ist die ästhetische Erziehung im Sinne von Humboldts Freund Friedrich Schiller. Die Ästhetik ist nämlich insofern politisch, als sie durch den doppelten Bezug sowohl auf die Vernunft als auf die Sinnlichkeit des Menschen das umfassende Menschsein des Menschen er-

Begriffliche und historische Grundlagen

möglicht. Dadurch soll zugleich die Veränderung der Situationen möglich werden, in denen der Mensch nicht Zweck seiner selbst ist, sondern austauschbares Mittel zur Realisierung fremder Zielsetzungen (z.b. nationaler Ideologien). Das Schöne bringt das Erkenntnisvermögen des Menschen in ein freies, ausgewogenes Spiel zwischen Vernunft und Sinnlichkeit. Dieser ästhetische Zustand ist also Abwesenheit jeder Nötigung sowohl durch die Sinnlichkeit als auch durch die Vernunft. Die beiden heben sich in einer Synthese gegenseitig auf und damit erreicht der Mensch die Freiheit zur Selbstbestimmung. Der ästhetische Zustand ist Ausdruck sowohl der sinnlichen als auch vernünftigen Natur des Menschen und damit Ausdruck seiner Totalität. Er gibt dadurch die Möglichkeit zu rein menschlichem Handeln und somit zur Selbstdarstellung des Menschen in seiner reinen Menschlichkeit. In den Worten Schillers lässt sich die ästhetische Bildungstheorie des Humanismus so zusammenfassen:

„Die Schönheit gibt schlechterdings kein einzelnes Resultat, weder für den Verstand noch für den Willen, sie führt keinen einzelnen, weder intellektuellen noch moralischen Zweck aus, sie erfindet keine einzige Wahrheit, hilft uns keine einzige Pflicht erfüllen, und ist, mit einem Worte, gleich ungeschickt, den Charakter zu gründen und den Kopf aufzuklären. Durch die ästhetische Kultur bleibt also der persönliche Wert eines Menschen oder seine Würde, insofern diese nur von ihm selbst abhängen kann, noch völlig unbestimmt, und es ist weiter nichts erreicht, als dass es ihm nunmehr von Natur wegen möglich gemacht ist, aus sich selbst zu machen, was er will – dass ihm die Freiheit, zu sein, was er sein soll, vollkommen zurückgegeben ist" (Schiller, zit. nach Menze 1971: 9f.).

Dabei ist das aus heutiger Sicht nahe liegende Missverständnis auszuräumen, dass die Suche nach der ästhetischen Situation eine Flucht in eine heile Welt, eine Suche nach Utopia darstelle. Sie ist nicht Befriedigung über ein schönes Bild, sie ist Selbstsuche und Selbstfindung mit Hilfe des Schönen. Zusammengefasst: „Nur im ästhetischen Zustand ist der Mensch wahrhaft frei, ohne seine ihn mitkonstituierende Sinnlichkeit preisgeben zu müssen" (Menze 1971: 11). Ohne Kunst ist eine harmonisch-proportionierte Bildung unmöglich – das ist das bildungstheoretische Credo des Neuhumanismus (Menze 1971: 11). *Ästhetik als Flucht in eine heile Welt?*

In unmittelbarer Nähe der Kunst ist auch die Sprache, auch insofern steht Humboldt in der Nachfolge des Isokrates. Allerdings wird das Verständnis der Sprache bei Humboldt theoretisch überhöht. Sprache ist die Mittlerin zwischen Mensch und Welt. Menschliche Bildung ist immer auch sprachliche Bildung. Entscheidend ist dabei nicht die Sprache als Werkzeug zur Erschließung fremder Kultur, sondern Humboldt geht es um die innere Form der Sprache. Der junge Mensch soll über die Einsicht in die Form der Einzelsprachen die (theoretische, universelle) Form von Sprache überhaupt, das „Urbild von Sprache", gewinnen. Dazu eignen sich die alten Sprachen verständlicherweise besser als die modernen. In dieser Betonung des Allgemeinen kommt die Sprachbetrachtung der Begegnung mit der Ästhetik sehr nahe. Auch durch die Sprachstudien sollen die Individualität gefördert, der *Die Rolle der Sprache*

Mensch in seiner Freiheit gestärkt und die Abhängigkeiten von äußeren Zwängen gemildert werden (vgl. Menze 1971: 33, Anm.52; vgl. auch Humboldt 1959).

Die Rückwirkung auf die Schule

Bezogen auf den konkreten Bereich der Schule haben diese bildungstheoretischen Überlegungen nach Wilhelm von Humboldts eigenen Worten folgende Konsequenzen. Ein abgebrochener Bildungsgang, der für die berufliche Karriere eigentlich wertlos wäre,

„wird aber niemals Statt haben, wenn man (…) beim Unterricht nicht auf das Bedürfnis des Lebens, sondern rein auf ihn selbst, auf die Kenntnis als Kenntnis, auf die Bildung des Gemüts und im Hintergrund auf die Wissenschaft sieht. Denn im Gemüt und in der Wissenschaft (…) steht jeder einzelne Punkt mit allen vorigen oder künftigen in Kontakt, (…) ist alles Mittel und Zweck zugleich" (Humboldt 1809/1964a: 25).

Wenn somit der Wert der erhaltenen Bildung nicht im Stofflich-Funktionalen liegt, sondern in ihrer Bedeutung für die universelle Menschenbildung, dann kann Humboldt kühn und überspitzt formulieren: „Auch Griechisch gelernt zu haben, könnte auf diese Weise dem Tischler ebenso wenig unnütz sein, als Tische zu machen dem Gelehrten" (Humboldt 1809/1964a, 24). Allerdings, so fährt Humboldt fort, müsse man mit Rücksicht auf die Verschiedenheit der Menschen doch die stoffliche Seite stärker gewichten (ebd.).

Die stoffliche Seite setzt in der Tradition der Humanisten des 16. Jahrhunderts und durchaus auch in der Tradition des Isokrates Akzente auf die alten Sprachen und die Kunst, vor allem auf das Griechische, das besonders weit von Brauchbarkeitsüberlegungen entfernt schien - allenfalls wurde die Grammatik als intellektuelle Gymnastik angesehen. Andererseits verkörpert es auch nicht die vom napoleonischen Frankreich repräsentierte romanische Welt, wie das Latein.

Der Gebildete als Bürger

Wenn die Bildung der Persönlichkeit zum vollen Menschsein erreicht ist, der so gebildete Mensch also weiß, was das ihm Eigene ist, was seine Möglichkeiten und Grenzen sind, kann er nicht nur Mensch, sondern auch Bürger sein. Er kann in sozialen Zusammenhängen handeln, aber er hat auch immer die Möglichkeit, dazu in Distanz zu gehen (Rollendistanz zu üben, wie die Sozialisationstheorie dies später nennen wird, vgl. Kapitel 9).

Rückwirkungen auf (neue) Bildungsinstitutionen

Der bildungstheoretische Primat des Menschen über den Träger gesellschaftlicher Rollen hat konkrete Folgen für die Konstituierung von Bildungsinstitutionen. Wilhelm von Humboldt hatte als hoher preußischer Kultusbeamter die Möglichkeit, Schulreformentwürfe entsprechend seinen bildungstheoretischen Vorstellungen zu entwickeln. Der Gedanke der allgemeinen Menschenbildung, die sich gerade deutlich von einer Standesbildung abhebt, bringt Humboldt dazu, die allgemeine Menschenbildung als Ziel aller Schulen zu definieren, die nicht nur einen einzelnen Stand betreffen, sondern alle. Humboldt erklärt:

„Alle Schulen, deren sich nicht ein einzelner Stand, sondern die ganze Nation oder der Staat für diese annimmt, müssen eine allgemeine Menschenbildung bezwecken. – Was das

Begriffliche und historische Grundlagen

Bedürfnis des Lebens oder eines einzelnen seiner Gewerbe erheischt, muss abgesondert, und nach vollendetem allgemeinen Unterricht erworben werden. Wird beides vermischt, so wird die Bildung unrein, und man erhält weder vollständige Menschen, noch vollständige Bürger einzelner Klassen" (Humboldt 1809/1964a: 23).

Denn, so argumentiert er an anderer Stelle:

„es giebt gewisse Kenntnisse, die allgemein sein müssen, und noch mehr eine gewisse Bildung der Gesinnung und des Charakters, die keinem fehlen darf. Jeder ist offenbar nur dann ein guter Handwerker, Kaufmann, Soldat und Geschäftsmann, wenn er an sich und ohne Hinsicht auf einen besonderen Beruf ein guter, anständiger, seinem Stande nach aufgeklärter Mensch und Bürger ist" (Humboldt 1809/1964b: 218).

Wenn diese Grundlage durch den Schulunterricht gelegt ist, erwirbt dieser Mensch die besonderen Fähigkeiten, die der Beruf später erforderlich macht, sehr leicht. Darüber hinaus erhält er sich bei einer solchen breiten Grundlage die Freiheit, den Beruf auch wechseln zu können, wenn dies notwendig sein sollte. Die reine Menschenbildung soll somit auch die Abhängigkeit des Menschen von einzelnen Berufen und vorgegebenen Lebenssituationen verringern (vgl. Menze 1977: 82).

Aus diesem Grund bekümmert sich die Organisation der Schulen nach Humboldt „um keine Kaste, kein einzelnes Gewerbe", auch nicht die „Gelehrtenkaste" (Humboldt 1809/1964b: 188). Der allgemeine Schulunterricht geht auf den Menschen schlechthin ein.

Der „kastenunabhängige" Unterricht hat curriculare Konsequenzen, denn der universelle Anspruch der allgemeinen Menschenbildung hat letztlich eine sozial integrierende Funktion:

Die Rückwirkung auf die Bildungsinhalte

„Dieser gesamte Unterricht kennt daher auch nur ein und dasselbe Fundament. Denn der gemeinste Tagelöhner und der am feinsten Ausgebildete muß in seinem Gemüt ursprünglich gleich gestimmt werden, wenn jener nicht unter der Menschenwürde roh, und jener nicht unter der Menschenkraft sentimental, chimärisch und verschroben werden soll" (Humboldt 1809/1964a: 24).

Das aber, was für die spezifischen Bedürfnisse des einzelnen oder die eines zukünftigen Gewerbes notwendig ist, wird später in der „speziellen Bildung" – d. h. der beruflichen Bildung – zu vermitteln sein. Damit tritt Humboldt gegen den Trend seiner Zeit für eine klare inhaltliche und zeitliche Trennung von allgemeiner und beruflicher Bildung ein. Humboldt spezifiziert seine Argumente so:

„Beide Bildungen – die allgemeine und die spezielle – werden durch verschiedene Grundsätze geleitet. Durch die allgemeine sollen die Kräfte, d.h. der Mensch selbst gestärkt, geläutert und geregelt werden; durch die spezielle soll er nur Fertigkeiten zur Anwendung erhalten" (Humboldt 1809/1964a: 23).

Einen humanistischen Bildungswert hat die Spezialbildung nur dann, wenn sie durch das Verständlichmachen der Gründe für die Gesetzmäßigkeiten ihrer Funktion die „Denk- und Einbildungskraft und durch beide das Gemüt erhöht" und damit zu einer allgemeingültigen Anschauung kommt. Dies aber ist, weil „Zeit oder das Talent zur Einsicht fehlt" oft nicht möglich: Für das Lernen der theoretischen Grundlagen der entsprechenden Fertigkeiten ist nicht viel Zeit zur Verfügung. Deshalb steht bei der Spezialbildung notgedrungen der funktionale Aspekt im Vordergrund.

Das hat Auswirkungen auf die vorangehende Allgemeinbildung: Sie muss solche Fundamente legen, die es erlauben, dass durch das Verständnis der Grundlagen (Wirkprinzipien) der speziellen Fertigkeiten auch die Spezialbildung ihre „humanistische" Wirkung entfalten kann:

> „Ein Hauptzweck der allgemeinen Bildung ist, so vorzubereiten, dass nur für wenige Gewerbe noch unverstandene, und also nie auf den Menschen zurückwirkende Fertigkeit übrigbleibe" (Humboldt 1809/1964a: 23).

Allgemeine Bildung ist nach Humboldt also keine enzyklopädische Ansammlung von Kenntnissen aus vielen Sachbereichen, sondern sie ist Grundlagenbildung, auf die berufliche Spezialbildung aufbauen kann.

Überwindung der technischen Entfremdung?

Überwindung der Entfremdung, wie sie oben als Ziel der allgemeinen Menschenbildung formuliert wurde, bedeutet demnach konkret, auch die technische Entfremdung zu überwinden, die den Menschen in seiner Arbeitswelt zunehmend bedroht. Da unverstandene, bloße mechanische Fertigkeiten eines entfremdeten Arbeiters nach Humboldts Meinung nicht auf die Formung des Menschen zurückwirken, bedeutet Überwindung der Entfremdung einfach Wissen, was man tut, warum man es tut und warum dieses Tun gerade das Ergebnis hat, das es hat. Ob diese Aussage Humboldts eine Aufforderung zur Einführung eines allgemeinen Technologieunterrichts als Pflichtfach für die allgemein bildende Schule beinhaltet, wie es Vertreter der deutschen Technikdidaktik aus diesem Zitat herausgelesen haben (Sachs 1979: 110f.), soll hier noch nicht näher erörtert werden (vgl. dazu das nächste Kapitel).

Humboldt als Erbe der „Encyclopédie"?

Deutlich ist indes, dass Humboldts Kampf gegen die Entfremdung den pädagogischen Impetus der Aufklärung aufnimmt, wie er zuerst von den französischen Enzyklopädisten verbreitet worden war. Deren volksaufklärerisches Ziel war es ebenfalls, den Handwerkern und Gewerbetreibenden die Wirkprinzipien ihrer Arbeit und die Funktionsweisen ihrer Maschinen deutlich zu machen. Da die technischen Verfahren und Produkte, *les arts mécaniques*, für Denis Diderot (1712-1784) ebenso bewundernswerte Ergebnisse der menschlichen Vernunft waren wie die philosophischen Erkenntnisse, sollte das freie Licht der *raison* auch das berufliche Geheimwissen der Handwerkerzünfte für alle zugänglich machen (vgl. Hörner 2007: 73).

Die Umwandlung des neuhumanistischen Bildungsbegriffs im 19. Jahrhundert

Humboldts ideale Vorstellung von der allgemeinen Menschenbildung wurde in der Realität der Schule des 19. Jahrhunderts nicht nachhaltig verwirklicht. Dem überhöhten Ästhetikbegriff Schillers nahm bereits Georg Friedrich Wilhelm Hegel (1770-1831) durch den „Einbau" in sein philosophisches System zur Konstitution des Absoluten einen Großteil seiner bildungstheoretischen Wirkung. Kunst wurde zu einem „Produkt" des Geistes unter vielen anderen.

Begriffliche und historische Grundlagen

Damit wurde die ästhetische Bildung zu einer Spezialbildung wie andere auch, Kunst wird zum Konsumgut der bürgerlichen Klasse. „Der Weg für die Manipulation der Bildung, die ihre Einheit verloren hat und zerfließt, ist frei" (Menze 1971: 26).

Anstelle der emanzipatorisch-politisch aufgeladenen ästhetischen Bildung, die das universelle Menschsein in seiner Freiheit erwecken sollte, trat eine „literarische[n] Bildung verklärter Innerlichkeit mit musischen Interessen" (Menze 1971: 27), die aber gleichwohl eine politische Funktion einnahm: die Betonung des deutschen Literaturunterrichts wird zum Instrument einer Nationalerziehung. Sie sollte, wie Menze (1971: 28) den Plan eines Nationalbuchs der klassischen deutschen Dichtung kommentiert,

Vom universellen Humanismus zur deutschen Nationalerziehung

„zur Vereinigung der deutschen Stämme beitragen, den Nationalcharakter deutlich machen und ein Nationalbewusstsein ausprägen, das getragen von einem einheitlichen kulturellen Bewusstsein auch die Einheit der Nation gegen die Übergriffe fremdländischer Machtansprüche zu verteidigen in der Lage ist. Die klassische Poesie wird als eine das Bewusstsein der Einheit vermittelnde Kraft zu einem Mittel der Nationalbildung".

Die allgemein begrüßte Einführung des Deutschunterrichts als Hauptfach an preußischen Gymnasien im Jahr 1834 zeigt bereits nationale Tendenzen. Der universelle Sprachunterricht Humboldts wird zu einem Nationalunterricht. Humboldts universeller ästhetischer Humanismus der Befreiung des Menschen wird in sein Gegenteil verkehrt.

Die Exzesse der Deutschheit in der wilhelminischen Zeit, in denen Menze die Weichen für den Weg in die Brutalität schon gestellt sieht (1971: 29), deuten sich schon an. Der Humanitätsbegriff spielt in der Folgezeit in Politik und Pädagogik kaum noch eine Rolle.

> Mit der Restauration nach 1848 erstarkte auch der in den „Freiheitskriegen" gegen Napoleon erwachende deutsche Nationalismus, der mit der Gründung des Deutschen Reiches als eines deutschen Nationalstaats einen neuen Schub bekam.

So ist es vollkommen verständlich, dass es auch dem von Humboldt favorisierten Gymnasium letztlich nicht gelang, die heftig kritisierte Schule der Gelehrtenkaste abzulösen. Die Ideen von der Universalität der Menschenbildung, die unabhängig vom Stoff, in gleicher Weise persönlichkeitsbildend wirkt, sein Eintreten für ein einheitliches gestuftes Schulwesen mit der stillschweigenden Voraussetzung der Gleichheit der Menschen gegenüber der Bildung war angesichts der politischen Situation der Restauration eher utopisch, sie hatte im etymologischen Sinn des Wortes „keinen Ort" mehr (Utopie von griech. ou = nicht, topos = Ort). Spätestens nach der Proklamation des Kaiserreichs endete die angestrebte universelle Menschenbildung in einer neuen Begeisterung für eine Nationalerziehung.

Humboldts nachhaltige Wirkung

Mit seiner Konzeption der Trennung von allgemeiner Bildung und beruflicher Spezialbildung hat Humboldt die Realität des deutschen Bildungswesens dennoch nachhaltig beeinflusst. Die in der Tradition der betrieblichen Lehrlingsausbildung angelegte strikte Separation zwischen Schule und beruflicher Bildung wurde dadurch gefestigt. Humboldt trägt damit die bildungstheoretische Verantwortung für den mehr oder weniger erfolgreichen „deutschen Sonderweg" der beruflichen Bildung im dualen System (siehe das folgende Kapitel 2).

4 Fazit

Das erste Kapitel hat in einer doppelten Darstellungslinie einmal die Bedeutung des Bildungsbegriffs für Inhalte von Schule gerade aus deutscher Sicht gezeigt und dabei in einem ersten Zugang die begrifflichen Besonderheiten des Begriffs angesprochen.

In einer zweiten Bewegung wurde der klassische (antike) Bildungsbegriff in seinen wichtigen Grundzügen skizziert und in seinen relevanten Komponenten durch die Geschichte bis zum Neuhumanismus verfolgt. Dieser wurde ausführlicher dargestellt, weil er als zentraler Referenzpunkt sowohl deutscher Bildungstheorie als auch deutscher Schulgeschichte von besonderer Bedeutung ist. Die nachhaltigen theoretischen wie bildungspolitischen Folgen Humboldts sind Gegenstand des folgenden Kapitels.

Wiederholungsfragen

1. Inwieweit ist der Begriff „Bildung" wirklich eine deutsche Besonderheit?
2. Welche semantischen Unterschiede zwischen Bildung und Erziehung kann man nennen?
3. Was versteht Adorno unter „Bildung"?
4. Platon und Isokrates verkörpern zwei Pole des europäischen Bildungsdenkens. Welche Gemeinsamkeit verbindet beide und welche unterschiedlichen Akzente setzen sie bei der Ziel- und Mittelbestimmung?
5. Welchen wissenschaftstheoretischen Paradigmen können Platon und Isokrates zugeordnet werden?
6. Welche Bedeutung hat der Humanismus für den Stellenwert von Bildung?
7. Welche Disziplinen decken die „Septem artes liberales"?
8. Worin liegt nach Humboldt der Wert von Bildung?
9. Welche Rückwirkungen hat Humboldts Theorie auf Struktur und Inhalt von Schule?

Begriffliche und historische Grundlagen

Reflexionsfragen

1. Ist die Unterscheidung von Bildung und Erziehung angemessen?
2. Interpretieren Sie die Bildungsdefinition von Adorno im Hinblick auf die Frage, inwieweit Bildung immer auch gesellschaftlich vermittelt ist!
3. Wie ist die Organisation der heutigen Schule mit Blick auf das Ideal der „Selbstbildung" zu bewerten?
4. Wie realistisch ist das Humboldtsche Motiv, sich durch Selbstbildung von „fremden Zwecken" zu befreien?

Empfehlungen zur weiteren Lektüre

Standardwerk zur antiken Bildungs- und Erziehungsgeschichte:

Marrou, Henri-Irenée (1977): Geschichte der Erziehung im klassischen Altertum. München: dtv.

Sammlung relevanter Humboldt-Texte zum Thema Bildung:

Humboldt, Wilhelm von (1964): Bildung des Menschen in Schule und Universität. Heidelberg.

Überblick über Humboldts Einfluss auf die Bildungsorganisation:

Menze, Clemens (1977): Zur Entstehung der Disjunktion von allgemeiner und beruflicher Bildung und ihrer Auswirkungen auf die Bildungsorganisation. In: Vierteljahrsschrift für Wissenschaftliche Pädagogik, 53, S. 75-89.

Kapitel 2: Das Verhältnis von Allgemeinbildung und Berufsbildung – noch ein deutscher Sonderweg?

1 Die institutionelle Trennung von Allgemeinbildung und Berufsbildung

Die deutsche Besonderheit

Während in anderen europäischen Ländern – z.B. in Frankreich – im Laufe des 19. Jahrhunderts neben der allgemein bildenden Pflichtschule und der allgemein bildenden hochschulvorbereitenden höheren Schule auch beruflich-technisch orientierte Schulen ins Leben gerufen wurden, die Fachkräfte auf mittlerem und höherem Niveau im Rahmen der Schule ausbilden sollte, wurde ein solcher Versuch in Deutschland aufgrund der von Humboldt postulierten strikten Trennung von allgemeiner und beruflicher Bildung nie ernsthaft unternommen. So kommt es, dass heute beispielsweise in Österreich die Mehrheit der Maturanden (Abiturienten) aus den sog. Berufsbildenden Höheren Schulen kommt. Analog dazu hat in Frankreich die Hälfte der Abiturienten ein technisches oder ein berufliches *baccalauréat* erworben. In beiden Fällen ist damit eine berufliche Qualifikation oberhalb des Facharbeiters verbunden. In Deutschland dagegen spielen berufliche Gymnasien (Fachgymnasien) als Ausbildungsstätten für Abiturienten statistisch bis heute nur eine geringe Rolle und vermitteln vor allem keine berufliche Qualifikation, sondern allenfalls eine Vororientierung hinsichtlich eines späteren Berufsprofils.

Die Realschule als Zwischentyp?

Die im 18./19. Jahrhundert im Ausland oft als vorbildlich gerühmten Realschulen hatten zwar eine auf das reale Leben bezogene Komponente (und standen dadurch im Gegensatz zu den sprachlich dominierten Gymnasien), aber auch sie boten im wesentlichen nur Varianten von Allgemeinbildung an, sie hatten keine wirklichen berufsqualifizierenden Komponenten. Deshalb ist es interessant zu beobachten, dass sie sich in ihrem Bestreben zur Anschlussfähigkeit an die höhere Bildung über Zwischenstufen wie die Oberrealschule und das Realgymnasium zum neusprachlichen und mathematisch-naturwissenschaftlichen Gymnasialtyp entwickelten, also zu Varianten des allgemein bildenden Gymnasiums neben dem klassisch-humanistischen Zweig, dem sie zudem von dem Augenblick an relativ nahe kamen, wo sie als Zeichen ihrer erworbenen Ebenbürtigkeit einen Lateinzug anbieten konnten. Hierin unterscheidet sich die Entwicklung in Deutschland erneut von der Entwicklung in Frankreich oder Österreich, wo die berufsbildenden Anstalten, die ja nicht weniger nach gesellschaftlicher Aufwertung durch Anschluss an die Vergabe der Hochschulreife strebten, mit der *Matura* bzw. dem *baccalauréat* zugleich

Das Verhältnis von Allgemeinbildung und Berufsbildung

eine arbeitsmarktfähige berufliche Qualifikation vergeben (doppeltqualifizierende Ausbildung).

Es mag erstaunen, dass sich die Humboldtsche Konzeption der Trennung der beruflichen von der allgemeinen Bildung so konsequent in der Realität des deutschen (nicht nur des preußischen!) Schulwesens durchgesetzt hat, während andere Elemente seiner Bildungsvision, wie sich gezeigt hat, eher deformiert wurden. Allerdings geht die Implementation des bildungstheoretischen Trennungsmodells zwischen allgemeiner und beruflicher Bildung zusammen mit der Entwicklung eines „deutschen Sonderwegs" in der Organisation der Berufsausbildung – ein Autor (Greinert 1998) nennt das betriebsgestützte „duale System" der beruflichen Bildung geradezu das „deutsche System der Berufsbildung"! *Hat sich Humboldt durchgesetzt?*

2 Die betriebliche Berufsausbildung

Was bedeutet das? Während in anderen Ländern – und wiederum gerade in Frankreich – nach der Zerschlagung der Zünfte im Zeitalter der Französischen Revolution die von den Zünften getragene Lehrlingsausbildung ebenfalls zusammenbrach, entstanden in Deutschland nach dem Zunftverbot relativ schnell wieder neue Berufsverbände (Innungen), die als Träger der betrieblichen Berufsausbildung in Frage kamen. Dadurch war es möglich, das praxisnahe Modell der betrieblichen Handwerkslehre auch in den Bereich der expandierenden Industrie zu übertragen. Durch die Neukonstitution von Selbstverwaltungsorganen der Wirtschaft war es möglich, dass diese zu Kontrollinstanzen der betrieblichen Ausbildung werden konnten. Auf diese Weise konnten sie den Egoismus der einzelnen Betriebe unter Kontrolle halten und die Qualität der Ausbildung im Interesse der gesamten Branche überwachen und garantieren. Es entstand so ein leistungsfähiger betrieblicher Ausbildungssektor nicht nur im Handwerk, sondern auch im zunehmend bedeutenderen Sektor der industriellen Fertigung. *Von der handwerklichen Lehrlingsausbildung ...*

Diese betriebliche Ausbildung wurde zu Beginn des 20. Jahrhunderts ergänzt durch die von Georg Kerschensteiner (1854-1932) konzipierte Fortbildungsschule als Ergänzung der Allgemeinbildung in den Bereichen, in denen die Volksschule die nötigen Grundlagen für eine betriebliche Berufsausbildung noch nicht gelegt hat. *... zum dualen System*

Georg Kerscheinsteiner (1854-1932), ab 1895 Stadtschulrat in München, war einer der profiliertesten deutschen Reformpädagogen. Er war der geistige Vater der auf manueller Tätigkeit beruhenden Arbeitsschule, die er im Dienst staatsbürgerlicher Erziehung sah, und der Fortbildungsschule als Ergänzung zur Volksschule, aus der die Teilzeitberufsschule der Lehrlingsausbildung (der schulische Teil des „dualen Systems") wurde.

Aus dieser Fortbildungsschule entwickelte sich die heutige Teilzeitberufsschule als zweite Komponente des „dualen Systems" der deutschen Berufsbildung. Die Qualität dieser Ausbildung war bei den Abnehmern bis in die jüngere Vergangenheit unumstritten, so dass man deshalb keine Veranlassung sah, das bewährte, praxisnahe Modell zu ändern: Alle Welt schien Deutschland doch darum zu beneiden. Ernsthafte Zweifel kamen erst mit dem Eindringen der Informatik in alle Bereiche der Wirtschaft auf. So schreibt ein moderner Beobachter:

„Als problematisch lässt sich der Wegfall traditionaler Strukturen orten, die Anfang der 70er Jahre vom sozio-ökonomischen Modernisierungsprozeß aufgesogen waren und nicht weiter das überkommene Bildungs- und Berufswahlverhalten großer Bevölkerungsgruppen stabilisierten. Das duale System befindet sich heute in einem merkwürdigen Schwebezustand: einerseits erfreut es sich einer nie dagewesenen öffentlichen und internationalen Wertschätzung, was vor allem auf die hohen Jahrgangsquoten zurückzuführen ist, die von ihm erfasst werden, aber auch auf seine Praxisnähe und Kostengünstigkeit. (...) Andererseits sind jedoch die Zeichen der Erosion nicht zu übersehen. Das duale System der Berufsausbildung steckt heute sowohl in einer Konjunktur- wie Strukturkrise, eine Kombination, die z.T. paradoxe Effekte hervorbringt. (...) Am bedrohlichsten für die weitere Funktionsfähigkeit des dualen Ausbildungssystems erscheint jedoch der anhaltende Rückzug der Industrie aus diesem Qualifikationsmodell, eine Tendenz, die den Anfang vom Ende des „deutschen Systems" der Berufsausbildung markieren könnte" (Greinert 1998: 29).

Die Beharrlichkeit der Humboldtschen Antinomie, d.h. des Gegensatzes zwischen allgemeiner und beruflicher Bildung ist umso erstaunlicher, als gerade in Deutschland sowohl auf der Ebene der Bildungstheorie als auch der bildungspolitischen Realisierung der Versuch gemacht wurde, diese Trennung von Allgemeinbildung und Berufsbildung auch konzeptionell zu überwinden. Diese Versuche werden Gegenstand der folgenden Darstellung sein.

3   Der Synthese-Versuch Sprangers

Eduard Spranger (1882-1963) hat als einer der ersten in respektvoller Relativierung der Gedankengänge Humboldts versucht, einen Begriff von Bildung zu prägen, der die Humboldtsche Antinomie von allgemeiner Bildung und beruflicher Bildung überwindet. Der Gedanke taucht zum ersten Mal in einem Vortrag im Jahr 1918 (Spranger 1918/1969) auf und wird noch 40 Jahre später ebenfalls in einem Vortrag wiederholt (Spranger 1958/1973b). Spranger ist also diesem Gedanken sein Leben lang treu geblieben. Auch wenn dieser Entwurf auf den ersten Blick wenig Einfluss auf die Schulwirklichkeit hatte, ist er aus systematischen Gründen hier von Bedeutung.

Das Verhältnis von Allgemeinbildung und Berufsbildung

> *Eduard Spranger* (1882-1963), Schüler von Dilthey und Paulsen, Professor für Philosophie und Pädagogik in Leipzig, Berlin und Tübingen, Bildungstheoretiker der Geisteswissenschaftlichen Pädagogik (Begriffserklärung dazu siehe Kapitel 4).

Spranger geht von einem Begriff von Bildung aus, der Bildung – nicht unähnlich unserer im Anschluss an Adorno gewonnenen eigenen Definition (siehe Kapitel 1) – als durch Kulturwerte geformte Individualität versteht. Betrachtet man Bildung als Ergebnis, so lautet Sprangers Definition:

Sprangers Bildungsbegriff

„Bildung ist die durch Kultureinflüsse erworbene, einheitliche und gegliederte, entwicklungsfähige Wesensformung des Individuums, die es zu objektiv wertvollen Kulturleistungen befähigt und für objektive Kulturwerte erlebnisfähig (einsichtig) macht" (Spranger1923/1973a: 276).

Als Prozess formuliert, lautet die Definition:

„Bildung ist die lebendig wachsende Aufnahme aller objektiven Werte, die zu der Anlage und zu dem Lebenskreise eines sich entwickelnden Geistes in Beziehung gesetzt werden können, in das Erleben, die Gesinnung und die Schaffenskräfte dieses Menschen, mit dem Ziele einer geschlossenen, objektiv leistungsfähigen und in sich selbst befriedigten Persönlichkeit" (Spranger1923/1973a: 277).

Spranger betont, dass Bildung also keinesfalls nur intellektuelle Bildung bedeute. Damit wird der Weg frei für eine Erweiterung des Bildungsbegriffs.

Zunächst referiert Spranger (1918/1969: 7) aber die traditionelle Unterscheidung von stofflich-materialer Bildung (Gesamtheit der Bildungsstoffe – Spranger bezeichnet sie auch als Stoffbildung), bei der er sofort die Gefahr des Enzyklopädismus (in negativer Bedeutung) sieht, und funktional-formaler Bildung (Bildung als Übung aller Erkenntnisfunktionen – er nennt sie auch Kraftbildung – vgl. Kapitel 4). Hierin sieht er die Gefahr der Uferlosigkeit zwar gebannt, eine andere Gefahr droht aber insofern, als dass Bildung zur „öden Geistesgymnastik" verkommt, für die der Erkenntnisstoff zum bloßen Mittel herabsinkt. Dabei stellt sich das Problem, dass eine formale Bildung ohne Inhalte nicht möglich scheint. Diese Inhalte aber, so argumentiert Spranger weiter (1918/1969: 8), kommen aus allen grundlegenden Lebensbeziehungen des Menschen zu seiner Umgebung. „Von ‚Allgemeinbildung' im vollen Sinne aber kann erst die Rede sein, wo man den werdenden Geist in seiner Totalität auffasst" (ebd.). Die großen Pädagogen wie Pestalozzi oder Fröbel blieben nicht auf der intellektualistischen Seite (der Mensch als ein Erkenntnisapparat) stehen, sondern setzten die Bildung des Menschen „in eine Lebenswirklichkeit, die für technisches Gestalten und ästhetisches Erleben, für soziale Einordnung und religiöse Werte Raum genug bot" (ebd.).

...und seine Konsequenzen

Wenn das aber so ist, stellt sich nach Spranger die Frage, ob es nicht eine Allgemeinbildung gibt, die statt am Anfang (wie bei Humboldt die allgemein bildende Schule) am Ende des ganzen Bildungsprozesses liegt. Die Humboldtsche Form der Allgemeinbildung, womit der Bildungsgang der jungen Menschen beginnt und die ihren natürlichen Mittelpunkt in der heimatlichen Welt hat, nennt Spranger deshalb grundlegende Bildung (1918/1969: 9). Die wahre, höhere Allgemeinbildung hat ihr Zentrum im Beruf. Spranger formuliert: „Der Weg zur höheren Allgemeinbildung führt über den Beruf und nur über den Beruf" (ebd.).

Die Begründung der Sprangerschen Konzeption

Wie kommt Spranger zu einer solchen Aussage? Zunächst muss er erklären, warum die neuhumanistischen Bildungstheoretiker die Berufsschule nicht als Weg zur Bildung anerkannt haben. Er erklärt das Anliegen der neuhumanistischen Bildungskonzeption als die Lösung des Bürgers aus den Zwängen seiner unmittelbaren wirtschaftlichen und politischen Verhältnisse, aus einem engen Geist der Nützlichkeit (siehe auch Kapitel 1).

Dieser emanzipatorische Impetus stand im Gegensatz zur Gebundenheit der Berufsschulen an die herrschenden sozialen und ökonomischen Verhältnisse. Dadurch fühlten sich die Neuhumanisten veranlasst, die Berufsschulen ihrer Zeit – Militärschulen, Kunstschulen, technische Schulen – nicht als bildungsfähig in ihrem Sinne anzuerkennen, da diese sich damit begnügten, ihre Zöglinge für bestimmte, enge Funktionen „abzurichten". Deshalb war die Frage der Berufsbildung für die neuhumanistischen Denker ohne Interesse (Spranger 1918/1969: 11). Das zeigt sich besonders klar auf der Ebene der Universität, wo es ganz deutlich wird, dass die Führenden der Nation nicht auf bestimmte eng definierte Leistung abgerichtet sein dürfen. Sie müssen ihre Aufgaben aus dem Ganzen der Wissenschaft heraus beurteilen.

Berufsbildung vs. Erwerb beruflicher Fähigkeiten

Wie nun auf der Seite der Hochschulinstitutionen der Aufstieg der Technischen Hochschulen die Humboldtsche Universität in ihrem universellen Anspruch relativierte, indem sie „eine gesunde Verbindung von individueller Bestimmung und universaler Ausweitung" realisierte (Spranger 1918/1969: 12), so sei es auch Zeit, den Begriff „Berufsbildung" wieder neu zu verstehen. Die assoziative Verbindung von Berufsschule und Berufsbildung bringt Spranger zu einer einfachen Analogie: In den Berufsschulen findet keine enge Abrichtung auf ein begrenztes Können (bloße berufliche Fertigkeiten) statt, sondern Berufsbildung. Die Komponente Bildung in Berufsbildung trägt aber immer ein Allgemeines in sich selbst, das über enge Fertigkeiten hinausweist. Wer für seinen Beruf gebildet wird, lernt ihn gegenüber allen Einzelleistungen in einem größeren Kulturzusammenhang aufzufassen und geistig über ihm zu stehen (ebd.).

Das Fortleben der Trennung von Allgemeinbildung und Berufsbildung hat aber die fatale Konsequenz, dass die berufliche Bildung – in dem irrigen Glauben, die Allgemeinbildung sei schon erworben – nur noch eine Vermittlung von engen beruflichen Fertigkeiten zum Inhalt hat, und die eigentliche Bildungsaufgabe der Zufälligkeit der Selbstbildung zukommt. „Auch hierin zeigt sich das Ungesunde der herrschenden unorganischen Trennung von Berufsbildung und Allgemeinbildung" (Spranger 1918/1969: 13).

Das Verhältnis von Allgemeinbildung und Berufsbildung 31

Was ist das „Bildende" am Beruf? Der Beruf ist das innere Zentrum eines Lebenszusammenhangs, von dem heraus sich der bildende Gehalt der traditionellen Schulfächer erschließt: Die Geografie verbindet sich z.b. mit wirtschaftlichen Gesichtspunkten, um dem kaufmännischen Denken eine bestimmte Weite zu geben. Ziel ist die Erweiterung eines bestimmten Gesichtskreises von einem bestimmten Standpunkt aus. „Aus dem Kern der Berufsbildung wächst der Mantel der Allgemeinbildung hervor" (Spranger 1918/1969: 16). Für Spranger ist dies keine „Absage an die alte Humanitätsidee, sondern nur ihre Erfüllung mit einem zeitgemäßen Inhalt" (ebd.).

Das „Bildende" am Beruf

Denn der Beruf wird somit das „wesentliche Mittel zur Menschwerdung" (Spranger 1920/1970: 25) – durchaus im Sinne von Humboldts allgemeiner Menschenbildung. Bildung von innen, keine aufgepfropfte Kultur, so Sprangers Schlussformel, ist das, „was man zu seinem Lebenskern und Lebenskreis in Beziehung setzen kann. Das andre prallt wirkungslos ab..." (Spranger 1918/1969: 19).

Die Bildungstheorie Sprangers hat sich in ihrer radikalen Form nie durchsetzen können. Gleichwohl hat sie es ermöglicht, dass sich neben der betriebsgestützten Ausbildung im dualen System ein – zugegeben weniger bedeutendes – System vollzeitschulischer Berufsausbildung entwickelte, das sogar Versuche mit doppelt qualifizierenden Ausbildungsformen unternahm (siehe unten).

Nachhaltigkeit der Ideen Sprangers?

4 Die polytechnische Bildung

Noch deutlich vor der „bürgerlichen" Konzeption Sprangers hatten seit der zweiten Hälfte des 19. Jahrhunderts die Gesellschaftstheoretiker Karl Marx (1818-1883) und Friedrich Engels (1820-1895) erste Gedanken entworfen, die die Grundlage für eine andere Bildungstheorie wurden. Karl Marx hatte im „Kapital" (Marx/Engels 1968: 510; zit. nach Anweiler 1969: 16ff.) erklärt, dass die „große Industrie" auf dem Prinzip der Auflösung des Produktionsprozesses in seine konstituierenden Elemente beruhe. Dieses Prinzip schuf die ganz moderne Wissenschaft der „Technologie" (als Anwendung der Naturwissenschaft).

Marx und die Begründung polytechnischer Bildung

Da die Industrie die vorhandenen Formen des Produktionsprozesses nie als definitiv betrachtet, sei ihre technische Basis, sei Technik schlechthin revolutionär.

Aus dieser Feststellung folgert Marx die Notwendigkeit, die „allseitige Beweglichkeit des Arbeiters" zu fördern. Der Arbeiter stünde im Kapitalismus unter der ständigen Bedrohung, von anderen Gliedern der großen disponiblen Arbeiterreserve ersetzt zu werden. Diese Gefahr könne nur durch eine „absolute Disponibilität (...) für wechselnde Arbeitserfordernisse" (ebd.) abgewendet werden. Aus diesem Grund sei die polytechnische Bildung, d.h. ei-

Die gesellschaftliche Funktion polytechnischer Bildung

ne allgemein technische Bildung, die sich auf die technologischen Grundprinzipien der Produktion bezieht, für den Arbeiter im kapitalistischen Produktionssystem eine vitale Notwendigkeit.

Marx formuliert in einer Resolution 1866:

„Wir betrachten die Tendenz der modernen Industrie, Kinder und junge Personen, von beiden Geschlechtern, zur Mitwirkung an dem Werke der sozialen Produktion herbei zu ziehen, als eine progressive, heilsame und rechtmäßige Tendenz, obgleich die Art und Weise, auf welche diese Tendenz unter der Kapitalherrschaft verwirklicht wird, eine abscheuliche ist."

Kinderarbeit ist deshalb in seiner Sicht nur zulässig

„unter der Bedingung, daß jene produktive Arbeit mit Bildung verbunden wird. Unter Bildung verstehen wir drei Dinge:

Erstens: Geistige Bildung;

Zweitens: Körperliche Ausbildung, solche wie sie in den gymnastischen Schulen und durch militärische Uebungen gegeben wird;

Drittens: Polytechnische Erziehung, welche die allgemeinen wissenschaftlichen Grundsätze aller Produktionsprozesse mitteilt, und die gleichzeitig das Kind und die junge Person einweiht in den praktischen Gebrauch und in die Handhabung der elementarischen Instrumente aller Geschäfte" (Marx, K.: Die Arbeit von Frauen und Kindern „Genfer Resolution" des Generalrates 1866. zit. nach Anweiler 1969: S. 14).

Bildung hatte bei Marx demnach einen dreifachen Aspekt: Sie sollte geistig, körperlich und polytechnisch sein (zit. nach Anweiler 1969: 14f.). Und, so führte Friedrich Engels den Marxschen Ansatz weiter: diese Bildung sollte auch nach der Machtübernahme der Arbeiterklasse ihren Platz in den Schulen der Arbeiter haben. Die Begründung war nun zwar anders, doch das polytechnische Prinzip hatte immer noch seine gesellschaftliche Bedeutung.

Um den „gemeinsamen Betrieb der Produktion durch die gesamte Gesellschaft" (und nicht nur durch einige Elitekader) zu garantieren, bedürfe es nach Engels allseitig entwickelter Menschen, „die imstande sind, das gesamte System der Produktion zu überschauen", einschließlich der politisch-gesellschaftlichen Zusammenhänge. Nach der Aufhebung der Arbeitsteilung wird die Erziehung „die jüngeren Leute das gesamte System der Produktion rasch durchmachen lassen", so dass sie in der Lage sein sollten, von einem Produktionszweig in den anderen zu wechseln (Fr. Engels, zit. nach Anweiler 1969: 13f.). Damit setzt Engels die ganzheitliche Ausbildung gegen die fortschreitende Zergliederung des Arbeitsprozesses (Taylorismus).

> Taylorismus, nach Frederick Winslow Taylor (1856-1915), ist die Zerlegung der industriellen Produktion in einzelne Bewegungsabläufe und Handgriffe, die einzelnen Arbeitern zugewiesen werden (Voraussetzung für die Fließbandarbeit).

Der Gedanke, dass polytechnische Bildung die Entfremdung aufheben soll, ist keine Erfindung von Marx, sondern lässt sich explizit auf die vormarxistische Arbeiterbewegung zurückführen. So schreibt Pierre-Joseph Proudhon (1809-1865), den man zu den utopischen Sozialisten zählt, in einem zuerst 1830 erschienenen Werk, dass die „Emanzipation des Arbeiters" in der polytechnischen Bildung (*apprentissage polytechnique*) bestehe (Proudhon 1858, II, 260). Proudhon bezieht sich in diesem Abschnitt mit seinem emanzipatorischen Lernen selbst wieder explizit auf Diderot (vgl. Hörner 2007) und macht so die geistesgeschichtliche Wurzel dieses Gedankens ganz deutlich (vgl. Kapitel 1). Beide Bildungsvorstellungen finden ihre Wurzeln und ihren emanzipatorischen Aufbruch in der Aufklärung.

Vorläufer von Marx

Es ist auffallend, dass gewisse Denkfiguren dieser Legitimation der polytechnischen Bildung, ihres marxistischen Elements entkleidet, später auch in der „bürgerlichen" Bildungstheorie auftauchen. Technik, so wird argumentiert, ist mit zunehmender Tendenz integrativer Bestandteil unserer Zivilisation und damit wichtiges Element der gesellschaftlichen Wirklichkeit. Ein Klassiker der bürgerlichen deutschen Bildungstheorie (Theodor Litt 1880-1962) folgert in den 1950er Jahren aus der Feststellung einer zunehmenden Dominanz der Technik: Will der Mensch sich die Freiheit bewahren, die Zwecke zu setzen, für die die Technik eingesetzt wird, muss er die Mittel beherrschen bzw. die Möglichkeiten der Technik nachvollziehen können. Technikbeherrschung ist deshalb Voraussetzung für funktionierende Demokratie, technische Bildung wird damit zum Instrument der Abwehr von Fremdbestimmung, marxistisch gesprochen, zum Werkzeug gegen die Entfremdung (so Litt 1964: 53ff.).

Legitimation Technischer Bildung in der „bürgerlichen" Bildungstheorie

Die Idee der polytechnischen Bildung fand in der frühsowjetischen Pädagogik und deren Werkstatt brodelnder Ideen einen fruchtbaren Boden. Nadeschda Krupskaja, die Frau Lenins, (1869-1939) und Pawel P. Blonskij (1884-1941) waren in der frühen Sowjetunion ihre bekanntesten Vertreter, die mit unterschiedlichen Nuancen die Ideen der marxistischen Klassiker in ihre Gegenwart umzusetzen versuchten und gegen „Missverständnisse" vorgingen. Krupskaja kämpfte vor allem darum, die Leitidee der Polytechnik – das umfassende Verständnis von Technik gegen Tendenzen einer an den Taylorismus anknüpfenden mono-technischen (auf berufliche Spezialisierung ausgerichteten) Ausbildung – zu verteidigen, die ihr Mann Lenin selbst favorisierte, um den Ausbau der Industrie in Lande zu fördern. Krupskaja schreibt:

Die polytechnische Theorie und Praxis in der Sowjetunion

„Worin besteht der Inhalt der polytechnischen Bildung? Es wäre falsch zu denken, daß dieser Inhalt lediglich aus dem Erwerb einer bestimmten Summe von Fertigkeiten (…) oder einer Viel-Handwerkelei besteht, wie andere meinen, oder lediglich im Studium der modernen, und zwar der höchsten Formen der Technik (…). Polytechnik – das ist ein ganzes System, dessen Grundlage das Studium der Technik in ihren verschiedenen Formen, in ihrer Entwicklung und in allen ihren Vermittlungen bildet (…). Die polytechnische Schule unterscheidet sich von der Berufsschule dadurch, daß in ihr das Schwergewicht auf der theoretischen Durchdringung der Arbeitsprozesse liegt, auf der Entwicklung der Fähigkeit, Theorie und Praxis miteinander zu verbinden und die wechselseitige Abhängigkeit bestimmter Erscheinungen zu verstehen, während in der Berufsschule das Schwergewicht auf die Ausrüstung der Schüler mit Arbeitsfertigkeiten gelegt wird" (Krupskaja: Über Polytechnik (1929), zit. nach Anweiler 1969: 26).

Blonskij dagegen grenzte sich mit seiner Konzeption der Arbeitsschule als Produktionsschule von Kerschensteiner ab, dem er „Viel-Handwerkelei" vorwarf, während seine eigene Referenz die industrielle Produktion war (vgl. Hörner 1993: 234ff.).

Dem Versuch, diese Ideen bildungspolitisch in der Konzeption der sowjetischen polytechnischen Arbeitsschule zu verwirklichen, war allerdings kein nachhaltiger Erfolg vergönnt. In der Stalin-Ära wurde der polytechnische Arbeitsunterricht wieder abgeschafft, da den politischen Machthabern für die damalige ökonomische Situation eine lineare naturwissenschaftliche Bildung adäquater zu sein schien, als das komplexe praxisorientierte Lernen in der Produktion. So blieb er bis in die 1950er Jahre im bildungspolitischen Untergrund, bis die Entstalinisierung in der Sowjetunion auch den Arbeitsunterricht wieder rehabilitierte. Allerdings war es eine „professionalisierte" Variante des Arbeitsunterrichts, die hier wiederbelebt wurde: Der (allgemein bildende) Arbeitsunterricht sollte letztlich eine Berufsausbildung ersetzen.

Die Rezeption der Polytechnischen Bildung in der DDR

Im Gefolge der Entstalinisierung kam der Gedanke der Polytechnischen Bildung mit der Rezeption der „Sowjetpädagogik" auch in die inzwischen entstandene DDR, die zunächst versuchte, das „professionalisierte" sowjetische Modell der 1950er Jahre an die eigenen gesellschaftlichen Verhältnisse anzupassen. Allerdings hatte es in dieser Form keine ökonomische Funktion, da die DDR in der deutschen Tradition im Gegensatz zur Sowjetunion ein flächendeckendes und effizientes Berufsbildungssystem hatte.

So entwickelten die DDR-Didaktiker relativ schnell ein eigenständiges Modell auf einer eigenen bildungstheoretischen Grundlage.

Neuer Bezugsbegriff

Der Hauptbegründer der neuen Polytechnikkonzeption der DDR, Heinz Frankiewicz, versuchte, das Problem der Einpassung der Idee der Polytechnischen Bildung in die gesellschaftliche Wirklichkeit und des Rahmens des Bildungssystems der DDR im ersten Schritt durch eine Änderung des theoretischen Bezugsbegriffs des Unterrichts zu lösen.

Der von den sowjetischen Theoretikern proklamierte Leitbegriff der polytechnischen Bildung, die Produktion, die in der DDR schon durch die betriebliche Berufsausbildung „besetzt" war, wurde ersetzt durch den Leitbegriff der Technik, ohne allerdings deren Produktionsbezug aufzugeben. Frankiewicz rezipierte dazu auch westdeutsche Techniktheoretiker, lehnte sich vor allem aber an die Ingenieurpädagogik an, die sich damals in der DDR entwickelte. Diese Ingenieurpädagogik war bestrebt, das Spezifische der technischen Tätigkeit herauszustellen. Technische Tätigkeit wurde als Zweck-Mittel-Beziehung gedeutet, die wesentlich durch das Moment des schöpferischen Erfindens gekennzeichnet war (Frankiewicz 1968: 22f.; 45f.).

Da der Begriff der Technik ein Konzept war, das allgemeiner, übergreifender war als das der Produktion und zudem seine Verankerung in den Technikwissenschaften, also dem Wissenschaftssystem hatte, schien dieser Begriff zudem gut geeignet, eine Verbindung zwischen der (Natur-)Wissenschaft und der Realität der materiellen Produktion herzustellen. Außerdem wird Technik als relativ selbständiger Zwischenbereich zwischen der natürlichen und der sozialen Welt verstanden. Technik ist nämlich nicht nur Medium der Produktion, sondern ist in allen Bereichen des gesellschaftlichen wie des privaten Lebens gegenwärtig, so dass sie auch aus dieser Perspektive als Bezugsbegriff eines allgemein bildenden Faches sinnvoll erscheint.

Dadurch konnte die polytechnische Bildung auf der didaktischen Ebene unmittelbar an den naturwissenschaftlichen Unterricht anknüpfen. Aber auch die Produktionsarbeit selbst konnte als „schöpferisches technisches Handeln" gedeutet werden. Durch diese bildungstheoretische Neubestimmung wurde es möglich, die polytechnische Bildung an den ungefähr zeitgleich entwickelten bildungstheoretischen Leitbegriff der „allseitig entwickelten sozialistischen Persönlichkeit" anzuschließen, der zum Schlüsselbegriff des neuen „Lehrplanwerks" für die Allgemeinbildende Polytechnische Oberschule wurde. So erhielt die polytechnische Bildung in der Konzeption des Gesamt-Lehrplanwerks in bildungstheoretischer Hinsicht logischerweise primär die Aufgabe, diejenigen Persönlichkeitsaspekte zu entwickeln, die in den abstrakten Fächern weniger zur Geltung kamen. *Bezug zur allseitig entwickelten sozialistischen Persönlichkeit*

Die neue bildungstheoretische Verankerung wies der polytechnischen Bildung somit drei zentrale pädagogische Funktionen zu: *Funktionen der polytechnischen Bildung*

- eine Allgemeinbildungsfunktion: Sie sollte ihren spezifischen Beitrag zur „allseitigen" Bildung der Persönlichkeit leisten;
- eine Erziehungsfunktion im Hinblick auf die Arbeit: Sie sollte allgemeine Arbeitstugenden und eine spezifisch sozialistische Einstellung zur Arbeit vermitteln (vorberufliche Sozialisationsfunktion);
- eine Berufseingliederungsfunktion: Sie sollte berufsvorbereitende Inhalte und gewisse berufliche Grundfertigkeiten vermitteln und dadurch zur Verkürzung der Berufsausbildung beitragen (Qualifikationsfunktion), zugleich aber auch soziale Erfahrungen in der Arbeitswelt als Orientierungshilfen für die Berufswahl möglich machen (berufliche Sozialisationsfunktion).

Die Qualifikationsfunktion sollte über den bildungsökonomischen Aspekt hinaus (Zeitersparnis für die Berufsbildung) die oben bereits zitierte, auf Friedrich Engels zurückgehende gesellschaftstheoretische Dimension haben: *Vorberufliche Qualifikation und Sozialisation*

Die „poly-technische" Bildung (im etymologischen Wortsinn) sollte es dem künftigen Arbeiter ermöglichen, „das gesamte System der Produktion zu überschauen" und ihn damit für seine politisch-ökonomische Führungstätigkeit befähigen (zit. nach Anweiler 1969: 13). Im Hinblick auf die vorberufliche Sozialisation wurde dem polytechnischen Unterricht explizit die Aufgabe zugeschrieben, die Jugendlichen für die Wahl von Facharbeiterberufen in der materiellen Produktion zu motivieren (Frankiewicz 1985: 608).

Rückwirkungen auf den Fächerkanon

Trotz der Akzentuierung des Technikbegriffs blieb die Verbindung von Schule und Produktion didaktisches Leitprinzip der polytechnischen Bildung („lernend arbeiten, arbeitend lernen"). Dieses Leitprinzip sollte konkrete Rückwirkungen auf die Gesamtheit des Fächerkanons haben, so dass die polytechnische Bildung strukturbestimmend für die „allgemeinbildende polytechnische Oberschule" wurde, wie deren Namen signalisieren sollte. Das bedeutet, dass die einzelnen Fächer (insbesondere die Natur- und Gesellschaftswissenschaften) nicht nur polytechnisch relevante Themen besonders akzentuieren sollten. Es wurde darüber hinaus als fachübergreifendes Ziel gesetzt, die Produktionserfahrungen der Schüler in allen Fächern aufzugreifen und aus der Sicht der Fächer zu verarbeiten.

Didaktische Umsetzung der polytechnischen Bildung

Die Reflexionsfähigkeit ihrer didaktischen Vertreter hat es der polytechnischen Bildung in der DDR erlaubt, Formen der Realisierung zu finden, die das Dilemma des produktionsbezogenen polytechnischen Arbeitsunterrichts – den Gegensatz zwischen didaktisch strukturiertem Lernen und unstrukturiertem Lernen in der Produktion – zu lösen versuchten: zentrale Idee dieser Lösung war die „Teildidaktisierung" der technischen Tätigkeit im polytechnischen Zentrum (d.h. im Betrieb, aber außerhalb der realen Produktion), durch die strukturiertes Lernen möglich war, der Produktionsprozess nicht behindert und trotzdem Betriebsnähe erreicht wurde.

Das Ende des Polytechnischen Unterrichts?

Trotz dieser auch im Ausland anerkannten relativen Erfolgsbilanz wurde der Polytechnische Unterricht mit dem Ende der DDR von seinen Vätern aufgegeben, da sie ihn als Spezifikum der sozialistischen Gesellschaft ansahen. Trotz gegenteiliger Bestrebungen westdeutscher Technikdidaktiker wurde er im Rahmen der gesamtdeutschen Bildungslandschaft nicht weitergeführt. War sein Erfolg nur dem ideologischen Druck auf die Betriebe zu verdanken? Auf alle Fälle gelang es nicht, die Technik als Bezugspunkt einer Theorie der Bildung im deutschen Bildungssystem des ausgehenden 20. Jahrhunderts zu verankern.

Oder kann Technik doch „bilden"?

Die Frage, ob Technik nun vielleicht doch „bilden" könnte, ist damit aber noch nicht definitiv verneint. Bereits Spranger und Litt hatten auf das Faktum verwiesen, dass die Technik innerhalb des Wissenschaftssystems (über die Anerkennung der Technischen Hochschulen mit ihrer Kombination aus Naturwissenschaften und Technikwissenschaften) ihren Platz und damit ihre bildungstheoretische Dignität erreicht hat. Ähnliches gilt für die Entwicklung der Vollzeitberufsschulen, die – wie z.B. die Fachoberschule oder das berufliche Gymnasium – den Weg ins Wissenschaftssystem der Hochschulen öffnen und damit auch als eigener Bildungsweg zwischen Allgemeinbildung und Berufsbildung gesellschaftlich anerkannt werden, nimmt man die hochschulvorbereitende Funktion dieser Bildungsgänge als konstitu-

Das Verhältnis von Allgemeinbildung und Berufsbildung

tives Element gymnasialer Bildung und damit als Indikator ihrer Allgemeinbildungsfähigkeit.

5 Die doppelt qualifizierenden Bildungsgänge

Bezeichnenderweise hatte sich in der Experimentierphase um die Einführung unterschiedlicher Varianten in der DDR nur eines der zur Erprobung stehenden Modelle der Verbindung von allgemein bildendem und berufsbezogenem Unterricht durchgesetzt, nämlich die Berufsausbildung mit Abitur (vgl. dazu Kuhrt 1991).

Doppelt qualifizierende Bildungsgänge und ihre bildungstheoretische Rückwirkung

Es war das Modell, das konzeptionell und institutionell von der betrieblich basierten Berufsausbildung ausging, diese berufliche Qualifikation auch beibehielt und die Hochschulvorbereitung damit kombinierte. Während also die Versuche einer Einführung einer beruflichen Qualifikation in die Allgemeinbildung abgebrochen wurden, weil sie dort Fremdkörper waren – die deutsche Tradition in der DDR kannte den effizienteren Weg der betrieblichen Berufsausbildung – wurde der umgekehrte Weg einer Anreicherung der beruflichen Qualifikationsphase mit allgemein bildenden – hochschulpropädeutischen – Inhalten im Hinblick auf eine vollständige Doppelqualifikation (berufliche Qualifikation und Hochschulreife) mit Erfolg implementiert. Eine generelle Ausweitung dieses Modells auf die Gesamtheit der neuen Bundesrepublik wurde nach 1990 allerdings nicht realisiert.

Zwar gab es auch in der alten Bundesrepublik vereinzelt Zweige der vollzeitschulischen Berufsbildung, die eine Ausbildung auf der Ebene einer Berufsfachschule (z.B. in Assistentenberufen) mit dem Erwerb der (Fach-) Hochschulreife verbanden, eine Berufsausbildung im Dualen System war dabei aber nicht einbezogen. Erst nach 1990 gab es Versuche, mit einer Doppelqualifikation dieser Art unter Einbeziehung der betrieblichen Ausbildung, die die Humboldtsche Trennung überwinden sollte und die nach der politischen Vereinigung neuen Auftrieb bekamen (vgl. Hörner 1995: 168ff.; 1997: 158). Zeigt der Sprangersche Versuch einer Überwindung des Dualismus vielleicht doch noch Spätwirkungen?

6 Fazit

Das Kapitel hat einerseits die Entsprechung zwischen dem Humboldtschen Ansatz und dem sich konsolidierenden deutschen Bildungssystem mit seiner strikten Trennung von beruflicher und allgemeiner Bildung aufgezeigt, andererseits wurden aber auch bildungstheoretische und bildungspolitische Ansätze vorgestellt, diese Trennung zu überwinden, da deren Konsequenzen für die Bildungspolitik nicht immer nur positiv bewertet wurden. Dabei zeigten sich die konzeptuellen Schwierigkeiten, die Synthese bildungspolitisch zu realisieren. Diese lassen sich auf der bildungstheoretischen Ebene als „Sieg" Humboldts über Spranger interpretieren. Auf der Ebene der Bildungsorganisation lassen sich diese Hindernisse auf die Schwierigkeit zurückführen, effiziente Alternativen zum deutschen System der dualen Berufsausbildung nachhaltig zu implementieren. Das Kapitel ist so in seiner Gesamtheit ein Beispiel für die mögliche bildungspolitische Bedeutung der vorgestellten bildungstheoretischen Konzepte.

Wiederholungsfragen

1. Warum haben berufliche Gymnasien in Deutschland nur eine Randstellung?
2. Worin besteht die Besonderheit des „Dualen Systems" (der Berufsausbildung)?
3. Wie sehen Humboldt und Spranger die Beziehung zwischen allgemeiner und beruflicher Bildung?
4. Warum sieht Spranger den Beruf als „wesentliches Mittel zur Menschwerdung"?
5. Warum ist nach Marx polytechnische Bildung notwendig?
6. Welche Wurzeln hat der polytechnische Bildungsbegriff von Marx?
7. Wer waren Krupskaja und Blonskij?
8. Warum wurde der polytechnische Unterricht im Stalinismus wieder abgeschafft?
9. Welche Besonderheiten hat das DDR-Modell polytechnischer Bildung?

Reflexionsfragen

1. Inwieweit könnte es sinnvoll sein, Elemente beruflicher Bildung in den Pflichtschulbereich zu integrieren?
2. Welche Möglichkeiten könnte man sich zur Integration von beruflicher und allgemeiner Bildung vorstellen?
3. Inwieweit ist das duale System durch den derzeitigen ökonomischen Strukturwandel gefährdet?
4. Wie könnte man eine Persönlichkeit beschreiben, die sich im Sinne Sprangers bildet? Nehmen Sie dabei auch Bezug auf Sprangers Definition von Bildung!

Das Verhältnis von Allgemeinbildung und Berufsbildung

Empfehlungen zur weiteren Lektüre

Einen guten Überblick über die Besonderheiten des Dualen Systems im internationalen Kontext bringt:

Greinert, Wolf-Dietrich (1998): Das „deutsche System" der Berufsausbildung. Tradition, Organisation, Funktion, 3. Aufl., Baden-Baden: Nomos.

Die Konzeption Sprangers ist zusammengefasst in:

Spranger, Eduard (1969): Grundlegende Bildung, Berufsbildung, Allgemeinbildung (1918). In: Spranger, Eduard: Geist der Erziehung. Hrsg. von Gottfried Bräuer und Andreas Flitner. Heidelberg: Quelle und Meyer, S. 7-19 (Gesammelte Schriften I).

Ein nützlicher Quellenband zur Geschichte der Polytechnischen Bildung ist:

Anweiler, Oskar (Hrsg.) (1969): Polytechnische Bildung und technische Elementarerziehung. Bad Heilbrunn (Klinkhardts pädagogische Quellentexte).

Das komplexe Verhältnis von polytechnischer Bildung und beruflicher Bildung wird analysiert in:

Hörner, Wolfgang (1997): Schule und Arbeitswelt in Deutschland-Ost und Deutschland-West: Polytechnische Bildung oder duale Berufsbildung? In: Meier, A./Rabe-Kleberg, U./Rodax, K.: (Hrsg.) Transformation und Tradition in Ost und West. Jahrbuch Bildung und Arbeit '97. Opladen: Leske + Budrich, S. 138-161.

Kapitel 3: Die Soziologisierung des Bildungsbegriffs

1 Der Bedeutungswandel des Bildungsbegriffs und seine Wurzeln

Konturenloser moderner Bildungsbegriff?

Vergleicht man die in den ersten beiden Kapiteln zitierten und beschriebenen Definitionen und Konzeptionen von Bildung mit dem heute im Alltagsverständnis anzutreffenden Verständnis von Bildung, stellt man eine deutliche Diskrepanz fest, deren Entstehung und Konsequenzen Gegenstand dieses Kapitels sein soll.

So ist auch mehreren namhaften Autoren (z.B. Luhmann/Schorr 1979: 83; Eggers 1981: 183) aufgefallen, dass die heute gebräuchlichen Komposita des Bildungsbegriffs – Bildungspolitik, Bildungsökonomie usw. – mit dem Humboldtschen Bildungsbegriff (innere Formung des Menschen) nicht mehr abgedeckt werden können. Dies verleitet Luhmann/Schorr zu einer herben Kritik an diesem Bildungsbegriff, der in ihren Augen konturenlos geworden ist und ausgedient hat. Bei näherer Betrachtung ist diese Bedeutungsveränderung des Bildungsbegriffs allerdings keineswegs ein Indikator für die Sinnentleerung des Begriffs, die den Weg zu solchen „Wortwucherungen" in einer „Semantik der Ratlosigkeit" frei macht (so Luhmann/Schorr, ebd.). Vielmehr liegt die Wurzel des Missverständnisses einfach in einem schlichten begrifflichen Wandel. Was ist passiert?

„education" wird zu „Bildung"

Das Unverständnis dieser Autoren scheint darin begründet zu sein, dass sie eine fundamentale semantische Verschiebung des deutschen Bildungsbegriffs nach 1945 nicht wahrgenommen haben. Diese semantische Verschiebung war von außen veranlasst. Zum einen war es die nach dem Zweiten Weltkrieg in Deutschland erfolgte Rezeption des anglo-amerikanischen Begriffs *education*. Diese Rezeption erfolgte zugleich mit der Übernahme von Leitgedanken der anglo-amerikanischen Erziehungswissenschaft *(educational studies)*. Dem englischen Begriff *education* waren die neu-humanistischen Bedeutungskomponenten eines anthropologisch verstandenen Bildungsbegriffs verständlicherweise fremd. Selbst die spätere Formulierung Nohls, der Bildung definierte als

> „die innere Form und geistige Haltung der Seele, die alles, was von draußen an sie herankommt, mit eigenen Kräften zu einheitlichem Leben in sich aufzunehmen (…) vermag" (Nohl 1949: 140f.),

war weit entfernt vom angelsächsischen Bildungsverständnis.

Die Soziologisierung des Bildungsbegriffs 41

Der englische Begriff wurde mit seinen Konnotationen (Nebenbedeutungen) zusammen mit der Rezeption der amerikanischen Arbeiten zur Bildungssoziologie (*sociology of education*), zur Bildungsökonomie (*economy of education*) und ihrer Anwendung in der Bildungsplanung (*educational planning*) in den 1950er und 1960er Jahren in Westdeutschland so mit übernommen. Besonders im amerikanischen, aber auch im britischen Sprachgebrauch schwang in diesem Begriff *education* die Komponente der formalen Qualifikation mit.

2 Die gesellschaftliche Dimension von Bildung

Diese Rezeption fand auf dem Hintergrund eines Wandel im deutschen Gesellschaftssystem statt, in dem die Bildung (oder genauer: die Rolle der Institutionen, die Bildung vermittelten, nämlich die Schulen und Hochschulen), einen neu definierten gesellschaftlichen Stellenwert bekam. Der erziehungswissenschaftliche Diskurs in der alten Bundesrepublik Deutschland entdeckte die Schule als zentrale Instanz der Zuteilung von Sozial- und Lebenschancen (Helmut Schelsky 1957) und, logisch darauf aufbauend, Bildung als Bürgerrecht (Ralf Dahrendorf 1965). Beide Bewegungen waren so mit einander verschränkt. *Bildung als gesellschaftliche Größe*

Für Schelsky (1912-1984) war die Öffnung der bisherigen selektiven höheren Bildungsgänge eine wichtige Voraussetzung, um soziale Unterschiede in der Gesellschaft, in seinen Augen Relikte der alten Ständegesellschaft, abzubauen. Dazu war ein konsequenter Ausbau der Bildungsangebote notwendig, da die technisch-ökonomische Entwicklung einerseits einen generellen Anstieg der beruflichen Qualifikation ökonomisch notwendig macht, die (höhere) berufliche Qualifikation in den modernen Industriegesellschaften aber andererseits eine zentrale Bedeutung für den gesellschaftlichen Aufstieg bekommt. Eine so verstandene Bildung wird deshalb zum entscheidenden Kriterium für den sozio-professionellen Status und damit zum Motor für die Aufstiegsmobilität. *...bei Schelsky*

Aus diesen eher ökonomisch inspirierten Gedankengängen leitete Dahrendorf (geb. 1929) in einem eher sozialpolitischen Gedankenzusammenhang das Bürgerrecht auf Bildung als ein soziales Grundrecht aller Bürger ab. Dies impliziert die Herstellung von Chancengleichheit durch Abbau der Hindernisse und durch eine quantitative Expansion entsprechender sozial höherwertiger Bildungsgänge für die bisher unterrepräsentierten gesellschaftlichen Gruppen (kondensiert in der halb ironischen Formel vom „katholischen Arbeitermädchen vom Lande", in der alle Benachteiligungsmerkmale zusammengefasst wurden). Dahrendorf (1965: 22) formuliert: *...und bei Dahrendorf*

„Die überzeugende Begründung einer aktiven Bildungspolitik kann – so möchte ich behaupten und auch argumentieren – nur in Anknüpfung an den Gedanken eines Bürgerrechts auf Bildung erfolgen. (...) Das Bürgerrecht auf Bildung hat wenigstens drei Aspekte, die zwar alle demselben Prinzip entspringen, sich aber nicht eindeutig in eine Formel fassen lassen. Das Bürgerrecht auf Bildung ist zunächst ein soziales Grundrecht aller Bürger, das gleichsam den Fußboden absteckt, auf dem jeder Staatsbürger stehen darf und muß, um als solcher tätig zu werden. (...)Der zweite Aspekt des Bürgerrechts auf Bildung betrifft die Chancengleichheit in jenem rechtlichen Sinne, in dem dieser Begriff zumeist gemeint ist. (...) Aber die umwälzende Kraft des Bürgerrechts auf Bildung liegt in seinem dritten Aspekt. Rechtliche Chancengleichheit bleibt ja eine Fiktion, wenn Menschen auf Grund ihrer sozialen Verflechtungen und Verpflichtungen nicht in der Lage sind, von ihren Rechten Gebrauch zu machen."

Es wird deutlich, dass es ihm vor allem um die politische Dimension der angestrebten Bildungsexpansion ging.

Soziologisierung des Bildungsbegriffs: Bildung als Qualifikation

Der neue deutsche Diskurs über Bildung war, das zeigen diese punktuellen Beispiele ganz deutlich, weit entfernt vom neuhumanistischen Bildungsbegriff. An die Stelle des philosophisch-anthropologischen Elements trat das soziologische. „Bildung wird nicht mehr nur als Eigenschaft, Zustand, Statusmerkmal des Einzelnen gesehen, sondern als Funktion der Gesellschaft" (Lemberg 1963: 24), die Lebens- und Sozialchancen verteilt und die in einer demokratischen Gesellschaft deshalb als Recht aller Bürger anzusehen ist. Das, was sich vollzogen hat, ist nichts weniger als „eine Soziologisierung des Bildungsbegriffs" (ebd.). Bildung kann unter Einbeziehung des Qualifikationsaspekts in diesem Kontext als eine der Grundfunktionen der menschlichen Gesellschaft verstanden werden, deren Aufgabe es ist, diese Gesellschaft dadurch lebensfähig zu erhalten, dass sie die nachfolgende Generation befähigt, die vielfältigen, in der modernen Industriegesellschaft notwendigen Rollen zu übernehmen. Zu diesen Rollen gehört die Erzeugung und Verteilung von Gütern, die Ordnung und Deutung der Welt, d.h. auch Recht, Kunst und Religion (Lemberg 1963: 34). Da zu diesen Grundfunktionen, wie aus dem Bisherigen hervorgeht, nicht nur die von außen gelenkte normativ gefärbte Erziehung gehört, sondern schwerpunktmäßig der kognitiv akzentuierte Erwerb von Qualifikationen, ist die Übernahme des deutschen Begriffs Bildung für das beschriebene gesellschaftliche Phänomen legitim.

Neue Komposita

Die Bedeutungsverschiebung des Bildungsbegriffs in Richtung auf gesellschaftlich relevante Aspekte von Bildung als Qualifikation erlaubt dann auch die sprachliche Konstruktion von Komposita, in denen unterschiedliche gesellschaftliche Aspekte des neuen Bildungsbegriffs zum Ausdruck kommen, wie Bildungsplanung, Bildungspolitik, Bildungssoziologie, Bildungsökonomie. Soweit Erziehungswissenschaft diese gesellschaftlichen Implikationen von Bildung untersucht, wird ein neuer Begriff dafür geprägt, die Bildungsforschung.

Mit diesem Begriff ist die Untersuchung des Bildungswesens als gesellschaftliche Institution und mit allen seinen gesellschaftlichen Aspekten angesprochen (so der Titel von Lemberg 1963; in neuester Zeit noch Tippelt 2002: 9f.). In dem in der Reformeuphorie der 1960er Jahre in Berlin gegründeten „Max-Planck-Institut für Bildungsforschung" findet dieser Gedanke zudem bis heute seinen institutionellen Ausdruck.

> Das Max-Planck-Institut für Bildungsforschung wurde 1963 als multidisziplinäre Einrichtung der sozial- und verhaltenswissenschaftlichen Grundlagenforschung gewidmet. Der Forschungsbereich „Erziehungswissenschaft und Bildungssysteme" untersucht Entwicklungs- und Lernprozesse unter institutioneller Perspektive und war u.a. für die Koordination des deutschen Teils der PISA-Untersuchung 2000 federführend.

3 Die konzeptionelle Konsequenz: Bildung als Kapital

Die Soziologisierung des Bildungsbegriffs hat, wie die wissenschaftliche Disziplin Bildungsökonomie schon andeutet, auch eine ökonomische Konsequenz. Bildung hat für die Gesellschaft nämlich eine ökonomische Relevanz, sie wird zur ökonomischen Ressource. Dieser Gedanke wird über den Begriff des Humankapitals vermittelt, dem eine analoge Bedeutung zugeschrieben wird wie dem Finanzkapital. Der Begriff wurde zentral für die seit Ende der 1950er Jahre stark expandierte Bildungsökonomie: Der führende amerikanische Theoretiker des Humankapitals, der Nobelpreisträger Gary Becker (1993: 3) bemerkt, dass eine Bibliografie zur Bildungsökonomie in den 1950er Jahren 50 Einträge gehabt habe, 1970 jedoch bereits 1300 Positionen. *(Bildungsökonomie und Humankapital)*

Der Begriff des Humankapitals bedeutet ganz allgemein das Gut, das in Menschen investiert wird, um wirtschaftliche Werte schaffen zu können. Der Begriff setzt die Erkenntnis voraus, dass in modernen Gesellschaften „die Produktivität auf Schaffung, Verbreitung und Nutzung von Wissen beruht" (Becker 1996: 220). Für Gary Becker, einen der eifrigsten Protagonisten des Humankapitalkonzepts, umfasst der Begriff „Wissen und Fertigkeiten der Menschen, ihren Gesundheitszustand und die Qualität ihrer Arbeitsgewohnheiten" (ebd.). Der Begriff ist also sehr weit gefasst. Darunter ist außer der beruflichen Qualifikation im engeren Sinne auch die Gesamtheit der Arbeitsgewohnheiten, aber auch der sonstigen Lebensgewohnheiten zu verstehen, im positiven (Arbeitstugenden wie Fleiß und Pünktlichkeit) wie im negativen Sinn (Suchtgewohnheiten wie Rauchen und Trinken, die die Produktivität einschränken). Man beachte also: Arbeitsdisziplin ist positives Humankapital, Rauchen schlägt auf der Humankapitalseite negativ zu Buche. *(Der Begriff Humankapital)*

> *Gary Stanley Becker*, geb. 1930, Ökonomie-Professor an der Universität Chicago, bekam 1992 den Nobel-Preis für Wirtschaft für seine Arbeiten auf dem Gebiet der Mikro-Ökonomie. Er ist heute der profilierteste Vertreter der Theorie des Humankapitals.

...und seine Anwendung

Dieses Humankapital wird in Familien, Schulen und dem Arbeitsplatz verbreitet und es wird in den Unternehmen bei der Produktion von Gütern und Dienstleistungen genutzt. Die Bildungsökonomie schätzt, dass ca. 20% der gesamten Ressourcen der Wirtschaft für Investitionen in verschiedene Arten von Humankapital verwendet werden, von der schulischen Grundbildung bis zur Weiterbildung „im Prozess der Arbeit" (*on the job).*

Die Humankapitalanalyse geht von der Vorstellung aus,

> „der einzelne entscheide unter Abwägung von Kosten und Nutzen über seine Bildung, Berufsausbildung, medizinische Versorgung und andere Verbesserungen seiner Kenntnisse und seiner Gesundheit" (Becker 1996: 29).

Zu dem Nutzen gehören nicht nur die Verbesserung der Einkommenschancen, sondern auch kulturelle und andere immaterielle Vorteile (z.B. Status und Sozialprestige), die Kosten sind dagegen die finanziellen Aufwendungen für die Bildung sowie die investierte Zeit und Arbeit (ebd.).

Die zwei Dimensionen des Begriffs

Der Begriff Humankapital hat somit eine mehrfache Dimension. Er kann sowohl unter volkswirtschaftlicher – also der Makroebene – als auch unter individueller („betriebswirtschaftlicher") Perspektive – also der Mikroebene – betrachtet werden. Die Mikroebene ist die Bereitschaft des einzelnen bzw. die seiner Familie, in Bildung zu investieren, um dadurch später bessere Verdienstmöglichkeiten und einen höheren sozialen Status zu haben. Von diesem investierten Kapital (durchaus auch im Sinne von finanziellen Aufwendungen) kann man eine bestimmte Rendite (*rate of return*) erwarten. Der einzelne muss abwägen, ob die zu erwartende Rendite, der Gewinn, den das Humankapital abwirft, den Aufwand „lohnt". Für die volkswirtschaftliche Ebene gilt eine ganz ähnliche Logik: es gilt rechtzeitig in den Infrastruktursektor des Bildungswesens (also in Humankapital auf der Makroebene) zu investieren, um innerhalb der oben angesprochenen „Wissensgesellschaft", in der das erworbene Wissen in der Form des Humankapitals ökonomisch produktiv gemacht wird, die Volkswirtschaft auf Wachstumskurs zu bringen bzw. zu halten. Auch hier ist unter nüchternen ökonomischen Gesichtspunkten die Rendite der volkswirtschaftlichen Investition im Auge zu behalten. Der ökonomische Nutzen dieser Investition muss zuerst einmal politisch transparent gemacht werden, um ein günstiges „Investitionsklima" zu schaffen. Dazu gehört es im Umkehrschluss auch, die volkswirtschaftlichen Kosten der Nicht-Investition in die Gesamtrechnung einzubeziehen: Beispielsweise die sich daraus ergebenden bildungsökonomisch unerwünschten und die Volkswirtschaft unnötig belastenden

Die Soziologisierung des Bildungsbegriffs

Schulabbrecher und strukturell von Arbeitslosigkeit bedrohten „negativ ausgelesenen" Jugendlichen.

Der Begriff Humankapital ist in der Bildungsökonomie weitgehend akzeptiert. Er ist allerdings in vielen anderen Teildisziplinen der deutschen Erziehungswissenschaft noch nicht richtig anerkannt worden. Die Tatsache, dass der Begriff in Deutschland in der jüngeren Vergangenheit im Jahr 2004 zum „Unwort des Jahres" gewählt wurde, zeigt, dass gerade die deutsche geistesgeschichtliche Tradition mit diesem Begriff die größten Schwierigkeiten hat.

Kritik am Begriff Humankapital

Das Wort wurde laut Erklärung der Jury gewählt, um eine scharfe Kritik an der Ökonomisierung aller möglichen Lebensbezüge auszudrücken, nachdem es auch in programmatischen Verlautbarungen der EU zu einem wichtigen Begriff wurde (Schlosser 2005). Die Kritik richtet sich gegen die Abwertung des Menschlichen, weil hier Menschen mit Maschinen gleichgesetzt würden. Humankapital, so die Begründung der „Unwort-Jury", degradiere nicht nur Arbeitskräfte in Betrieben, sondern Menschen überhaupt zu nur noch ökonomisch interessanten Größen.

Bildung als Investition aufzufassen, statt als Aneignung von Kultur, ist für Pädagogen auf den ersten Blick befremdlich. Dass mit diesem Begriff neben Sachkapital und Finanzkapital menschliche Fähigkeiten und Fertigkeiten eigens gewürdigt werden sollten, wie die Vertreter der Humankapitaltheorie erklären, wird auch von der Unwort-Jury anerkannt. Zugleich wird aber angezweifelt, dass dieser Begriff mit seinen positiven Konnotationen in der sozialen Praxis der Betriebe überhaupt ernst genommen werde. Dagegen sprächen hemmungslose Massenentlassungen, die das „Humankapital" von Millionen von Menschen im Interesse einer höheren Rendite für die *shareholder* ohne Zögern entwerten oder ignorieren.

Eine kritische Sicht des Begriffs Humankapital veranlasst Pierre Bourdieu, seinerseits eine Konzeption „symbolischer Kapitalien" zu entwerfen. Bourdieu (z. B. 1983) geht von einem weiten, aber im Kern durchaus klassischen Kapitalbegriff aus:

Die Kapitalientheorie Bourdieus

„Kapital ist akkumulierte Arbeit, entweder in Form von Materie oder in verinnerlichter, ‚inkorporierter' Form. (…) Das Kapital ist eine der Objektivität der Dinge innewohnende Kraft, die dafür sorgt, dass nicht alles gleich möglich oder gleich unmöglich ist" (Bourdieu 1983: 183).

Pierre Bourdieu (1930-2002), französischer Soziologe, ist vor allem durch seine Arbeiten zur sozialen Reproduktion durch das Bildungswesen international bekannt geworden.

Allerdings kann man nach Bourdieu dem Funktionieren der gesellschaftlichen Welt nur gerecht werden, wenn man den Begriff des Kapitals in all seinen Erscheinungsformen berücksichtigt und nicht nur in der aus der Ökonomie bekannte Form. Hier liegt eine erste implizite Kritik auch an der Theorie des Humankapitals. Bourdieu unterscheidet dagegen drei grundlegende Kapitalsorten.

„Das **ökonomische Kapital** ist unmittelbar und direkt in Geld konvertierbar und eignet sich besonders zur Institutionalisierung in Form des Eigentumsrechts; das **kulturelle Kapital** ist unter bestimmten Voraussetzungen in ökonomisches Kapital konvertierbar und eignet sich besonders zur Institutionalisierung in Form von schulischen Titeln; das **soziale Kapital**, das Kapital an sozialen Verpflichtungen oder „Beziehungen", ist unter bestimmten Voraussetzungen ebenfalls in ökonomisches Kapital konvertierbar und eignet sich besonders zur Institutionalisierung in Form von Adelstiteln" (Bourdieu 1983: 185).

Im hier zu behandelnden Zusammenhang ist vor allem das kulturelle Kapital von Interesse: bezeichnenderweise lässt sich der französische Ausdruck *capital culturel* im Licht der Erkenntnisse von Kapitel 1 auch mit „Bildungskapital" übersetzen (wie das auch Krais 1983: 210 tut; vgl. auch die Übersetzung von Bourdieu/Boltanski/Saint-Martin 1981). Es geht also um die *culture*, das heißt das, was sich der einzelne im Bildungsprozess angeeignet hat.

„Das kulturelle Kapital kann in drei Formen existieren:
– in verinnerlichtem, inkorporiertem Zustand, in Form von dauerhaften Dispositionen des Organismus
– in einem objektivierten Zustand, in Form von kulturellen Gütern, Bildern, Büchern, Lexika, Instrumenten und Maschinen, in denen bestimmte Theorien und deren Kritiken, Problematiken usw. Spuren hinterlassen oder sich verwirklicht haben,
– in institutionalisiertem Zustand, einer Form von Objektivation, die deswegen gesondert behandelt werden muss, weil sie – wie man beim schulischen Titel sieht – dem kulturellen Kapital, das sie ja garantieren soll, ganz einmalige Eigenschaften verleiht" (Bourdieu 1983: 185).

Kritik an der Theorie des Humankapitals

Der Begriff des kulturellen Kapitals erlaubt es, die Ungleichheit der schulischen Leistungen von Kindern aus verschiedenen sozialen Klassen zu erklären. Es wird so möglich, den Schulerfolg, der sonst nur der natürlichen Begabung zugeschrieben wird, auf „die Verteilung des kulturellen Kapitals zwischen den Klassen und Klassenfraktionen" (ebd.) zurückzuführen.

Bourdieu kritisiert in diesem Zusammenhang die Theoretiker des Humankapitals, die zwar als erste die Frage aufgeworfen hätten, in welchem Verhältnis die durch Bildungsinvestition und die durch ökonomische Investition erreichten Profite stünden.

Diese krankten aber seiner Meinung nach daran, dass der von ihnen benutzte Maßstab nur solche Investitionen berücksichtigte, die sich in Geld ausdrücken ließen, also z.B. Studienkosten oder die für das Studium aufgewendete Zeit (die an die Stelle von möglicher Erwerbsarbeit tritt).

Zudem können sie weder die relative Bedeutung der verschiedenen ökonomischen und kulturellen Investitionen für die verschiedenen Akteure erklären, noch die Struktur der unterschiedlichen Gewinnmöglichkeiten auf verschiedenen „Märkten" berücksichtigen. Schließlich bleibt ihre Analyse der

Die Soziologisierung des Bildungsbegriffs

schulischen Investitionsstrategien isoliert vom Gesamtzusammenhang der anderen Erziehungsstrategien. Dadurch, so Bourdieu weiter, bleibt ihnen die sozial wirksamste Investition verborgen, nämlich die Transmission des kulturellen Kapitals in der Familie.

So übersieht z.B. Becker in seinen Überlegungen zu Begabung und Bildungsinvestition, dass Begabung auch das Produkt einer (familialen) Investition in kulturelles Kapital ist (Bourdieu 1983: 186). Um den Gewinn der schulischen Investition zu ermitteln, fragen die Vertreter der Humankapitaltheorie nur nach den Bildungsausgaben für die Gesellschaft als Ganze (*social rate of return*) oder dem Beitrag für die Volkswirtschaft (vgl. Becker 1993: 143; 208ff.). Diese ökonomistische Deutung von Bildung ignoriert aber, und das ist der Hauptvorwurf Bourdieus, den Beitrag des Bildungssystems zur Reproduktion der Sozialstruktur, der in der Weitergabe des kulturellen Kapitals besteht. Die ökonomistische Verkürzung übersieht, dass der ökonomische und soziale Ertrag des erworbenen schulischen Titels, von dem durch die Familie weitergegebenen kulturellen Kapital, aber auch von dem gleichermaßen ererbten sozialen Kapital abhängt, das zur Unterstützung des kulturellen Kapitals eingebracht wird (Bourdieu 1983: 186).

Was nun sind die verschiedenen Formen des kulturellen Kapitals?

Das inkorporierte kulturelle Kapital setzt einen Prozess der Verinnerlichung voraus, der (Lern-)Zeit erfordert. Durch den Prozess wird, im Sinne der oben in Kapitel 1 zitierten Definitionen von Bildung, Kultur angeeignet, akkumuliert. Es entsteht im Produkt „Bildung" (franz.: *culture*). Dieser zeitaufwendige Prozess muss persönlich erfolgen. Ein Stellvertreterprinzip scheidet hier aus. Im Bildungsprozess wird in erster Linie Zeit investiert, das hat schon die Humankapitaltheorie festgestellt. Deshalb ist die Dauer des Bildungserwerbs auf den ersten Blick der objektivste Maßstab, um kulturelles Kapital zu messen. Inkorporiertes kulturelles Kapital wird zum Besitztum, zum festen Bestandteil einer Person, zu ihrem Habitus, in Bourdieus Terminologie: „aus ‚Haben' ist ‚Sein' geworden" (Bourdieu 1983: 187).

Inkorporiertes kulturelles Kapital

Das inkorporierte Kapital ist nach dem bisher Gesagten an die Person und ihre biologischen Fähigkeiten gebunden. Es stirbt mit der Person und mit dem Verlust des Gedächtnisses. Gleichwohl wird es sozial vererbt, allerdings in einer sehr versteckten Form. Auch wenn es so nur ein „symbolisches Kapital" darstellt, ist seine tatsächliche Wirksamkeit nicht zu unterschätzen. Wer über eine besondere Kulturkompetenz verfügt, z.B. über die Fähigkeit des Lesens in einem Milieu von Analphabeten,

„gewinnt aufgrund seiner Position in der Verteilungsstruktur des kulturellen Kapitals einen Seltenheitswert aus dem sich Extraprofite ziehen lassen. (…) Die ungleiche Verteilung von Kapital, also die ‚Struktur des gesamten Feldes', bildet somit die Grundlagen für die spezifische Wirkung von Kapital, nämlich die Fähigkeit zur Aneignung von Profiten und zur Durchsetzung von Spielregeln, die für das Kapital und seine Reproduktion so günstig wie möglich sind" (Bourdieu 1983: 187f.).

Die Rolle der Familie

Die besondere Wirksamkeit des inkorporierten kulturellen Kapitals ergibt sich aus der Art seiner Übertragung. Seine Akkumulation ist sozusagen von dem Grundstock an kulturellem Kapital abhängig, der in der gesamten Familie verkörpert ist. Diese Akkumulation von kulturellem Kapital findet nun aber von frühester Kindheit an im Wesentlichen in denjenigen Familien statt, die bereits über einen Fundus von kulturellem Kapital verfügen: die frühkindliche Sozialisation ist also zugleich eine Zeit, in der kulturelles Kapital akkumuliert wird. Die Übertragung von Kulturkapital ist demnach eine der am besten verschleierten Formen der erblichen Übertragung von Kapital. Sie gewinnt um so mehr an Bedeutung, je mehr die direkten, sichtbaren Formen der „Vererbung" sozial missbilligt werden. Im weiteren Erwerb von Kulturkapital spielt der Zeitfaktor auch insofern eine wichtige Rolle, als das Individuum die Zeit für den Erwerb von Kulturkapital (Bildung) nur so lange ausdehnen kann, wie seine Familie das ökonomische Kapital hat, um ihm eine solche von ökonomischen Zwängen befreite Zeit zu gewähren.

Objektiviertes Kulturkapital

Das objektivierte, also gegenständlich gewordene Kulturkapital kann seine Wirkung erst in Verbindung mit dem inkorporierten, verinnerlichten Kulturkapital entfalten. Materielle Träger von kulturellem Kapital wie Gemälde, Bücher usw. lassen sich zwar leicht vererben, ihr juristischer Besitz kann seine „bereichernde" Wirkung aber nur entfalten, wenn der Besitzer die kulturellen Fähigkeiten hat, den kulturellen Nutzen daraus zu ziehen, also etwa die intellektuellen oder ästhetischen Kompetenzen, das Buch oder Kunstwerk zu verstehen: dies aber setzt das inkorporierte Kulturkapital voraus. Um das objektivierte Kulturkapital als „Produktionsmittel" für neues Kapital zu nutzen, muss der Besitzer sich das erforderliche Kulturkapital (also z.B. das wissenschaftlich-technische Wissen, um eine Maschine adäquat einsetzen zu können) selbst erwerben oder die Dienste anderer in Anspruch nehmen, die dieses inkorporierte Kapital haben.

Institutionalisiertes Kulturkapital

Die Institutionalisierung von inkorporiertem kulturellem Kapital in Form von Titeln schafft den deutlichen Unterschied zwischen dem kulturellen Kapital eines Autodidakten, der ständig beweisen muss, dass er dieses Kapital besitzt, und dem kulturellen Kapital, das durch schulisch vermittelte Bildungstitel sanktioniert und dadurch legitimiert ist. Diese Titel gelten formell unabhängig von der Person des Trägers.

„Der schulische Titel ist ein Zeugnis für die kulturelle Kompetenz, der seinem Inhaber einen dauerhaften und rechtlich garantierten konventionellen Wert überträgt" (Bourdieu 1983: 190).

Das impliziert, dass der Titel auch relativ unabhängig von dem inkorporierten kulturellen Kapital gilt, das der Träger zu einem bestimmten Zeitpunkt tatsächlich besitzt.

Der (schulische oder akademische) Titel verleiht dem Kulturkapital einer Person eine institutionelle Anerkennung. Dadurch werden diese Personen in gewissem Sinne (auf dem Arbeitsmarkt) austauschbar, sie können füreinan-

Die Soziologisierung des Bildungsbegriffs

der die Nachfolge antreten. Der Erwerb des Titels als institutionalisiertes kulturelles Kapital ist, genau wie beim Humankapital, mit einem gewissen Aufwand an ökonomischem Kapital verbunden. Diese Konvertibilität muss in gewissem Sinn auch in umgekehrter Richtung gelten, das kulturelle Kapital muss auch wieder in ökonomisches Kapital umgewandelt werden können. Denn nur wenn diese Umkehrbarkeit zumindest zum Teil erwartet werden kann, hat die Bildungsinvestition einen ökonomischen Sinn. Hier liegt nun in der Tat ein gewisses „Restrisiko", denn der ökonomische Gewinn, den ein solcher Titel auf dem Arbeitsmarkt erzielen kann, hängt natürlich von seinem Seltenheitswert ab. Durch die Bildungsexpansion, die in den meisten Ländern stattgefunden hat, hat sich so auch der „Wechselkurs" zwischen institutionalisiertem kulturellem Kapital und ökonomischem Kapital nach unten verändert.

So wie zwischen ökonomischem und kulturellem Kapital eine gewisse Konvertierbarkeit besteht, ist auch das soziale Kapital (die „Beziehungen") in andere Kapitalsorten verwandelbar. Zudem kann es die Umwandlung von kulturellem in ökonomisches Kapital wirksam unterstützen. Das zeigt sich deutlich an den Unterschieden in den Erträgen, die zwei mit gleichem kulturellem Kapital (gleichen Titeln), aber mit unterschiedlichem Sozialkapital ausgestattete Personen auf dem Arbeitsmarkt erzielen (Bourdieu 1983: 191, Anm. 12). *Die Kapitalumwandlungen*

Unter den drei Kapitalsorten ist das institutionalisierte kulturelle Kapital in Form von schulischen Abschlusszeugnissen nicht direkt durch Erbfolge übertragbar (wie der Adelstitel) und auch nicht direkt käuflich (wie der Börsentitel). Das erworbene Kulturkapital muss durch das Bildungssystem sanktioniert und damit in institutionalisiertes Kulturkapitals umgewandelt werden. *Vererbung von kulturellem Kapital?*

Seine „Vererbung" wird durch das Bildungssystem kontrolliert und entzieht sich dadurch dem direkten Zugriff der Eigner von ökonomischem oder sozialem Kapital. Diese können lediglich auf indirekte Weise (durch „Protektion" usw.) möglichen Sanktionen durch das Bildungssystem mit seiner relativen Autonomie gegensteuern (Bourdieu 1983: 198).

Am Anfang der Schullaufbahn kann das vorhandene kulturelle Kapital der Familie seine Wirkung deshalb entfalten, weil die durch die Schule vermittelten Bildungsgüter und das vermittelnde Instrument, die Unterrichtssprache, das bereits vorhandene kulturelle Kapital widerspiegeln. Die Schule setzt also weitgehend das voraus, was sie zu vermitteln vorgibt. *Kulturkapital und soziale Selektion*

Ihre relative Autonomie, die darin besteht, in ihrem Bereich, nämlich dem Unterricht, ihre eigenen pädagogischen Gesetze zu machen, nach denen sie funktioniert, dient also nach Bourdieu nur zur Verschleierung ihrer sozialen Selektionsfunktion. Die Kriterien der Selektion, die sie zur Anwendung bringt, sind nämlich in sozialer Hinsicht nicht neutral. Allerdings ist das Bildungssystem als Kontrolleur der Gültigkeit des kulturellen Kapitals auch für die Privilegierten als Instanz zur Verteilung von Lebenschancen nicht zu übergehen. *Relative Autonomie und Verschleierung der sozialen Selektion*

Die Feststellungen der frühen Vertreter des soziologisierten Bildungsbegriffs, dass Bildung von großer Bedeutung für das Sozialsystem ist, bestätigt sich auch in der Konzeption des kulturellen Kapitals. Gegenüber dem einseitig ökonomisch fokussierten Begriff des Humankapitals hat Bourdieus Konzept des kulturellen Kapitals den großen Vorteil der Mehrperspektivität und damit vor allem der Berücksichtigung der sozialen, einschließlich der sozialpolitischen Implikationen des Bildungsbegriffs. Die Zentrierung auf den Kultur-(Bildungs-)Begriff schlägt darüber hinaus eine Brücke von der gesellschaftlichen Funktion zur pädagogischen Wirklichkeit, die ihn als analytischen Begriff der Erziehungswissenschaft besonders attraktiv macht.

4 Fazit

Das Kapitel hat die Weiterentwicklung des deutschen Bildungsbegriffs skizziert und insbesondere die Wendung vom anthropologisch-individualistischen zu einem gesellschaftlich geprägten Bildungsverständnis thematisiert. Dabei wurden das bildungsökonomische Konzept des Humankapitals und dessen soziologische Kritik im alternativen Begriff des Kulturellen Kapitals vorgestellt. Dienen diese Begriffe vor allem dazu, die Funktion von Bildung auf der Makro-Ebene zu analysieren und zu kritisieren, so soll nun ergänzend dazu im folgenden gefragt werden, welche Funktion der Bildungsbegriff für die Gestaltung und Steuerung von Unterricht heute noch haben kann.

Wiederholungsfragen

1. Wie und warum hat sich der deutsche Bildungsbegriff nach 1945 geändert?
2. Worin unterscheiden sich Schelsky und Dahrendorf?
3. Welche (bildungstheoretischen und schulstrukturellen) Konsequenzen hat die neu entdeckte gesellschaftliche Funktion von Bildung?
4. Warum kann man Bildung als „Humankapital" betrachten?
5. Humankapital als „Unwort des Jahres" – ein volkstümliches Missverständnis?
6. Welche Kapitalsorten unterscheidet Bourdieu? Nennen Sie Beispiele für jede Kapitalform!
7. Was unterscheidet kulturelles Kapital vom Humankapital?
8. Welche Form von kulturellem Kapital ist bildungstheoretisch am relevantesten?
9. Warum sagt Bourdieu, dass Schule eine relative Autonomie besitzt?

Die Soziologisierung des Bildungsbegriffs

Reflexionsfragen

1. Schelsky spricht von einer „nivellierten Mittelstandsgesellschaft". Was könnte darunter im Anschluss an seine bildungspolitischen Überlegungen verstanden werden?
2. Inwieweit ist heute davon auszugehen, dass der Slogan „Bildung ist Bürgerrecht" (Dahrendorf) Realität ist?
3. Inwieweit ist der Beobachtung zuzustimmen, dass die Bildung des Menschen auf eine ökonomische Größe reduziert wird? Welche Beispiele veranschaulichen dies? Was spricht dagegen?
4. Die Schule soll einen zentralen Beitrag zur Herstellung sozialer Chancengleichheit leisten. Was wären in Anlehnung an Bourdieu die möglichen Konsequenzen zur Realisierung dieses Ziels?

Empfehlungen zur weiteren Lektüre

Einen Überblick über die Theorie des kulturellen Kapitals gibt:

Bourdieu, Pierre (1983): Ökonomisches Kapital, kulturelles Kapital, soziales Kapital. In: Kreckel, Reinhard (Hrsg.): Soziale Ungleichheiten. Göttingen: Otto Schwartz, S. 183-198

Ausführliche, aber komplexe Darstellung der Theorie des Humankapitals:

Becker, Gary S. (1993): Human Capital. A Theoretical and Empirical Analysis with Special Reference to Education. Chicago: The University of Chicago Press.

Einen Überblick zur Bedeutungswandel des Bildungsbegriffs gibt:

Lemberg, Eugen (1963): Von der Erziehungswissenschaft zur Bildungsforschung. Das Bildungswesen als gesellschaftliche Institution. In: Lemberg, Eugen (Hrsg.): Das Bildungswesen als Gegenstand der Forschung. Heidelberg: Quelle & Meyer, S. 21-100.

Kapitel 4: Bildungstheorie und ihre Anwendung in Didaktik und Curriculum

1 Kategoriale Bildung und bildungstheoretische Didaktik: Wolfgang Klafki

Geisteswissen- Das vermittelnde Glied zwischen neuhumanistischer Bildungstheorie und ih-
schaftliche rer Umsetzung in der Praxis bildeten seit Beginn des 20. Jahrhunderts die di-
Didaktik daktischen Theorien der sog. Geisteswissenschaftlichen Pädagogik. So lässt sich eine Kontinuität einer bildungstheoretischen Didaktik erkennen, die von Otto Willmann (1839-1920) („Didaktik als Bildungslehre", 1. Aufl. 1882) vom Ende des 19. Jahrhunderts über Herman Nohl (1879-1960) und Erich Weniger (1894-1961) (vgl. Weniger 1963, Erstausgabe 1930) bis Wolfgang Klafki am Ende des 20. Jahrhunderts geht. Bei allen deutlichen Unterschieden ist diesen Ansätzen ein Zug gemeinsam: Sie verstehen den Gegenstand der Didaktik als Bildungsarbeit, wobei die Inhalte der Bildung durch die großen „geistigen Mächte" bestimmt werden.

> Die „Geisteswissenschaftliche Pädagogik" geht auf Wilhelm Dilthey (1833-1911 – zuletzt an der Universität Berlin) zurück. „Pädagogik als Geisteswissenschaft" soll sich einerseits von einem normativen (weltanschaulich geprägten) System von Pädagogik, andererseits auch von einem positivistischen Verständnis von Pädagogik abgrenzen. Dilthey sieht Erziehung dagegen als ein geschichtliches Phänomen: die zentralen Prozesse der menschlichen Entwicklung sind geistiger Art. Deshalb sind zu ihrer Untersuchung historisch-hermeneutische („geisteswissenschaftliche") Methoden notwendig.

Die Kernarbeit der Didaktik besteht deshalb darin, die vorgegebenen Inhalte auf ihren spezifischen Bildungswert oder Bildungsgehalt zu untersuchen. Der Bezug der geisteswissenschaftlichen Didaktik zur neuhumanistischen Bildungstheorie besteht nun darin, dass diesen „Bildungsgehalten" die Kraft einer „inneren Gestaltung" des Menschen zugeschrieben wurde. Erich Weniger präzisiert (zit. nach Klafki 1970: 77), dass ein Bildungswert nur in Bezug auf bestimmte Kinder und Jugendliche sowie mit Blick auf die bestimmte historische Situation bestimmt werden kann. Wolfgang Klafki hat als letzter bedeutender Vertreter dieser gedanklichen Tradition die bildungstheoretischen Ansätze in diesem Sinne – auch in ihrer historischen Bedingtheit – systemati-

Bildungstheorie und ihre Anwendung in Didaktik und Curriculum

siert und mit praxiswirksamen Ansätzen der Unterrichtsvorbereitung in Beziehung gesetzt.

> *Wolfgang Klafki*, geb. 1927 in Ostpreußen, ursprünglich Volksschullehrer, studierte in den 1950er Jahren bei Erich Weniger (Göttingen) und Theodor Litt (Bonn) und war von 1963 bis 1992 Professor an der Universität Marburg. Während der 1970er Jahre und später in den 1990er Jahren war er als bildungspolitischer Berater verschiedener Landesregierungen tätig (s. u.).

Deshalb wird sich die Darstellung der Beziehung von Bildungstheorie und Didaktik vor allem an seinem Denkmodell aus den ausgehenden 1950er Jahren und dessen Aktualisierung 30 Jahre später (letzte Auflage 1996) orientieren. Daneben werden die Impulse der sog. Curriculumdiskussion vorgestellt, die am Ende der 1960er Jahre als Kritik an der geisteswissenschaftlichen Didaktik entstanden sind. Wie bei der Untersuchung der Ansätze der bildungstheoretischen Didaktik geht es auch hier vor allem darum, sie auf ihren Bildungsbegriff hin zu untersuchen und ihre Nachwirkungen darzustellen.

Schon die Bildungstheorien des ausgehenden 19. Jahrhunderts hatten zwei Grundtypen herausgearbeitet, die materiale Bildungstheorie, für die das Bildende im Stoff lag, und die formale oder funktionale Bildungstheorie, die nicht bildende Inhalte vermitteln wollte, sondern die davon ausging, dass das Wesentliche der Bildung nicht in der Aneignung von Inhalten lag, sondern in der Formung von körperlichen, seelischen und geistigen Kräften (Spranger nannte dies Kraftbildung, vgl. Kapitel 2). *Materiale versus formale Bildungstheorie*

Diese Grundunterscheidung benutzt Klafki als Gliederungsmuster seines Ansatzes. Klafki (1970: 25ff.) geht von dem Grundgedanken aus, dass Didaktik als Theorie der Bildungsinhalte zu verstehen ist, und unterscheidet demnach in herkömmlicher Weise auf der obersten Ebene materiale und formale Bildungstheorien.

Unter den materialen Bildungstheorien findet sich an erster Stelle der Objektivismus, der als Bildungsgüter die „objektiven Inhalte[n] der Kultur" (Klafki 1970: 28) ausmacht. In der Schulpädagogik, vor allem der Pädagogik des Gymnasiums, hat der Objektivismus sehr oft die Gestalt der von den Wissenschaften bestimmten und von der Wissenschaft abgesicherten Bildungsinhalte angenommen (Scientismus). Spätestens in der Oberstufe des Gymnasiums nimmt dieser Scientismus auch die Form der Wissenschaftspropädeutik selbst an. Nun haben weder der Objektivismus allgemein noch seine erwähnte Spielart, der Scientismus, pädagogische Kriterien zur Auswahl der Inhalte, da sie sich allein an Sachkriterien (z.B. der Wissenschaftssystematik) orientieren. *Der Scientismus*

Seit dem Aufkommen der Wissenschaftsorientierung des Unterrichts ist deshalb zugleich der Ruf nach „Stoffbeschränkung im Dienste wahrer Vertiefung" (Klafki 1970: 29) zu hören. Hier taucht auch der Ruf nach „exemplarischem Lernen" auf.

Die Theorie des Klassischen

Den Anspruch, genau diese Schwäche der mangelnden Selektionskriterien auszugleichen, erhebt eine weitere materiale Bildungstheorie, die Theorie des Klassischen. Der Theorie des Klassischen geht es nicht um Einzelergebnisse aus Wissenschaft und Kultur, sondern um die „zeitlosen" Momente aller wahrer Bildung, die der junge Mensch nach diesen Vorstellungen zunächst und am besten in der Begegnung mit der klassischen Antike erlangen kann, da diese ein in sich geschlossenes reines Menschentum dokumentiere. Diese Theorie knüpft unmittelbar an den Humboldtschen Neuhumanismus an.

„Bildung erscheint von der pädagogischen Theorie des Klassischen aus als der Vorgang bzw. als das Ergebnis des Vorgangs, in dem der junge Mensch in der Begegnung mit dem Klassischen das höhere geistige Leben, die Sinngebungen, Werte und Leitbilder seines Volkes oder Kulturkreises zu eigen macht und in diesen idealen Gehalten seine eigene geistige Existenz recht eigentlich erst gewinnt" (Klafki 1970: 30).

Die Bestimmung „klassisch" ist dabei nicht ausschließlich an die Antike gebunden, sondern gilt für alle großen Kulturschöpfungen anspruchsvoller Geistigkeit. Allerdings stellt sich hier die Frage, nach welchen Kriterien die Kulturschöpfungen als „Bildungswert" eingestuft werden, also was die Definition von „klassisch" ist.

Funktionale Bildung

Unter den formalen Bildungstheorien unterscheidet Klafki die Theorie der funktionalen Bildung, die die Kräfte des Kindes ausbilden soll:

„Das Wesentliche der Bildung ist nicht Aufnahme und Aneignung von Inhalten, sondern Formung, Entwicklung, Reifung von körperlichen, seelischen und geistigen Kräften" (Klafki 1970: 33).

Hier hat die Theorie des Klassischen eine funktionale Variante, da das humanistische Gymnasium über die Vermittlung des antiken Menschenbilds hinaus die formal-bildende Funktion der alten Sprachen hervorhob. Das Studium der lateinischen (besser noch der griechischen) Grammatik sollte z.B. „logisches Denken" schulen, das dann funktional auch in anderen kognitiven Bereichen einsatzfähig sein sollte: Funktionale Bildung setzt den Gedanken des Transfers von formal erworbenen Kenntnissen und Funktionen voraus.

Die Kritik an dieser Theorie geht in zwei Richtungen: Zum einen sind die in der funktionalen Bildungstheorie vorausgesetzten Transfermöglichkeiten unbewiesen. Zum anderen folgt sie einem vergleichsweise naiven biologistischen Analogiedenken, indem geistige (kognitive) Fähigkeiten mit physischen Kräften gleichgesetzt werden, die man auf diese Weise gezielt „trainieren" kann.

Methodische Bildung

Die zweite Ausprägungsform der formalen Bildung ist die Theorie der methodischen Bildung. Die potentielle Uferlosigkeit möglicher Bildungsgüter führt die Vertreter dieser Theorie dazu, eher den Vorgang in den Blick zu nehmen, durch den Bildung erworben wird. Es geht um den Erwerb der Denkweisen, Wertmaßstäbe, Auswahlkriterien, kurz der Methoden, mit Hilfe derer sich der junge Mensch die Fülle der Inhalte aneignen kann, die ihm zur Verfügung stehen (vgl. Klafki 1970: 36). Hierzu gehört die erwähnte Wissenschaftspropädeutik als Variante des Scientismus.

Die Kritik an der Theorie der methodischen Bildung macht schlicht darauf aufmerksam, dass eine Vermittlung von Methoden ohne Inhalte unmöglich erscheint.

Die Einseitigkeiten der vorgestellten Bildungstheorien führt Klafki (1970: 43) dazu, Bildung als Ergebnis als „Einheit eines objektiven (materialen) und eines subjektiven (formalen) Elements" zu bestimmen. Diese Einheit drückt er in einem dialektisch verschränkten Bild aus: *Klafkis Synthese*

„Bildung ist Erschlossensein einer dinglichen und geistigen Wirklichkeit für einen Menschen – das ist der objektive oder materiale Aspekt; aber das heißt zugleich: Erschlossensein dieses Menschen für seine Wirklichkeit – das ist der subjektive oder formale Aspekt zugleich im ‚funktionalen' wie im ‚methodischen' Sinn. Entsprechendes gilt für Bildung als Vorgang: Bildung ist der Inbegriff von Vorgängen, in denen sich die Inhalte einer dinglichen und geistigen Wirklichkeit ‚erschließen' und dieser Vorgang ist – von einer anderen Seite her gesehen – nichts anderes als das Sich-Erschließen bzw. Erschlossenwerden eines Menschen für jene Inhalte und ihren Zusammenhang als Wirklichkeit" (Klafki 1970: 43).

Hieraus leitet Klafki seine Konzeption der „Kategorialen Bildung" ab, die für sein bildungstheoretisches wie didaktisches Denken zentral ist. Auf der „objektiven" Seite sind es exemplarische Inhalte, die eine kategoriale, erhellende Bedeutung für allgemeine Einsichten gewinnen können. Andererseits bedeutet das Aufscheinen von kategorialen Prinzipien im exemplarischen Stoff die Gewinnung von ordnenden Kategorien des Verstehens auf der Seite des Subjekts (ebd.). Einfacher formuliert könnte die Synthese Klafkis so lauten: Der exemplarische Stoff macht die Kategorien des Sachverständnisses deutlich und diese Kategorien sind das Werkzeug, um sich die Wirklichkeit selbst weiter zu erschließen. *Kategoriale Bildung*

Aus diesem Vorverständnis kann Klafki in Variation der Titel der Arbeiten von Willmann (1903) und Weniger (1963) Didaktik als Theorie der Bildungskategorien bezeichnen (Klafki 1970: 84). Nun stellt er selbst die Frage, ob Didaktik angesichts der Kritik anderer didaktischer Schulen noch als bildungstheoretische Didaktik möglich ist. *Von der Kategorialen Bildung ...*

Er rechtfertigt dies mit der Modernisierung des Bildungsbegriffs, die zwischenzeitlich erfolgt sei und hält die Merkmale dieses modernisierten Begriffs in sieben Thesen fest (Klafki 1970: 94ff.):

– Bildung ist auf Sozialität, auf die politische Existenz des Menschen bezogen;
– Bildung ist eine positive Weise, das In-der-Welt-Sein des Menschen zu erfüllen (keine künstliche Trennung von Innerlichkeit und äußerer Welt);
– Bildung hilft, Lebensspannungen zu bewältigen;

- Die sittliche (und auch die ästhetische?) Dimension der menschlichen Existenz hat auch im Rahmen der Bildung eine zentrale Stellung;
- Bildung kann nicht mehr als sozialständische Kategorie verstanden werden, sondern muss Modell einer demokratischen mobilen Gesellschaft der sozial Gleichwertigen werden;
- Bildung muss auf einen weltweiten Horizont hin orientiert sein;
- Bildung muss sich als dynamisch, wandlungsfähig und offen verstehen.

... zur didaktischen Analyse

Es bleibt die Frage, wie man von einer solchen modernisierten Bildungstheorie zum konkreten Unterricht kommt. Klafki hat den Weg dazu in seiner mehrfach überarbeiteten „Didaktischen Analyse" beschrieben.

Klafki (1970: 126ff.) geht von der Prämisse aus, dass Didaktik nicht nur die Methoden, sondern zunächst vor allem die Inhalte des Unterrichts betrifft. Der Lehrer steht allerdings einer von den Lehrplangestaltern bereits vorab getroffenen Auswahl denkbarer Kulturinhalte gegenüber. Da der Lehrer den Gehalt des Lehrstoffs glaubhaft vertreten muss, besteht seine erste Aufgabe in der Sachanalyse. Er muss in die pädagogische Substanz der Inhalte eindringen, also gewissermaßen die Auswahlarbeit der Lehrplanautoren selbst nachvollziehen. Im Kontext von Klafkis Konzeption der Kategorialen Bildung hat aber bereits diese Sachanalyse einen doppelten Aspekt. Durch sie soll die Möglichkeit geschaffen werden, den jugendlichen Geist zu erfüllen und zu erschließen. Sie weist damit zugleich voraus auf zukünftige Aufgaben des Erwachsenenlebens.

Herausarbeiten des Bildungsgehalts

Die Kernaufgabe des Lehrers besteht im nächsten Schritt darin, aus den (stofflichen) Bildungsinhalten den (pädagogischen) Bildungsgehalt herauszuarbeiten. Ein einzelner Kulturinhalt wird dann zum Bildungsinhalt, wenn er für allgemeine Grundprobleme, Prinzipien, Gesetze, Werte usw. steht. Die Momente im Bildungsinhalt aber, die eine solche Erschließung des Allgemeinen im Besonderen bewirken, nennt Klafki den Bildungsgehalt (Klafki 1970: 134).

Der Bildungsgehalt eines Stoffes lässt sich in fünf didaktischen Grundfragen erschließen (vgl. Klafki 1970: 135ff.):

1. Welchen allgemeinen Sinn- und Sachzusammenhang vertritt oder erschließt der Inhalt? (Wofür soll das geplante Thema exemplarisch sein? Wo lässt sich der Ertrag dieses Themas später fruchtbar machen?)
2. Welche Bedeutung hat der betreffende Inhalt (die dadurch zu gewinnende Erfahrung) im Leben der Kinder der betreffenden Schulklasse?
3. Worin liegt die Bedeutung des Themas für die Zukunft der Kinder?
4. Welches ist die Struktur des (durch die ersten drei Fragen schon auf seinen pädagogischen Wert befragten) Inhalts? Diese abstrakte Frage schlüsselt Klafki anhand von präzisierenden Teilfragen bezogen auf unterschiedliche Unterrichtsbeispiele weiter auf (Klafki 1970: 138ff.).
5. Welches sind die besonderen Fälle, Phänomene usw., in denen die Struktur des jeweiligen Inhaltes den Kindern dieser Klasse anschaulich wer-

den kann? Auch diese komplexe Frage lässt sich durch differenzierende Unterfragen konkretisieren (Klafki 1970: 140ff.).

Erst wenn diese inhaltliche Erschließung des Stoffes geleistet ist, kann nach Klafki die methodische Vorbereitung der Unterrichtsstunde erfolgen.

Die bildungstheoretische Didaktik zeigt so, wie ein kohärenter Zusammenhang entstehen kann zwischen bildungstheoretischer Reflexion über den Schlüsselbegriff der Kategorialen Bildung, der eine Lösung für die Frage versucht, was in der Bildung elementar ist, hin zur konkreten Umsetzung in der Unterrichtsplanung.

2 Bildungsreform als Revision des Curriculum: Saul B. Robinsohn

Im Jahr 1967 veröffentlichte Saul B. Robinsohn (1916-1972), einer der Direktoren und Leiter der Abteilung für Vergleichende Erziehungswissenschaft am Max-Planck-Institut für Bildungsforschung (siehe oben, Kapitel 3) eine kleine Streitschrift unter dem programmatischen Titel „Bildungsreform als Revision des Curriculum".

Es war die Blütezeit der Diskussion über die Bildungsreform in Deutschland: der Deutsche Bildungsrat war gerade zwei Jahre im Amt, das Institut für Bildungsforschung in der Max-Planck-Gesellschaft (MPI) bestand seit vier Jahren und hatte gerade richtig seine Arbeit aufgenommen. Robinsohn beabsichtigte mit seiner Schrift der Debatte über die Strukturreformen des Bildungswesens in Deutschland eine neue Dimension zu geben. Da die angestoßene Debatte um die Inhalte der Schule zwangsläufig auch ein anderes Verständnis von Bildung implizierte und Robinsohns Kritik gerade die geisteswissenschaftlich inspirierte Didaktik traf, ist dieser Anstoß im vorliegenden Zusammenhang von besonderem systematischem Interesse.

Saul Benjamin Robinsohn war 1933 nach Palästina emigriert, wirkte in der Nachkriegszeit von 1956-1964 am UNESCO-Institut für Pädagogik in Hamburg und wurde 1964 an das neu gegründete Institut für Bildungsforschung in der Max-Planck-Gesellschaft berufen. Durch seine internationale Biografie machte er die deutsche Pädagogik vor allem mit angelsächsischen Ansätzen zur Curriculumforschung und zur Vergleichenden Erziehungswissenschaft bekannt. Sein früher Tod 1972 verhinderte es, seine Konzepte nachhaltiger auszuarbeiten.

Dezisionismus oder wissenschaftliche Curriculumentwicklung?

Robinsohns zentrales Anliegen war es, den bisherigen Prozess der Lehrplanentwicklung aus der Willkür der politischen und fachwissenschaftlichen Instanzen, dem „schieren Dezisionismus" (Prinzip willkürlicher Entscheidung), wie er formulierte (Robinsohn 1972: 44), herauszuführen und auf eine wissenschaftlich abgesicherte Grundlage zu stellen. Seine fundamentale Kritik an der herkömmlichen Didaktik in Deutschland betraf deren didaktische Selbstbeschränkung auf die Interpretation vorgegebener Inhalte, statt diese Inhalte selbst auf ihre gesellschaftliche Legitimität in der zweiten Hälfte des 20. Jahrhunderts zu befragen. Er grenzt seinen Ansatz sowohl von der bildungsökonomischen Position als auch dem Ansatz Dahrendorfs „Bildung als Bürgerrecht" (siehe Kapitel 2) ab, dem er den naiven Glauben vorwirft, mit der quantitativen Öffnung der höheren Schulen bereits die strukturelle Ungleichheit im Bildungswesen beseitigen zu können. Dazu wäre allerdings eine umfassende Reform des Gesamtbildungssystems notwendig (Robinsohn 1972: 7).

Revision des Gesamtsystems der Lehrinhalte...

Der Weg dahin geht über eine Reform der Lehrinhalte und diese ist verbunden mit einem andern Verständnis von Bildung. Die Komplexität und die gesellschaftliche Bedeutung von Bildung, die von Dahrendorf durchaus richtig gesehen wurde, macht in seinen Augen eine gründliche Erneuerung des Lehrplansystems notwendig, die weit über eine fachwissenschaftliche Verjüngung der Fachlehrpläne hinausgeht. So geht es ihm zum einen um eine Rationalisierung und Objektivierung von Curriculumplanung. Deren Ziel ist eine

„Überprüfung der pädagogischen Relevanz des gesamten Gefüges [der Fächer] in einem Prozess, in dem gesellschaftliche Kräfte und wissenschaftliche Erkenntnis mittelbar und unmittelbar bestimmend werden können" (Robinsohn 1972: 10).

Mit dieser Betonung der pädagogischen (in Abgrenzung zur fachwissenschaftlichen) Relevanz der Inhalte ist Robinsohn Klafki nahe.

Neuer Leitbegriff: Curriculum statt Lehrplan

Allerdings gehen seine Folgerungen in eine andere Richtung. Die Einführung des anglo-lateinischen Begriffs „Curriculum" statt des deutschen Begriffs „Lehrplan" signalisierte, dass es ihm einerseits um einen komplexen Prozess ging. Curriculum verstand er als Gefüge von Bildungsinhalten, die jeweils strikt auf bestimmte Bildungsintentionen bezogen sind (was bei den deutschen Stoffplänen nur indirekt und wenig strikt der Fall ist). Curriculum, in dessen lateinischer Grundbedeutung die Metapher der „Rennbahn" steckt, hat auch ein prozesshaftes Moment. Es bedeutet auch die Organisation der Inhalte und einen zirkulären Prozess der Erarbeitung, der Durchführung und der Erfolgskontrolle.

Der neue Bildungsbegriff

Der inhaltliche Fokus der Curriculumrevision ist ein neuer Bildungsbegriff, der sich deutlich von dem neuhumanistisch inspirierten Begriff der geisteswissenschaftlichen Pädagogik abgrenzt:

„Bildung als Vorgang, in subjektiver Bedeutung, ist Ausstattung zum Verhalten in der Welt. Dass der Bildungsprozess sich am Bestand einer Kultur orientiert, dass die Interpre-

Bildungstheorie und ihre Anwendung in Didaktik und Curriculum

tation der Wirklichkeit sich mit Hilfe tradierter Formen und Gehalte vollzieht, widerspricht dieser Aufgabenbestimmung nicht, sondern ist in ihr impliziert" (Robinsohn 1972: 13).

Dadurch ist – und diese Erkenntnis erscheint grundlegend für Robinsohns Bildungsbegriff – der Unterschied zwischen dem (funktional verwertbaren) „Leistungswissen" und dem (zweckfreien) „Bildungswissen" des Neuhumanismus aufgehoben. Robinsohn fasst beides zusammen im Begriff der „Kompetenz", der sowohl funktionale als auch ästhetische Komponenten hat. Der damit korrelierende Kulturbegriff hat folgerichtig ebenfalls einen Doppelcharakter:

„‚Kultur' als Gegenstand von Bildung [ist] nicht schlicht ein zu tradierendes ‚Erbe', vielmehr die aus ihm nach Relevanz- und Adäquanzkriterien ermittelte Substanz bildender Gehalte" (Robinsohn 1972: 13).

Die „dynamische Funktion von Bildung" lässt das Klassische als Bildungsnorm problemhaft erscheinen (Robinsohn 1972: 14).

Was müsste ein solcher dynamischer, moderner Bildungsbegriff beinhalten? Robinsohn nennt vier Merkmale, die den Charakter von Verhaltenszielen haben. Moderne Bildung müsste umfassen: *Merkmale des neuen Bildungsbegriffs*

- die Fähigkeit zu wirksamer Kommunikation innerhalb und außerhalb der engeren Kulturgemeinschaft;
- die Bereitschaft zur Veränderung als Disposition, immer neue und wechselnde Horizonte der physischen und geistigen Welt aufzunehmen;
- die Fähigkeit, Wahlen zu treffen, Ziele, nicht Mittel zu wählen;
- die Autonomie, im Sinne einer Verhaltensdisposition, die durch rationale und kritische Einstellung zu sozialen Formen und Symbolen charakterisiert ist (Robinsohn 1972: 18).

Die Formulierung dieser Bildungsziele als Verhaltensdispositionen deutet darauf hin, dass in Robinsohns Konzeption die Sozialwissenschaften bedeutsam sind. Er selbst spricht mit der von Charles P. Snow (1967) gebrauchten Metapher der „Zwei Kulturen" davon, dass die Sozialwissenschaft die „dritte Kultur" neben dem naturwissenschaftlichen und dem geisteswissenschaftlichen Denken (*sciences and arts*) darstellen soll. Dies führt ihn zu einer herben Kritik an der Vorliebe der Neuhumanisten für die antike „klassische" Kultur, die eine in seinen Augen abwegige Gleichförmigkeit (Isomorphie) zwischen Antike und Moderne voraussetzt. Dem setzt er den Bildungsbegriff von Max Horkheimer (1895-1973) gegenüber: Gegen die Vorstellung des deutschen Idealismus hatte Horkheimer definiert: *Die Aufgabe der Sozialwissenschaften*

„[Bildung ist nicht dort] wo ein Mensch sich selbst, gewissermaßen wie ein Kunstwerk zu gestalten sucht, sich sozusagen selbst zum Objekt der eigenen Formung wird, [sondern dort], wo er seine Kraft an die Formung der Welt wendet und in dem äußeren gesellschaftlichen Prozess eingreift, (…) gebildet wird man nicht durch das, was man ‚aus sich selbst macht', sondern einzig in der Hingabe an die Sache, in der intellektuellen Arbeit sowohl wie in der bewussten Praxis" (zit. nach Robinsohn 1972: 19f.). *Bildung nach Horkheimer*

> *Max Horkheimer* (1895-1973) ist wie Adorno (siehe Kapitel 1) und Habermas (siehe Kapitel 9 u. 10) Vertreter der (neomarxistisch inspirierten) „kritischen Theorie" der sog. Frankfurter Schule der Sozialwissenschaft.

Ist Robinsohns Bildung operationalisierbar?

Die Grenzen der Operationalisierbarkeit solcher verhaltensstiftenden Bildungserfahrungen sind Robinsohn bewusst. Er betont, dass es ihm nicht darum gehe, unmittelbar testbare Bildungseffekte zu formulieren, sondern primär darum,

„Methoden zu entwerfen, durch die gesellschaftlicher Konsens über jene Kriterien und über die sie zu konstituierenden Curricula ermittelt und aktiviert werden kann" (Robinsohn 1972: 22).

Kritik an der geisteswissenschaftlichen Didaktik

Dies bringt ihn zu einer Abgrenzung zur deutschen Tradition der Didaktik und damit zu deren modernstem Ast, der Konzeption von Wolfgang Klafki. Zentraler Kritikpunkt für Robinsohn ist die „Selbstbeschränkung der didaktischen Reflexion auf die Formulierung und die Transposition der gegebenen Inhalte", in der er „das zunehmende Versagen einer erziehungswissenschaftlichen Tradition dem geschichtlich Sanktionierten gegenüber" zu erkennen glaubt (Robinsohn 1972: 24). Dies gilt für ihn bei aller Anerkennung der dialektischen Bemühungen Wolfgang Klafkis auch für dessen kategoriale Synthese.

Die Leistung dieser Art der Didaktik liegt in der Reflexion über die Bildungsfunktion gewisser vorgegebener Inhalte. Das Problem einer systematischen Revision des Gefüges aber, die Frage der Substanz, kann nur durch die Kompetenz der verschiedenen Wissensgebiete und Lebensbereiche beantwortet werden – und deshalb wird sie von der Didaktik übergangen (Robinsohn 1972: 27). Die zentrale inhaltliche Frage bleibt für Robinsohn die fast naive Frage der frühen amerikanischen Curriculumtheorie „*What knowledge is most worth?*" (Robinsohn 1972: 29) und diese Wertentscheidung muss im Konsens der Betroffenen – der Adressaten, der Vermittler und der Abnehmer – getroffen werden.

Der situationstheoretische Ansatz...

So bleibt das zentrale Anliegen für seine Curriculumtheorie die Antwort auf die Frage:

„Durch welche Methoden systematisch objektivierender Ermittlung und gesellschaftlicher Organisation können Curriculumentscheidungen so vorbereitet werden, dass sie aus ‚Beliebigkeit', aus pädagogischem oder politischem Dezisionismus heraus in Formen eines rationalen gesellschaftlichen Konsens gehoben werden?" (Robinsohn 1972: 31).

Dem Robinsohnschen Dreischritt zur Realisierung dieser Curriculumstrategie liegt ein plausibler Algorithmus zugrunde:

– Methoden finden zur Ermittlung von Lebenssituationen (und von den in ihnen geforderten Funktionen) zu deren Bewältigung bzw. Erwerb Bildung befähigen soll,

- Definition der dazu notwendigen Qualifikationen,
- Festlegung der Bildungsgegenstände, durch die diese Qualifikationen erreicht werden sollen (Robinsohn 1972, 45)

Die Realisierung des Modells erwies sich indessen als wesentlich schwieriger. Einer der wichtigsten Versuche war der einer großen Curriculum-Kommission des Landes Hessen, ausgerechnet unter dem Vorsitz von Wolfgang Klafki (!). Ursprüngliches Ziel dieser Curriculumreform sollte sein, das gesamte Lehrplangefüge des Bundeslandes nach Maßgabe der Robinsohnschen Leitlinien neu zu strukturieren. Dabei sollte von einem strikten Fächerbezug abgegangen werden. In der Logik von Robinsohns Modell war dagegen ein themenorientiertes Curriculum zu konstruieren, das sich auf komplexe Lebenssituationen bezog (vgl. Klafki u.a. 1972, insb. S. 5-10).

...und seine Realisierungsversuche

Dies zeigt, dass die kritisierte Didaktik sehr wohl die Provokation aufnahm und mit Hilfe einer reformfreudigen Regierung den Versuch einer vergleichsweise radikalen Umstrukturierung der Lehrplaninhalte unternahm, die nicht nur die Neuinterpretation des Bestehenden darstellte. Allerdings war diesem Versuch kein nachhaltiger Erfolg beschieden. Die Konsensfindung dauerte der Politik zu lange.

Die deutsche Curriculumtheorie verwickelte sich in erkenntnistheoretische Probleme der wissenschaftlich sauberen Ableitungsmöglichkeit von Lernzielen aus abstrakteren Vorgaben. Schließlich versandete der Robinsohnsche Ansatz der entfachten Curriculumdiskussion in einer Überbestimmung bestehender Lehrplanstrukturen als Stoffpläne durch die zusätzliche Bestimmung operationaler Lernziele.

Scheitern des Robinsohn-Modells?

Robinsohns frühere Mitarbeiterin Doris Knab beschreibt in einer Zwischenbilanz im Jahr 1981 die neue Situation (Knab 1981: 177ff.): Der stillschweigend vorausgesetzte gesellschaftliche Konsens war nicht zu erreichen. Aus der Reform des Curriculum (Singular) war eine Reform der Curricula geworden (Plural): Statt einer Reform des Gesamtgefüges hatten sich die bestehenden Fächer die „Curriculumdiskussion" zu Eigen gemacht. Curriculumreform wurde zum Gegenstand der Fachdidaktiken. Aus einer Verwissenschaftlichung der Curriculumentscheidungen war eine Rationalisierung der Curricula selbst geworden, „eine Intellektualisierung des Unterrichts, die alle anderen Formen der Wirklichkeitserfahrung und -verarbeitung aus der Schule aussperrte" (Knab 1981: 182). Curriculum wurde zum Synonym für einen bloßen Lernzielmechanismus, der die Inhalte nach dem Kriterium der leichten Operationalisierung der zugeordneten Lernziele auswählt (davor hatte schon Robinsohn selbst gewarnt!). In einem Slogan von Elternverbänden kurz zusammengefasst lautete der Vorwurf: „Curriculum macht Schüler dumm", weil Schule in den Augen vieler Eltern auf das Training überprüfbarer Verhaltensweisen reduziert worden war (Knab 1981: 186). Die weitere „Curriculumdiskussion" oszillierte zwischen der Entwicklung „curricularer Lehrpläne", denen Kritiker das polemische Etikett „lehrersicher" (*teacher-*

proof) gaben, und der Konzipierung „offener Curricula" durch die Lehrer, die wiederum von Skeptikern schlicht als „Fiktion" bezeichnet wurden.

Zwischenfazit Trotz ihres (relativen) Scheiterns wurde der Konzeption Robinsohns hier ein vergleichsweise breiter Raum zugestanden. Robinsohn ist in der Tat nicht nur von historischem Interesse, und dies aus mehreren Gründen. Zum einen diente Robinsohns Kritik als wichtiger Impuls für die Weiterentwicklung von Klafkis didaktischem Modell. Zum anderen weist die gegenwärtige Diskussion um kompetenzorientierte Lehr- und Studienpläne einschließlich ihrer kritischen Aspekte (Auswahl aufgrund von Kriterien der Operationalisierbarkeit bzw. leichten Überprüfbarkeit) erstaunliche Parallelen zur Curriculumdiskussion der 1970er Jahre auf, so dass es nicht abwegig ist, auch in systematischer Hinsicht von dieser Epoche zu „lernen".

3 Die Kritisch-Konstruktive Didaktik: Wolfgang Klafki (revidiert)

Wolfgang Klafki, der, wie gezeigt wurde, die Kritik der Curriculum-Reformer durchaus ernst genommen und sich aktiv an der Umsetzung der Ideen Robinsohns beteiligt hatte, versuchte schließlich einen Teil der (nicht nur von Robinsohn, sondern auch von anderen didaktischen „Schulen") gegen sein Konzept der Kategorialen Bildung erhobenen Kritiken aufzugreifen und in einer Revision seines Ansatzes zu verarbeiten.

Modernisierung der Bildungstheorie Klafki (1994: 17ff.) versucht gegen seine Kritiker die emanzipatorischen und damit modernen Elemente der klassischen Bildungstheorie herauszuarbeiten und zugleich zu zeigen, dass das propagierte Bildungsideal eine objektive, aus der bisherigen menschlichen Kulturtätigkeit abgeleitete und damit allgemeingültige Inhaltlichkeit hat.

Auf diese Weise bereitet er gedanklich die selbstkritische Frage vor, ob sein Bildungsbegriff noch als pädagogische Grundkategorie tauglich sei (Klafki 1994: 43). Dabei knüpft er insbesondere an inzwischen entstandene bildungstheoretische Ansätze der Kritischen Theorie (siehe oben, zu Horkheimer) an, die er in seinem erneuerten Konzept verarbeitet. Da er erkennt, dass in den klassischen Bildungstheorien der Zusammenhang von Bildung und Gesellschaftsstruktur – die politische Dimension der „Menschenbildung" – nur unzulänglich reflektiert wurde, gilt dieser Dimension sein besonderes Augenmerk.

Die gesellschaftliche Dimension von Bildung Die Prämisse, dass Bildungsfragen Gesellschaftsfragen sind, kann sowohl affirmativ dahingehend verstanden werden, dass Bildung als Funktion der gesellschaftlichen Entwicklung die Faktizität dessen, was ist, voraussetzt und nicht in Frage stellt. Sie kann aber auch die Widersprüche in modernen Gesellschaften und die unterschiedlichen Interessengruppen wahrnehmen, die miteinander ringen und hier ihre eigenen Deutungs- und Handlungsspielräume entdecken, die eine entsprechende Handlungsfähigkeit voraussetzen. Daraus folgt für Klafki, dass Bildung heute drei Grundfähigkeiten beinhalten muss:

- die Fähigkeit zur Selbstbestimmung: Jeder einzelne muss über seine individuellen Lebensbeziehungen und Sinndeutungen selbst entscheiden können;
- die Fähigkeit zur Mitbestimmung: Jeder hat Anspruch und die Möglichkeit für die Gestaltung der gemeinsamen gesellschaftlichen Verhältnisse;
- die Fähigkeit zur Solidarität: Der eigene Anspruch auf Selbst- und Mitbestimmung kann nur gerechtfertigt werden, wenn er mit dem Einsatz für diejenigen verbunden ist, denen dies vorenthalten wird.

Dimensionen der neuen Allgemeinbildung: die drei Grundfähigkeiten

Bildung muss weiter allgemeine Bildung sein. Das hat für Klafki im comenianischen Sinn eine dreifache Bedeutung:

- Bildung für alle (*omnes*);
- Bildung im Medium des Allgemeinen (*omnia*);
- Bildung in allen Grunddimensionen menschlicher Interessen und Fähigkeiten (*omnino*)

Bildung als Allgemeine Bildung

Johann Amos Comenius (tschechisch Jan Amos Komensky) (1592-1670), letzter Bischof der auf die vorreformatorischen Hussiten zurückgehenden Böhmischen Brüder, hatte auf der Grundlage einer radikalen Gleichheitsvorstellung des Neuen Testaments als erster die Forderung nach einer gleichen Bildung für alle formuliert *(omnes, omnia, omnino:* „alle alles umfassend lehren").

Klafki (1990: 94) erklärt:

„Als allgemein ist Bildung in dreifachem Sinne zu bestimmen:
- Sie muß – wenn Bildung tatsächlich als demokratisches Bürgerrecht und Bedingung der Selbstbestimmung anerkannt wird – Bildung für alle sein.
- Sie muß (zweitens), sofern das Mitbestimmungs- und das Solidaritätsprinzip konkret eingelöst werden sollen, einen verbindlichen Kern des Gemeinsamen haben und insofern Bildung im Medium des Allgemeinen sein. Anders formuliert: Sie muß verstanden werden als Aneignung der die Menschen gemeinsam angehenden Frage- und Problemstellungen (…). Allgemeinbildung muß, sofern das Grundrecht auf die „freie Entfaltung der Persönlichkeit" gewährleistet werden soll, als Bildung in allen Grunddimensionen menschlicher Fähigkeiten verstanden werden …".

„Bildung für alle" hat schulstrukturelle Konsequenzen: Selektive Faktoren im Schulsystem müssen abgebaut und gemeinsame Bildungseinrichtungen verstärkt, Modellversuche zur Integration allgemein bildender und berufsbildender Inhalte müssen ausgebaut werden, formuliert Klafki vorsichtig (Klafki 1994: 55f.).

Schulstrukturelle Konsequenzen

Die Inhalts-frage

Die auf den ersten Blick etwas kryptische Formel „Bildung im Medium des Allgemeinen", thematisiert die eigentliche Inhaltsfrage. Sie hat die umfangreichsten Konsequenzen für das Bildungskonzept. Klafki spricht hier das Problem des Kanons an, also die uralte Frage: Welche Inhalte sollen gelehrt werden – *which knowledge is most worth*? In der Logik seines Denkens über das Exemplarische bzw. Kategoriale entscheidet sich Klafki für eine überraschende Lösung:

> „Allgemeinbildung bedeutet (...), ein geschichtlich vermitteltes Bewusstsein von zentralen Problemen der Gegenwart und – soweit voraussehbar – der Zukunft zu gewinnen, Einsicht in die Mitverantwortlichkeit aller angesichts solcher Probleme und Bereitschaft, an ihrer Bewältigung mitzuwirken. Abkürzend kann man von der Konzentration auf ‚epochaltypische Schlüsselprobleme' unserer Gegenwart und der vermutlichen Zukunft sprechen" (Klafki 1994: 56).

Epochaltypische Schlüsselprobleme

Was ist mit den Schlüsselproblemen gemeint? Klafki (1994: 56ff.) nennt als erstes die Friedensfrage. Dies bedeutet Friedenserziehung, die im Unterricht auf zwei Ebenen auftritt. Einmal gilt es, die makropolitischen Ursachen der Friedensgefährdung bewusst zu machen, z.b. ökonomische Interessengegensätze oder nationalistische Strömungen. Zum anderen müssen die gruppenpsychologischen Ursachen potenzieller Friedlosigkeit aufgeklärt werden. Diese die kognitive Ebene betreffenden Inhalte sind zu ergänzen durch die Erörterung des Problems der moralischen Rechtfertigung von Kriegen.

Ein zweites Schlüsselproblem ist die Umweltfrage. Hier geht es um die im globalen Maßstab zu durchdenkende Frage nach Zerstörung oder Erhaltung der natürlichen Grundlagen menschlicher Existenz. Das schließt die Frage nach der Zukunft der Dritten Welt und die Industrialisierung dieser Weltregionen mit ihren Folgeproblemen ein – angesichts der Zuspitzung dieser Fragen in der unmittelbaren Vergangenheit im ersten Jahrzehnt des 21. Jahrhunderts bedarf dieser Gedanke wohl keiner weiteren Illustration.

Ein drittes Schlüsselproblem stellt die gesellschaftlich produzierte Ungleichheit auf mehreren Ebenen dar:

– zwischen sozialen Klassen und Schichten;
– zwischen Männern und Frauen;
– zwischen Behinderten und Nicht-Behinderten;
– zwischen Arbeitslosen und Arbeitsplatzbesitzern;
– zwischen Migranten und Inländern (Autochthonen);
– zwischen den Ländern des Nordens und des Südens.

Ein viertes Schlüsselproblem ist die Beherrschung der Informations- und Kommunikationsmedien: Die Schule soll eine gestufte, kritische informations- und kommunikationstechnische Grundbildung als Moment einer neuen Allgemeinbildung vermitteln. Der Terminus „kritisch" soll dabei andeuten, dass die Einführung als *user* der neuen Technologien immer mit der Reflexion über ihre Wirkungen auf die sie benutzenden Menschen begleitet sein muss.

Als fünftes Problem nennt Klafki schließlich die Ich-Du-Beziehung oder einfacher gesagt, die Liebe in allen ihren Erscheinungsformen, die als existenzielle Grunderfahrung einen wesentlichen Teil des Menschseins ausmacht.

Die Reihe ist fortsetzbar, allerdings nicht beliebig, denn Kriterium eines solchen Schlüsselproblems ist seine universelle (globale) Bedeutung. Die Definition dieser Schlüsselprobleme bedeutet, dass jeder junge Mensch auf allen Stufen seines Bildungsganges mindestens in einige solcher Zentralprobleme – im Sinne des exemplarischen Lernens – eingedrungen sein soll. Dabei ist eines besonders zu beachten: Bildung im Sinne des Selbst-, Mitbestimmungs- und Solidaritätsprinzips ist durch die Einsicht gekennzeichnet, dass zwar ein Höchstmaß an Gemeinsamkeit angestrebt werden soll, dass es aber immer auch möglich sein muss, unterschiedliche, kontroverse Auffassungen zu gewährleisten und zu verteidigen. Bildung heißt, in dieser Einsicht zu handeln und Kontroversen rational auszutragen (Klafki 1994: 62).

Universalität und Diskursfähigkeit der Schlüsselprobleme

Klafki betont, dass es bei dem neuen Allgemeinbildungskonzept nicht nur um kognitive Fähigkeiten geht, sondern auch um Einstellungen. Er hebt vier Einstellungen hervor:

Verhaltensziele und besondere Unterrichtsformen

- Kritikbereitschaft und -fähigkeit;
- Argumentationsbereitschaft und -fähigkeit;
- Empathie als Fähigkeit eine Situation aus der Lage des jeweils anderen sehen zu können;
- Vernetztes Denken.

Die vier Fähigkeiten sind nicht an spezielle Themen gebunden. Trotzdem können sie nicht als rein formale Funktionen betrachtet werden. Sie setzen bestimmte inhaltliche Einsichten voraus. Des Weiteren folgt daraus, dass diese auf der Verhaltensebene angesiedelten Ziele auch angemessene Formen der Vermittlung (Unterrichtsmethoden) erforderlich machen. Klafki fasst das Methodenproblem unter dem Begriff Problemunterricht zusammen, dem er vier Unterrichtsprinzipien zuordnet:

- Exemplarisches Lehren und Lernen;
- Methodenorientiertes Lernen (Erwerb von Lernstrategien);
- Handlungsorientierter Unterricht (Verknüpfung mit vielfach möglichem praktischem Tun);
- Verbindung von sachbezogenem und sozialem Lernen.

Die vielseitige Interessen- und Fähigkeitsentwicklung – das *omnino des Comenius* – ist in der Konzentration auf die epochalen Schlüsselprobleme noch nicht sichtbar. Klafki (1994: 69) versucht, dem Rechnung zu tragen, indem er frei wählbare Interessenschwerpunkte einbezieht, durch die die Entwicklung des jungen Menschen insbesondere im emotionalen, ästhetischen, sozialen und praktisch-technischen Bereich gefördert werden soll. Dazu gehören auch berufsfeldbezogene Schwerpunktsetzungen.

Vielseitigkeit und Wahldifferenzierung

Klafki und die Kritik Robinsohns

Bei näherer Betrachtung dieser Konzeption zeigt sich, dass Klafki mehrere Kritikpunkte aufgegriffen hat, die Robinsohn gegenüber der Selbstreduzierung der Didaktik formuliert hatte: die gesellschaftliche Dimension von Bildung, die Thematisierung von Verhaltenszielen und die Orientierung an einem auf die Welt bezogenen Bildungsbegriff. Allerdings vermeidet Klafki den Anspruch eines Gesamtumbaus der schulischen Inhalte. Die eigene Erfahrung hat ihm offensichtlich gezeigt, dass die Revolutionierung des Verfahrens der Curriculumentwicklung in der Situation der 1990er Jahre angesichts der politisch-administrativen Verhältnisse keine Chance hatte. So begnügt er sich mit einer Revolutionierung der Inhalte „von innen" über die Einführung der epochaltypischen Schlüsselprobleme als Leitkriterium der Unterrichtsvorbereitung.

Kritisch-konstruktive Didaktik

Tatsächlich nimmt Klafki (1994: 83ff.) sein weiterentwickeltes bildungstheoretisches Verständnis zum Ausgangspunkt seiner didaktischen Neukonzeption, die er Kritisch-Konstruktive Didaktik nennt. Kritisch ist sie in seinen Augen insofern, als sie sich an den emanzipatorischen Bildungszielen Selbstbestimmungs-, Mitbestimmungs- und Solidaritätsfähigkeit orientiert. Konstruktiv nennt er sie aufgrund ihres durchgängig angestrebten Theorie-Praxis-Bezugs. Die Verfahrensweise dieses didaktischen Modells lehnt sich an das ältere Modell der bildungstheoretischen Didaktik an. Es berücksichtigt zudem die Kritik von Seiten der anderen didaktischen Schulen, insbesondere den Vorwurf des mangelnden Gesellschaftsbezugs der bildungstheoretischen Didaktik. Der Bildungsbegriff bleibt jedoch das Zentrum des didaktischen Handelns. Inhaltlich gefüllt wird er mit der Thematisierung der vorgestellten epochaltypischen Schlüsselprobleme. Die epochaltypischen Schlüsselprobleme stehen in gewissem Sinn für das exemplarische Prinzip der Kategorialen Bildung (vgl. Klafki 1994: 154).

Neue Elemente

Neu ist dabei in unterrichtsmethodischer Hinsicht, dass Klafki den Lernprozess stärker als bisher als Interaktionsprozess versteht, in dem die Lernenden zunehmend selbsttätig Erkenntnisse und Fähigkeiten erwerben. Unterricht als sozialer Prozess muss demnach als Prozess demokratischer Erziehung gedacht werden. Neu ist weiterhin, dass die didaktische Analyse mit einer systematischen Bedingungsanalyse des Unterrichtsprozesses beginnt, d.h. mit der Feststellung der konkreten sozio-kulturell bedingten Ausgangslage der Lerngruppe, des Lehrenden sowie der institutionellen Rahmenfaktoren, wie es die sog. „Lerntheoretische Didaktik" postuliert. Es folgt der Begründungszusammenhang der Bildungsinhalte, gemessen an den Kriterien Gegenwartsbedeutung, Zukunftsbedeutung und exemplarische Bedeutung – hier wird der Gedanke des Kategorialen angedeutet. Im Planungsverfahren folgt danach die thematische Strukturierung mit der Festlegung der Teillernziele und der sozialen Lernziele – hier zeigt sich der Einfluss der Curriculumdiskussion – sowie die Untersuchung der möglichen Überprüfbarkeit dieser Ziele. Danach werden die Darstellungsmöglichkeiten bestimmt und die Lehr-

Lern-Struktur methodisch festgelegt. Die bildungstheoretischen Besonderheiten treten also im Ganzen gesehen zurück. Sie sind aber insbesondere präsent in der Bestimmung der Lernziele, die sich an den Leitkriterien der oben zitierten Kritikfähigkeit orientieren (Selbstbestimmung, Mitbestimmung, Solidaritätsfähigkeit), aber natürlich auch bei der Fokussierung der Lernprozesse selbst auf die genannten Schlüsselprobleme, die die Rolle der kategorialen Bildungselemente übernehmen.

4 Fazit

Im Fazit zeigen sowohl Klafkis kritisch-konstruktive Didaktik als auch Robinsohns Ansätze der Curriculumentwicklung, dass der Bildungsbegriff allen Unkenrufen zum Trotz nicht nur seine begriffliche Konsistenz trotz mancher semantischen Verschiebungen unter Beweis gestellt hat, sondern darüber hinaus sehr wohl als Leitkonzept und Basis für Lehr- und Unterrichtsplanung und damit für konkretes Unterrichtsgeschehen dienen kann.

Man kann noch einen Schritt weitergehen: die begriffliche Nähe gerade von Robinsohns Bildungsbegriff zu den Begriffen Qualifikation (die auf funktional verstandene Anwendung bezogen ist) und Kompetenz (die funktionale und „anthropologische" Aspekte zusammenführt) macht den so verstandenen Bildungsbegriff auch anschlussfähig für außerschulisches „Lebenslanges Lernen", das auch Non-Formale Bildungsprozesse einschließt. Die vermeintliche „Semantik der Ratlosigkeit" (Luhmann/Schorr 1979: 83 – vgl. Kapitel 3) erweist sich im Gegenteil als tragfähige Begrifflichkeit zur Beschreibung und Analyse vielfältiger pädagogischer Wirklichkeit.

Wiederholungsfragen

1. Welches ist die gemeinsame Vorstellung der geisteswissenschaftlichen Didaktiken?
2. Was sind materiale, was formale Bildungstheorien?
3. Wie kann man den Begriff kategoriale Bildung erklären?
4. Welche Schritte hat die didaktische Analyse?
5. Welches Grundanliegen hat S.B. Robinsohn? Wie möchte er es verwirklichen?
6. Welche Kritik übt Robinsohn an der geisteswissenschaftlichen Didaktik?
7. Über welche zu erwerbenden „Grundfähigkeiten" möchte Klafki den gesellschaftlichen Anspruch an eine moderne Bildungstheorie verwirklicht sehen?
8. Welchen Stellenwert haben „epochaltypische Schlüsselprobleme" in Klafkis Konzept? Was ist darunter zu verstehen?

9. Was soll man sich unter der abstrakten Formel „Bildung im Medium des Allgemeinen" vorstellen?

Reflexionsaufgaben

1. Was macht Klafkis Ansatz „kritisch"?
2. Wie könnte eine Schule aussehen, die Klafkis Konzept der Allgemeinbildung zum Programm hat?
3. Welche Dimensionen einer „neuen Allgemeinbildung" hält Klafki für zentral? Inwieweit ist dies wirklich neu?
4. Welche Funktion hätte der Lehrer in einer Bildungsreform, so wie sie Robinsohn intendierte?

Empfehlungen zur weiteren Lektüre

Zentrale Texte Klafkis

Klafki, Wolfgang (1970): Studien zur Bildungstheorie und Didaktik. 19. Auflage, Weinheim: Beltz.
Klafki, Wolfgang (1994): Neue Studien zur Bildungstheorie und Didaktik. Zeitgemäße Allgemeinbildung und kritisch-konstruktive Didaktik. 4. Auflage. Weinheim: Beltz.

Der zentrale Text Robinsohns

Robinsohn, Saul B. (1972): Bildungsreform als Revision des Curriculum. 4. Auflage. Neuwied: Luchterhand.

Eine kritische Einschätzung der Curriculumsreformdiskussion nach Robinsohn bringt:

Knab, Doris (1981): Curriculumreform zwischen theoretischem Anspruch und Realisierungsproblemen. Versuch einer Zwischenbilanz für die Bundesrepublik Deutschland. In: Hörner, Wolfgang/Waterkamp, Dietmar (Hrsg.): Curriculumentwicklung im internationalen Vergleich. Weinheim: Beltz (Schriftenreihe des IPN/Kiel).

Literatur zum Begriff Bildung

Adorno, Theodor W.: Theorie der Halbbildung (1959/1972). In: Ders.: Gesammelte Schriften. Bd. 8: Soziologische Schriften I, Frankfurt a.M.: Suhrkamp, S. 93-121.
Anweiler, Oskar (Hrsg.) (1969): Polytechnische Bildung und technische Elementarerziehung. Bad Heilbrunn (Klinkhardts pädagogische Quellentexte).
Becker, Gary S. (1993): Human Capital. A Theoretical and Empirical Analysis with Special Reference to Education. Chicago: The University of Chicago Press.
Becker, Gary S. (1996): Familie, Gesellschaft und Politik. Hrsg. von Ingo Pies. Tübingen: Mohr.
Bourdieu, Pierre (1983): Ökonomisches Kapital, kulturelles Kapital, soziales Kapital. In: Kreckel, Reinhard (Hrsg.): Soziale Ungleichheiten. Göttingen: Otto Schwartz, S. 183-198.
Bourdieu, Pierre/Boltanski, Luc/de Saint Martin, Monique (1981): Kapital und Bildungskapital. Reproduktionsstrategien im sozialen Wandel. In: Bourdieu, Pierre/ Boltanski, Luc/de Saint Martin, Monique/Malidier, Pascale: Titel und Stelle. Über die Reproduktion sozialer Macht. Frankfurt a.M: Europäische Verlagsanstalt, S. 23-87.
Dahrendorf, Ralf (1965): Bildung ist Bürgerrecht: Plädoyer für eine aktive Bildungspolitik. Hamburg: Nannen.
Eggers, Philipp (1981): Der Bildungsbegriff im interkulturellen Vergleich: In: Baumann, Ulrich/Lenhart, Volker/Zimmermann, Axel (Hrsg.): Vergleichende Erziehungswissenschaft. Festschrift für Herrmann Röhrs zu 65. Geburtstag. Wiesbaden: Akademische Verlagsgesellschaft, S. 187-193.
Greinert, Wolf-Dietrich (1998): Das „deutsche System" der Berufsausbildung. Tradition, Organisation, Funktion, 3. Aufl., Baden-Baden: Nomos.
Hörner, Wolfgang (1993): Technische Bildung und Schule. Eine Problemanalyse im internationalen Vergleich. Köln: Böhlau (Studien und Dokumentationen zur Vergleichenden Bildungsforschung, 52).
Hörner, Wolfgang (1995): Bildungseinheit: Anpassung oder Reform? Die Integrationsfrage im Bildungswesen der neuen Bundesländer. In: Hettlage, Robert/Lenz, Karl (Hrsg.): Deutschland nach der Wende. Eine Zwischenbilanz. München: C.H.Beck, S. 142-170.
Hörner, Wolfgang (1997): Schule und Arbeitswelt in Deutschland-Ost und Deutschland-West: Polytechnische Bildung oder duale Berufsbildung ? In: Meier, A./ Rabe-Kleberg, U./Rodax, K.: (Hrsg.) Transformation und Tradition in Ost und West. Jahrbuch Bildung und Arbeit '97. Opladen: Leske + Budrich, S. 138-161.
Hörner, Wolfgang (2007): Die „Enzyklopädie" (1751–1772), herausgegeben von Jean Le Rond d'Alembert und Denis Diderot. In: Koerrenz, Ralf/ Meilhammer, Elisabeth/ Schneider, Käthe (Hrsg.): Wegweisende Werke der Erwachsenenbildung. Jena: IKS-Verlag, S. 65-76.
Humboldt, Wilhelm von (1959): Bildung und Sprache. Eine Auswahl aus seinen Schriften. Besorgt von Clemens Menze. Paderborn: Schöningh.
Humboldt, Wilhelm von (1964a): Bildung des Menschen in Schule und Universität. Heidelberg.
Humboldt, Wilhelm von (1964b): Werke. Bd. 4: Schriften zur Politik und zum Bildungswesen. Hrsg. von A. Flitner und K. Giel. Stuttgart.

Klafki, Wolfgang (1959): Das pädagogische Problem des Elementaren und die Theorie der Kategorialen Bildung. Weinheim: Beltz (Göttinger Studien zur Pädagogik, NF 6).

Klafki, Wolfgang (1970): Studien zur Bildungstheorie und Didaktik. 19. Auflage. Weinheim: Beltz.

Klafki, Wolfgang (1990): Abschied von der Aufklärung? Grundzüge eines bildungstheoretischen Gegenentwurfs. In: Krüger, Heinz-Hermann: Abschied von der Aufklärung. Perspektiven der Erziehungswissenschaft. Opladen Leske + Budrich, S. 91-104.

Klafki, Wolfgang (1994): Neue Studien zur Bildungstheorie und Didaktik. Zeitgemäße Allgemeinbildung und kritisch-konstruktive Didaktik. 4. Auflage. Weinheim: Beltz.

Klafki, Wolfgang/Lingelbach, Karl Christoph/Niklas, Hans W. (1972): Probleme der Curriculumentwicklung. Entwürfe und Reflexionen. Frankfurt a.M: Diesterweg.

Knab, Doris (1981): Curriculumreform zwischen theoretischem Anspruch und Realisierungsproblemen. Versuch einer Zwischenbilanz für die Bundesrepublik Deutschland. In: Hörner, Wolfgang/Waterkamp, Dietmar (Hrsg.): Curriculumentwicklung im internationalen Vergleich. Weinheim: Beltz (Schriftenreihe des IPN/Kiel).

Kuhrt, Willi (1991): Berufsausbildung mit Abitur. Konzeptionen doppeltqualifizierender Bildungsgänge aus der Sicht des ostdeutschen Bildungssystems. In: Die berufsbildende Schule 1991, 41, S. 237-256.

Lemberg, Eugen (1963): Von der Erziehungswissenschaft zur Bildungsforschung. Das Bildungswesen als gesellschaftliche Institution. In: Lemberg, Eugen (Hrsg.): Das Bildungswesen als Gegenstand der Forschung. Heidelberg: Quelle & Meyer, S. 21-100.

Litt, Theodor (1964): Technisches Denken und menschliche Bildung. 3. Aufl. Heidelberg: Quelle und Meyer.

Luhmann, Niklas/Schorr, Karl-Eberhard (1979): Reflexionsprobleme im Erziehungssystem. Stuttgart: Klett-Cotta.

Marrou, Henri-Irenée (1977): Geschichte der Erziehung im klassischen Altertum. München: dtv.

Marx, Karl/Engels, Friedrich (1968): Werke, Bd. 23. Berlin (Ost): Dietz.

Menze, Clemens (1971): Der Übergang von der ästhetisch-politischen zur literarisch-musischen Erziehung. Erörterungen über den Wandel des Bildungsdenkens zu Beginn des 19. Jahrhunderts. In: Vierteljahrsschrift für Wissenschaftliche Pädagogik 1971, 47, S. 1-33.

Menze, Clemens (1977): Zur Entstehung der Disjunktion von allgemeiner und beruflicher Bildung und ihrer Auswirkungen auf die Bildungsorganisation. In: Vierteljahrsschrift für Wissenschaftliche Pädagogik, 53, S. 75-89.

Nohl, Herman (1949): Die pädagogische Bewegung in Deutschland und ihre Theorie. 3. Aufl. Frankfurt a.M.: Schulte-Bumke.

Proudhon, Pierre Joseph (^{2}1858): De la justice dans la Révolution et dans l'Église, 3 Bände. Paris.

Robinsohn, Saul B. (1972): Bildungsreform als Revision des Curriculum. 4. Auflage. Neuwied: Luchterhand.

Sachs, Burkhard (1979): Allgemeinbildung und Arbeitswelt. Zur Rehabilitierung des Neuhumanismus. In: didaktik – arbeit, technik, wirtschaft, 2, S. 101-120.

Schelsky, Helmut (1957): Schule und Erziehung in der industriellen Gesellschaft. Würzburg: Werkbund-Verlag.

Schlosser, Horst Dieter (2005): Generelle Stellungnahme zum Unwort des Jahres „Humankapital". In: www.unwortdesjahres.org/ 2004.html (20.03.07).

Snow, Charles P. (1967): Die zwei Kulturen: literarische und naturwissenschaftliche Intelligenz. Stuttgart: Klett.

Spranger, Eduard (1918/1969): Grundlegende Bildung, Berufsbildung, Allgemeinbildung. In: Spranger, Eduard: Geist der Erziehung. Hrsg. von Gottfried Bräuer und Andreas Flitner. Heidelberg: Quelle und Meyer, S. 7-19 (Gesammelte Schriften I).

Spranger, Eduard (1920/1970): Allgemeinbildung und Berufsschule. In: Spranger, Eduard: Schule und Lehrer. Hrsg. von Ludwig Englert. Heidelberg: Quelle und Meyer, S. 7-26 (Gesammelte Schriften, III).

Spranger, Eduard (1923/1973a) : Berufsbildung und Allgemeinbildung. In: Spranger, Eduard: Philosophische Pädagogik. Hrsg. von Otto F. Bollnow und Gottfried Bräuer. Heidelberg: Quelle und Meyer, S. 275-293 (Gesammelte Schriften, II).

Spranger, Eduard (1958/1973b): Allgemeine Menschenbildung? In: Spranger, Eduard: Philosophische Pädagogik. Hrsg. von Otto F. Bollnow und Gottfried Bräuer. Heidelberg: Quelle und Meyer, S. 383-398 (Gesammelte Schriften, II).

Tippelt, Rudolf (Hrsg.) (2002): Handbuch Bildungsforschung. Opladen: Leske + Budrich.

Weniger, Erich (1963): Didaktik als Bildungslehre, Bd. 1: Theorie der Bildungsinhalte und des Lehrplans. 5. Aufl. Weinheim: Beltz.

Willmann, Otto (1903): Didaktik als Bildungslehre, Bd. 1: Einleitung. 3., verb. Aufl., Göttingen: Vieweg.

II. Erziehung

Barbara Drinck

Kapitel 5: Erziehung unter der Betrachtung anthropologischer Voraussetzungen

1 Abgrenzung der Begriffe Erziehung und Sozialisation

Der Begriff der „Erziehung" muss nicht nur vom Begriff „Bildung" unterschieden werden (vgl. Kapitel 1), sondern auch von dem der „Sozialisation". „Sozialisation" wurde zuerst von Emile Durkheim (1858-1917) in einem soziologisch-pädagogischen Sinn gebraucht. Er interpretierte Erziehung als *socialisation méthodique*, d.h. als „planmäßige Sozialisation" der heranwachsenden Generation. Dies macht es erforderlich, der Unterscheidung zwischen Sozialisation und Erziehung nachzugehen. Friedhelm Neidhardt differenziert hier in zweierlei Hinsicht: Für ihn bezieht sich der Sozialisationsbegriff auf alle faktischen Bedingungen des Hineinwachsens in die Gesellschaft. Erziehung stellt demgegenüber ein normatives Konzept dar, in dem bestimmte ideale pädagogische Vorstellungen und Maßstäbe realisiert, gelenkt und kontrolliert werden. Erziehung spielt sich immer zwischen einem *Educator* (Erzieher) und einem *Educandus* (Zögling) ab.

Die Begriffe „Erziehung" und „Sozialisation"

2 Erziehung zum Menschen: Die Theorien Kants, Lockes und Salzmanns

Die Diskussion um Werte in der Erziehung, wie sie seit einiger Zeit recht kontrovers geführt wird, bringt uns in die Notwendigkeit, grundsätzliche Bedingungen für Erziehung zu erörtern: Ist es überhaupt möglich, einen Menschen zu erziehen? Sind wir durch unsere Gene schon so vorprogrammiert, dass jede pädagogische Intervention ohne Effekte bleiben wird? Die Grundbedingungen, um diese Fragen zu diskutieren, werden im folgenden Kapitel vorgestellt.

Wenn wir aus Sicht der Pädagogik diskutieren, welcher Auftrag mit der Erziehung verbunden ist, dann stellt sich zuerst einmal die zentrale Frage: „Ist der Mensch überhaupt erziehbar?" Immanuel Kant (1724-1804) hat darauf eine klare Antwort gegeben: „Der Mensch kann nur Mensch werden durch Erziehung. Er ist nichts, als was die Erziehung aus ihm macht" (Kant 1803: 29).

> *Immanuel Kant* wurde am 22. April 1724 in Königsberg geboren. Er studierte 1740 zuerst Naturwissenschaften, Mathematik und Philosophie an der Universität in Königsberg. Wegen gravierender Schwierigkeiten mit seinem Professor wurde er 1746 Hauslehrer, kehrte aber nach dessen Tod 1754 wieder an die Universität zurück. 1770 wurde er dort selbst Professor für Logik und Metaphysik und lehrte bis 1797. Er starb am 12. Februar 1804 in seiner Heimatstadt.

Kant wird der philosophischen Richtung der Aufklärung zugerechnet. Er definiert in der Berlinerischen Monatsschrift von 1784:

„Aufklärung ist der Ausgang des Menschen aus seiner selbst verschuldeten Unmündigkeit. Unmündigkeit ist das Unvermögen, sich seines Verstandes ohne Anleitung eines anderen zu bedienen. ... Habe Muth, dich deines eigenen Verstandes zu bedienen!"

Kant geht in seiner Philosophie von vier Fragestellungen aus:

- Was kann ich wissen?
- Was soll ich tun?
- Was darf ich hoffen?
- Was ist der Mensch?

Mit der letzten Frage entwickelte er sein Menschenbild. Dabei ist es ihm weniger wichtig, wie die Natur den Menschen bestimmt, als was der Mensch als frei handelndes Wesen aus sich selber macht oder machen kann bzw. soll.

Der Mensch kann nur Mensch werden durch Erziehung

Mit der Aufklärung haben sich Philosophen über die Erziehung der Kinder systematisch und in groß angelegten Konzepten Gedanken gemacht. Viele sind zum Schluss gekommen, dass es vor allem der mangelnden Erziehungsfähigkeit der Eltern anzukreiden sei, wenn Kinder missraten und sich in die soziale Gemeinschaft nicht einordnen können. Das heißt, dass Kinder nicht von Natur aus „schlecht" seien, wie es bisher durch die Erbsündenlehre der Kirche angenommen wurde.

> *Augustinus von Hippo* (354-430) formulierte die Erbsündenlehre als einen zentralen Glaubenssatz des Christentums. Auf dem Trienter Konzil (1545-1563) wurde dieser im „Decretum des Peccato Originali" für die katholische Kirche festgehalten und besagt, dass alle Menschen von der Erbsünde betroffen sind und nur durch die Taufe von ihrem Makel befreit werden können.

Der „Frühaufklärer" John Locke schrieb schon rund 100 Jahre früher in seinen „Gedanken über Erziehung", dass der neugeborene Mensch eine Tabula rasa (ein „unbeschriebenes Blatt") sei. Er erklärt in diesem Zusammenhang: „... ich darf wohl sagen, daß von zehn Menschen, denen wir begegnen, neun das, was sie sind, gut oder böse, nützlich oder unnütz, durch ihre Erziehung sind." (§ 1)

Erziehung unter Betrachtung anthropologischer Voraussetzungen

Locke grenzt mit seiner Relativierung die vermeintlich uneingeschränkte Wirksamkeit der Erziehung für „neun von zehn Menschen" ein. Es gibt daher nach seiner Beobachtung Fälle, bei denen trotz bester Erziehung sich kein moralisches Verhalten einstellt.

> Der englische Philosoph *John Locke* wurde am 29. August 1632 in der Nähe von Bristol geboren. Locke gilt als ein Hauptvertreter des englischen Empirismus, einer philosophischen Richtung, die alle Erkenntnisse aus den Sinneserfahrungen ableitet. Sein berühmter Spruch *„Nihil est in intellectu quid non fuerit in sensu."* (Nichts ist im Verstand, das nicht vorher durch die Sinne erfasst worden wäre.), wurde zum Grundsatz des Empirismus. Locke studierte ab 1652 an der Universität Oxford. 1656 verlieh ihm die Universität den Bachelor of Arts und anschließend im Jahr 1658 den Master of Arts. Erst als Dozent, später als Lektor lehrte er Rhetorik und Ethik. Er hat als Hauslehrer in der Familie des Earls of Shaftesbury gearbeitet. Während dieser Zeit erschien sein Buch „Some Thoughts Concerning Education" (1693). 1683 bis 1688 musste er aus politischen Gründen nach Holland flüchten. Der englische König befahl, ihn in seiner Abwesenheit aus der Universität in Oxford auszuschließen. Wilhelm III. von England rehabilitierte ihn schließlich wieder. Locke verstarb 1704.

Anders als Locke geht Immanuel Kant davon aus, dass das Kind a priori (vor jeder eigenen Erfahrung) mit sittlicher Fähigkeit ausgestattet sei; ob es schließlich moralisch gut handeln kann, bestimmen die Erfahrungen entscheidend mit. Immanuel Kant ermahnt die Eltern zur sorgfältigen Erziehung. Die Erziehung sollte darauf zielen, das Kind zu einem selbstständig handelnden und sittlichen Menschen heranreifen zu lassen. Weil die Entwicklung der Naturanlagen bei dem Menschen nicht von selbst geschieht, so sei die Erziehung eine besondere Kunst. Die Erziehungskunst müsse wissenschaftlich entwickelt werden, wenn sie die menschliche Natur zum Guten heben will.

„Schon erzogene Eltern sind Beispiele, nach denen sich die Kinder bilden, zur Nachahmung. Aber wenn diese besser werden sollen: so muß die Pädagogik ein Studium werden, sonst ist nichts von ihr zu hoffen, und ein in der Erziehung Verdorbener erzieht sonst den andern. Der Mechanismus in der Erziehungskunst muß in Wissenschaft verwandelt werden, sonst wird sie nie ein zusammenhängendes Bestreben werden, und eine Generation möchte niederreißen, was die andere schon aufgebaut hätte" (Kant 1803: 16-17).

Kants Forderung war während der Aufklärung in Deutschland durchaus populär. Fast zeitgleich (1779) wurde in Halle der erste Lehrstuhl für Pädagogik durch Ernst Christian Trapp besetzt. Doch auch außerhalb der universitären Lehrerbildung wurden neue Erziehungsansichten vertreten.

Der Erzieher muss sich nach folgendem Grundsatz ausrichten: Erziehe dich selbst! Lerne die Kinder kennen! Salzmann nennt dieses Prinzip „Sym-

Die Erziehung des Erziehers

bolum", das bedeutet die Erziehung des Erziehers: „Von allen Fehlern und Untugenden seiner Zöglinge muß der Erzieher den Grund in sich selbst suchen" (Salzmann 1891: 28).

> *Christian Gotthilf Salzmann* gilt als früher Vertreter der „Pädagogik vom Kinde aus", in der das Kind mit seinen entwicklungsbedingten Besonderheiten in den Mittelpunkt der Pädagogik rückt. Er wurde am 1. Juni 1744 in Sömmerda an der Unstrut geboren. Das Studium der Theologie absolvierte er in Jena und Erfurt. 1770 wurde er Pfarrer an der Andreaskirche in Erfurt. 1781 wechselte er an das berühmte 1774 gegründete „Dessauer Philantropin". Bald plante er eine eigene Schule und wandte sich an Herzog Ernst II. von Gotha. Dieser gab ihm das Landgut Schnepfenthal. Nach einigen erfolglosen Anläufen Salzmanns, Schüler zu bekommen, bemühten sich bald geachtete Familien um die Aufnahme ihrer Kinder. Um die Jahrhundertwende war die Schule „Schnepfenthal" in ganz Europa bekannt. Die Schüler kamen nun auch aus den Adelshäusern aller Länder. Salzmann hatte mit seiner Frau 15 gemeinsame Kinder. Er schrieb über 50 – oft mehrbändige – kritische pädagogische und sozial engagierte Bücher. Am 18. Oktober 1811 starb er mit 67 Jahren.

Erziehung bedeutet für Salzmann mehr als nur die Schaffung eines kindgemäßen Lebens- und Erfahrungsraumes, es bedeutet immer auch die Selbsterziehung des Erziehers, damit er – und nicht nur die Lernumgebung des Kindes – kindgemäß werde. Gelingt dem Erzieher sein Erziehungsauftrag nicht, so ist er indirekt auch verantwortlich für die soziale Misere der Menschheit: Die Wurzeln des sozialen Elends seien im rückständigen, verfehlten und unvernünftigen Verhalten der Eltern zu suchen. Daher lautet Salzmanns Appell: *Rettung der Menschen durch Erziehung!* Salzmann verband die theoretischen Aussagen mit praktischen Schulversuchen. In seiner Schule in Schnepfenthal, in der er auch selbst Sport unterrichtete, legte er Wert auf anschaulichen Unterricht in der Natur. Und die Lehrer lebten mit ihren Schülern in einer Gemeinschaft zusammen.

3 Pädagogische Anthropologie

Pädagogische Anthropologie und die Frage nach den Grenzen und Möglichkeiten von Erziehung

Wenn es darum geht zu erforschen, ob der Mensch überhaupt einer Erziehung bedarf oder ob es nicht im Gegenteil falsch oder sinnlos sei, ihn zu erziehen, da er insgesamt mit genügend zweckmäßiger Verhaltensausstattung geboren ist, wendet man sich mit diesen Fragen an die Pädagogische Anthropologie.

Sie stellt einen Teilbereich der Pädagogik dar, der sich mit der Erziehungsbedürftigkeit und der Erziehungsfähigkeit des Menschen befasst. In diesem Zusammenhang werden auch Verhaltensbesonderheiten des Menschen im Gegensatz zum Tier behandelt. Es geht also um die Grenzen und Möglichkeiten der Erziehung sowie deren Werte und Normen.

> „Anthropologie (griech.: anthropos = Mensch) heißt – im weiteren Sinne – die Lehre bzw. Wissenschaft vom Menschen sowie das Wissen des Menschen um sich selbst. Im engeren Sinne ist sie der reflexive Versuch des Menschen, sein Selbstverständnis methodisch gesichert zu gewinnen und als systematisch geordnetes Wissen über den Menschen darzustellen" (Weber 2003: 20).
> „In der Pädagogischen Anthropologie geht es um den Menschen aus pädagogischer Sicht, d.h. vor allem um den lernenden sowie um den zu erziehenden und den erziehenden Menschen" (Weber 2003: 28).

Wilde Kinder

Seitdem das Verhalten der Tiere mit dem der Menschen verglichen wird, wurden durch das Phänomen der so genannten „wilden Kinder" entscheidende Fragen nach der Erziehungsbedürftigkeit des Menschen aufgeworfen. Der Terminus wildes Kind bzw. wilder Mensch („homo ferus"), stammt von Carl von Linné (1707-1778). Wilde Kinder sind seltene Einzelfälle, in denen Kinder als Säuglinge und Kleinkinder außerhalb einer Menschengemeinschaft gemeinsam mit Tieren (etwa Wölfen, Bären, Affen) aufgewachsen sind. Sie sind in einem frühen Entwicklungsstadium in diese Situation geraten, in der sie noch völlig anpassungsfähig an die Bedingungen der Umwelt waren. Das betrifft auch Kinder, die völlig alleine – selbst ohne tierische Gemeinschaft – überleben müssen und dabei ein auffällig „wildes" Verhalten ausbilden, das bei Kindern nicht beobachtet wird, die in einer menschlichen Gemeinschaft aufgewachsen sind. Diese Kinder sind vor allem durch Aussetzung und Kriegswirren von der Menschengemeinschaft isoliert worden.

homo ferus, das wilde Kind

Die wilden Kinder übernehmen, wenn sie bei Tieren leben, deren artspezifische Überlebens- und Kommunikationsmuster. Sind sie jedoch von jeder tierischen oder menschlichen Gemeinschaft isoliert, verfallen sie in einen deprivierten, das heißt durch Mangel unterentwickelten, sprachlosen und oft autistischen Zustand, so dass eine Interaktion mit anderen kaum möglich sein wird.

Entscheidend für den Schweregrad der Deprivation sind der Zeitpunkt der Aussetzung und die Dauer der Verwilderung. Hierbei spielen entwicklungsbedingte Aspekte eine Rolle: Erst in der konkret-operationalen Phase, wie sie Jean Piaget in seiner Theorie der kognitiven Entwicklung beschrieben hat (vgl. Kap. 10), also etwa ab dem sechsten und siebten Lebensjahr, findet eine Festigung der Eindrücke statt, so dass unabhängig vom gerade Widerfahrenen alle vorausgegangenen Erlebnisse immer lebendig gehalten werden können. Diese Fähigkeit ist notwendig für reflektiertes und geplantes Handeln.

Beispiel: Viktor von Aveyron
Die berühmtesten Dokumente über ein wildes Kind sind das „Gutachten über die ersten Entwicklungen des Viktor von Aveyron" von 1801 und der „Bericht über die Weiterentwicklung des Viktor von Aveyron" von 1806/1807. Sie stammen von Jean Marc Gaspar Itard (1774–1838), der den damals etwa 11-jährigen, völlig verwilderten Victor 1799 im Wald von Aveyron wie ein Tier einfangen ließ. Zuerst brachte er ihn in das Kaiserliche Taubstummen-Institut, wo er als Chefarzt tätig war. Dann nahm er ihn bei sich zu Hause auf und versuchte, ihn zum Menschen zu erziehen. Itard ging davon aus, dass Menschen nur in einer Menschengemeinschaft menschenwürdig aufwachsen könnten. Er versuchte daher, den jungen Victor mit Hilfe der von ihm entwickelten kompensatorischen Lernmethoden und seinen didaktischen Materialien vollständig in die Gesellschaft zu reintegrieren. Nach seinen Erkenntnissen über das Lernen im deprivierten Zustand wurden weitere intensive Forschungen der Pädagogischen Anthropologie über den Zusammenhang von Erziehung und Entwicklung angeregt.

Der Einfluss von Erziehung und Sozialisation

> Seit dem 14. Jahrhundert wurden nur etwa 50 Fälle von wilden Kindern schriftlich dokumentiert. Dennoch sind die (wenngleich nur vereinzelten) Beobachtungen, welche an ihnen gemacht wurden, für die Pädagogik von großer Wichtigkeit, weil es dabei um die Frage des Einflusses von Erziehung und Sozialisation auf
>
> – die psychische (das Gelingen der Personalisation und Ausbildung eines Ich),
> – die kognitive (der Aufbau von formal-operationalem Denken) und
> – die physiologische Entwicklung (der aufrechte Gang, feinmotorische Geschicklichkeit) geht.
>
> Durch die Auswertung dieser Dokumente kann man ermessen, wie groß die Wirkung der Umgebung auf die Entwicklung, das Verhalten und die Ausbildung der Fertigkeiten und der sozialen Empathie eines Menschen ist.

Personalisation und Ausbildung des Ich

Ausbildung des Ich

Ein Thema der pädagogischen Anthropologie ist die Entwicklung einer individuellen Persönlichkeit hin zu Autonomie, Selbstständigkeit und Selbstbestimmung. Es geht dabei um die Frage, ob erst durch die aktive Auseinandersetzung mit den Normen, Werten und Haltungen einer Gesellschaft und ihrer Kultur sich der Einzelne als mündiges Mitglied in seiner Verantwortung für eine soziale Gemeinschaft verstehen könne.

Jean Piaget hat sich in diesem Zusammenhang mit der kognitiven Entwicklung des Menschen und seiner Fähigkeit zu formal-operationalem Denken beschäftigt. Diese Fähigkeit kann ein Mensch erst ab dem elften Lebensjahr erlangen. Die geistigen Vorstellungen bilden dabei die Grundlage für gedankliche Antizipation (Vorausschau). Durch ihre Fähigkeit zu formalem Denken sind Menschen in ihrer gedanklichen Selbstregulation und -steuerung von ihrem sozialen Umfeld potenziell unabhängig. Sie können ohne äußere Anlässe allein auf kognitiver Ebene planen, konzipieren und prognostische Urteile über die Erfolgswahrscheinlichkeit ihrer Handlungen formulieren. Damit sind sie in der Lage, ihr Verhalten und ihre Kompetenz zu beurteilen und Einfluss auf den Verlauf von Interaktionen zu nehmen.

Piaget und die kognitive Entwicklung

Arnold Gehlen (1904-1976) betont, dass der Mensch in der Lage sei, sich seine Umwelt so „umzuformen", dass sie seinen Anforderungen entspreche. Die Möglichkeit bietet ihm seine unspezifische Ausstattung: der aufrechte Gang, seine Hand mit dem opponierbaren Daumen für feinmotorische Bewegungen und seine Lernfähigkeit und Intelligenz, durch die er dessen Gebrauch erst erwirbt. Beides muss der Mensch in der menschlichen Gemeinschaft erlernen.

Gehlen und die Formbarkeit der Umwelt

Arnold Gehlen wurde am 29. Januar 1904 in Leipzig geboren und starb am 30. Januar 1976 in Hamburg. Er gilt als Gegenspieler der Frankfurter Schule. Als Mitglied im NS-Dozentenbund wurde er 1938 Professor an der Universität Königsberg, wechselte dann 1940 an die Universität Wien. Nach seiner Einberufung als Kriegsverwaltungsrat im besetzten Prag wurde er am Ende des Krieges schwer verletzt. Nach dem Krieg entließ ihn die Universität Wien aus seinem Amt. Von 1947 bis 1961 arbeitete er als Professor für Psychologie und Soziologie an der Akademie für Verwaltungswissenschaft in Speyer, ab 1962 als Professor für Soziologie an der Technischen Hochschule in Aachen. Er starb 1976 in Hamburg.

Auch Kinder, die unter Tieren aufgewachsen sind, weisen diese unspezifische Ausstattung auf. Aufgrund ihrer Lern- und Lebensumgebung sind ihre Sinne jedoch oftmals erheblich verbessert – womit sie ihr Überleben sichern konnten. Ihr Intellekt und ihr Sprachvermögen wird sich aber so gut wie nicht mehr entwickeln.

Es ist heute erwiesen, dass ein Mensch, der vor dem achten Lebensjahr unter Tieren aufgewachsen ist, immer ein sozial eingeschränktes und geistig reduziertes menschliches Leben führen muss. Daher müssen wir uns in der Erziehungswissenschaft auch mit der Frage beschäftigen, was den Menschen zum Menschen macht.

Sind wir menschlich geboren oder werden wir erst durch Menschen zum Menschen?

Es ist ein interessantes Phänomen, dass wilde Kinder andere Menschen nicht als ihresgleichen erkennen, wenn sie in frühen Jahren von ihnen isoliert wurden. Sie bleiben danach sogar unfähig, sich in die menschliche Gesellschaft vollständig einzuordnen. Der Grund dafür ist, dass sie diejenigen Zeitfenster (auch „sensible Phasen" genannt) überschritten haben, die eine sprachliche und habituelle Integration in die Menschgemeinschaft ermöglicht hätten.

Wolfskinder

Beispiel: Amala und Kamala
So war es auch bei Amala und Kamala: 1920 fand ein Priester namens Singh nahe einem indischen Dorf bei Kalkutta zwei Mädchen im Alter von acht und anderthalb Jahren, die zusammen mit zwei jungen Wolfswelpen von einer Wölfin aufgezogen worden waren. Beide Mädchen liefen auf allen vieren und knurrten ihre Verfolger an. Man nahm sie mit und brachte sie nach Midnapur in ein Waisenhaus. Das jüngere Mädchen starb bald darauf in der menschlichen „Gefangenschaft", das ältere ließ sich kaum zähmen. Es lernte erst über drei Jahre nach seinem Kontakt mit Menschen auf zwei Beinen aufrecht zu gehen. Weder Hitze noch Kälte schienen ihm etwas auszumachen. Es ließ sich nicht waschen, riss sich die Kleider sofort wieder vom Leib. Die Nahrung aß es aus Schüsseln vom Boden, zudem konnte sie nur rohes Fleisch und Aas essen. Ihr Riechvermögen war ungemein geschärft, die Augen sehr genau, so dass sie selbst im Dunkeln sehen konnte. Gegen Abend wurde sie hellwach und heulte wie ein Wolf, tagsüber schlief sie. Es änderte sich nie, dass Kamala sich zu Hunden hingezogen fühlte und die Menschen nicht als ihre Artgenossen anerkannte, sie sogar manchmal biss. Das Sprachvermögen blieb immer unvollkommen. Selbst nach vier Jahren kannte sie bloß sechs Wörter, verstand jedoch einige Fragen. Nach sechs Jahren sprach sie 30 Wörter.

Der Mensch als Gehirnwesen

Der Mensch kann seine Gedanken durch Sprache ausdrücken

Der „Mensch ist prinzipiell als Gehirnwesen zu definieren", schreibt Heinrich Roth (1966: 116). Der Mensch sei mit nur rudimentären Instinkten ausgestattet: „Diese Schwächung der Instinktorganisation beim Menschen bildet die Voraussetzung für jene Steigerung der Lernfähigkeit, die dem Menschen in prinzipiellem Unterschied zum Tier Bestimmung ist". Unser Verhalten begründet sich auf Erfahrungen und Erinnerungen und auf intelligentes, kreatives Planen. Er verfügt über die Fähigkeit zum abstrakten, nicht nur auf das Hier und Jetzt eingeschränkte Denken und Lernen.

Das setzt voraus, dass der Mensch seine Gedanken (und die der anderen) durch eine Begriffssprache ausdrücken, verstehen und im Gedächtnis speichern kann. Deshalb ist er in der Lage, noch vor dem praktischen Handeln in der Realität mögliche Problemlösungsalternativen gedanklich durchzuprobieren, zu bewerten und zu selektieren. Seine Entscheidung, etwas zu tun oder zu lassen, beruht auf der Möglichkeit, bestimmte Konsequenzen vorab einzuschätzen.

Um diese Effektivität der Planung, Weiterentwicklung oder Neuentdeckung von Problemlösungen zu steigern und Errungenschaften für die

Menschheit sowie ihre Zuwächse von Generation zu Generation weiter zu tragen, wurde Erziehung zunehmend zum Motor der soziokulturellen Evolution (vgl. Weber 2003: 84).

Kontroversen über Anlage und Umwelteinflüsse

Innerhalb der erziehungswissenschaftlichen Diskussion wird immer wieder darüber gestritten, welche Kompetenzen angeboren und welche erworben sind. Die wichtigen Vertreter der Anthropologie, Konrad Lorenz, Nikolaas Tinbergen und Irenäus Eibl-Eibesfeldt sind sich prinzipiell einig darüber, dass Menschen Instinkte haben. *(Entwicklung durch Anlage oder Umwelteinflüsse?)*

Konrad Lorenz sieht die Spezialisierung des Menschen gerade in seiner Unspezialisiertheit. Das Nichtfestgelegtsein auf ein festes Instinktprogramm lässt offen, wofür der Mensch sich entscheidet. Menschen besitzen eine Werkzeugintelligenz und Erfindungsfähigkeit, die den Tieren nur in ganz geringer Ausprägung gegeben ist. Daher ist es der menschlichen Natur eigen, als artspezifische Ausstattung eine primäre Unangepasstheit zu besitzen. In dieser Tatsache begründet sich für den Menschen die Notwendigkeit, zu lernen, weil ihm ein angeborenes Verhaltensrepertoire fehlt, das ihm eine Anpassung an seine Umwelt ermöglicht. Vielmehr muss er lernen, sich die Umwelt an seine Bedürfnisse anzupassen. Daher bezeichnet man den Menschen auch als *homo discens* – den lernenden Menschen. Das soziale Gefüge wird in ständigen Anpassungsvorgängen aufrechterhalten: Dabei werden die affektiven Stimmungen im sozialen Miteinander ausbalanciert. *(Menschlicher Vorteil: seine Unspezialisiertheit)*

Konrad Lorenz wurde am 7. November 1903 in Wien geboren. Er begann 1922 zuerst ein Medizinstudium an der Columbia Universität in New York, kehrte jedoch schon nach einem Jahr nach Wien zurück und schloss dort sein Studium 1928 mit der Promotion ab. 1933 folgte in Wien eine zweite Promotion, diesmal zum Dr. phil. im Fach Zoologie. 1936 erhielt er die Lehrbefugnis für „Zoologie mit besonderer Berücksichtigung der vergleichenden Anatomie und Tierpsychologie" an der Universität Wien. 1940 wurde er Professor für Psychologie an der Universität Königsberg. Arnold Gehlen, der sein Vorgänger auf dem Kant-Lehrstuhl war, hatte vor, die Schriften Kants zur Basis des Rassen-verständnisses im Nationalsozialismus zu machen. Lorenz war zur Königsberger Zeit „Mitarbeiter des Rassenpolitischen Amtes mit Rede-erlaubnis". Nach dem Zweiten Weltkrieg wurde er zuerst stellver-tretender, dann Direktor des Max-Planck-Instituts für Verhaltens-physiologie in Seewiesen. Zu seinen rasseideologischen Schriften äußerte er sich später, sie seien als „bedauerliche Entgleisungen" zu verstehen. Er verstarb am 27. Februar 1989 in Wien.

> *Nikolaas Tinbergen* wurde am 15. April 1907 in Den Haag geboren. Er starb am 21. Dezember 1988 in Oxford. Von 1940 bis 1949 war er Professor an der Universität Leiden, von 1949 bis 1974 war er an der Universität Oxford erst Lektor, später aber Ordinarius. 1973 wurde ihm zusammen mit Konrad Lorenz der Nobelpreis für Physiologie oder Medizin verliehen für ihre Entdeckungen zur Organisation und Auslösung von individuellen und sozialen Verhaltensmustern. Tinbergen und Lorenz haben seit 1936 gemeinsame Forschungsprojekte durchgeführt und waren gut befreundet. Eines ihrer großen Forschungsgebiete war die Prägung bei Gänseküken. Wegen seines Widerstands gegen die deutsche Besatzungsmacht wurde Tinbergen mit vielen anderen Kollegen in das Geisellager Beekvliet und später in das KZ Herzogenbusch verschleppt, aber 1944 wieder befreit.

> *Irenäus Eibl-Eibesfeldt* wurde am 15. Juni 1928 in Wien geboren. Er studierte von 1945 bis 1949 mit dem Abschluss der Promotion an der Universität Wien Zoologie und Botanik. Danach ging er nach Altenberg in Niederösterreich zum damals noch privaten Institut für Verhaltensforschung von Konrad Lorenz und baute mit ihm später das Max-Planck-Institut für Verhaltensphysiologie in Seewiesen auf. In seiner humanethologischen Forschung untersuchte er auch die Mimik verschiedener Volksstämme und konnte nachweisen, dass es Gemeinsamkeiten in der mimischen Äußerung von Gefühlen gibt. Sein großes Interesse betraf Besonderheiten von angeborenem und erlerntem Verhalten bei Tier und beim Menschen. Er unternahm zahlreiche Forschungsreisen nach Afrika, Südamerika, Ostasien und in die Karibik. 1969 wurde er neben seiner leitenden Tätigkeit am Max-Planck-Institut Professor für Zoologie an der Universität München.

Der Instinktbegriff und seine Alternativen

In der Anthropologie wird jedoch gleichzeitig von „Instinktreduktion" beim Menschen gesprochen. Inzwischen versucht man, den ungenauen Instinktbegriff zu ersetzen und spricht dann

- im rezeptorischen Bereich (Wahrnehmung) von angeborenen Auslösemechanismen und vom angeborenen Erkennen: Beispiel „Kindchenschema",
- im motorischen Bereich (Bewegung, Feinmotorik) von Erbkoordinationen und Orientierungsbewegungen (Taxien), dem angeborenen Können: z.B. die Pendelbewegung des Kopfes, durch die der Säugling die Mutterbrust sucht, der Saugreflex und das Zusammenspiel von Atmen und Trinken beim Stillen

Die Besonderheit: das Neugierverhalten

- und im kognitiven-motivationalen Bereich (Denken und Motivation) von angeborenen Antriebsmechanismen und angeborenen Lerndispositionen: Entwicklungsbedingte Verhaltensdispositionen im Kleinkindalter finden sich in der ausgeprägten Tendenz zur Nachahmung. Das Neugierverhalten ist ein kognitives Grundbedürfnis.

Erziehung unter Betrachtung anthropologischer Voraussetzungen

Dazu gehört das Erkunden von unbekannten Bereichen, das explorative Verhalten als eine angeborene Lernstrategie und das Spiel mit seinem Einüben von motorisch-praktischem Verhalten durch ständige Wiederholungen (die Funktionslust). Im Bereich des Erfahrungserwerbs findet man schon im frühen Alter Verhaltensweisen, für die es im Tierreich keine Parallelen gibt, etwa die sprachliche Entwicklung. Die genetisch vorbestimmten Lerndispositionen, die in der angeborenen Lernfähigkeit und Lernbereitschaft wirksam werden, können als „naturgegebenes Aktionsprogramm zum Kennenlernen der Umwelt, zur Entwicklung eigener Fähigkeiten und zur Übernahme des Erwachsenenverhaltens" (Hassenstein 1972: 67) angelegt sein. Sie gelten als naturgegebene Gründe eines spezifisch menschlichen kulturellen Bereichs. Gerade deshalb setzt hier eine hohe pädagogische Aufmerksamkeit und Förderung an.

> **Instinkte** sind im Gegensatz zu diesen Bestimmungen Steuermechanismen der Natur, d.h. ererbte Reaktionsweisen. Ausgelöst werden sie durch bestimmte Schlüsselreize. Die Reaktion ist stets gleichförmig und automatisch. Das Verhalten ist allen Mitgliedern einer Art gemeinsam. Instinkte dienen der Selbst- und Arterhaltung. Beispiele für Instinkte: Nahrungsaufnahme, Sexualverhalten, Brutpflege, Kampf, Fluchtverhalten.

Die anthropologische Forschung liefert keine exakten Angaben darüber, ob es angeborene Verhaltensweisen beim Menschen gibt und wenn ja, wie diese gestaltet sind. Eines ist jedoch sicher: Die möglichen vorhandenen Anreizsysteme (ein anderer Begriff für „Instinkte") reichen nicht aus, um ein menschliches Leben ohne Erziehung und Bildung zu führen.

Die Pädagogische Anthropologie geht über die Einsicht der Notwendigkeit von Erziehung von einem reifungsorientierten Entwicklungskonzept aus: Der Mensch wird als *extremer Nesthocker* angesehen, der in einem extrauterinen (außerhalb der Gebärmutter) sozialen Raum lange Zeit verweilt. Das bedeutet, dass ein neugeborenes Kind noch in seinem ersten Lebensjahr die unbedingte und sorgsame Pflege und Obhut seiner Eltern benötigt, um überhaupt lebensfähig zu sein. Weil wir als Menschen nur über eine rudimentäre artspezifische Ausstattung mit wenigen angeborenen Verhaltensweisen verfügen, sind wir auf Lernen, d.h. kreative Anpassung an die Umwelt und damit Spezialisierung, angewiesen.

Die Notwendigkeit von Erziehung begründet sich in der langen Abhängigkeit des Kindes

Auch Alexander Mitscherlich hat sich in seiner Studie zur vaterlosen Gesellschaft aus dem Jahr 1973 (vgl. 1996) mit Fragen der Anthropologie beschäftigt.

> *Alexander H. Mitscherlich* wurde am 20. September 1908 in München geboren. Dort studiere er zunächst Geschichte und Philosophie, konnte jedoch seine Promotion nicht beenden, da sein Doktorvater unerwartet verstarb und dessen antisemitischer Nachfolger sich weigerte, Arbeiten seines jüdischen Vorgängers zu betreuen. Mitscherlich emigrierte 1935 in die Schweiz, nachdem er Schwierigkeiten mit der SA in Deutschland bekommen hatte. In Zürich setzt er das Medizinstudium fort, das er in Berlin begonnen hatte und schloss es 1939 in Heidelberg ab, wo er 1941 bei Viktor von Weizsäcker promovierte. 1946 wurde er an der Polyklinik Zürich habilitiert. Mitscherlich war seit 1947 Herausgeber der Zeitschrift „Psyche" und gründete 1949 die Abteilung „Psychosomatische Medizin" an der Universität Heidelberg. Er hatte sich aktiv an der Aufarbeitung der nationalsozialistischen Verbrechen beteiligt, so z.B. durch seine Dokumentation „Medizin ohne Menschlichkeit". Von 1960 bis 1976 leitete er das von ihm gegründete Sigmund-Freud-Institut in Frankfurt am Main. An der dortigen Universität war er von 1973 bis 1976 Professor für Psychologie. Am 26. Juni 1982 starb er in Frankfurt am Main.

Er schreibt, dass der Mensch wegen seiner Unspezialisiertheit das, was er ist, nur durch Erziehung und Bildung geworden sein könne.

Mangelnde Sorge und Erziehung führen zu Entwicklungsrückständen

So gelten Wachstum, das für die Verwirklichung der *arthaften Gestalt* (das Menschliche) wichtig ist, und Bildung, die Aneignung einer verantwortlichen Individualität, als durch ungünstige Einflüsse gefährdete Entwicklungsvorgänge. Denken wir uns etwa den Fall aus, dass ein Kind in seinem physischen Wachstum durch lang anhaltende Mangelernährung behindert wird, so können diese Folgen nicht mehr vollständig kompensiert werden. Genauso verhält es sich, wenn ein Kind keinerlei Schulbildung erhalten hat – es wird dieses Defizit an kognitiver Entwicklung in seinem Leben nie mehr aufholen können.

Kinder sind erziehungsbedürftig

Kinder sind darauf angewiesen, dass sich Erziehung an den Bedingungen der körperlichen, seelischen und intellektuellen altergemäßen Voraussetzung des Kindes und Jugendlichen orientiert. Diese sind vor allem abhängig von der Gehirnentwicklung, die beim Kind als ein offener Prozess verstanden wird, bei dem entscheidend ist, welche Eindrücke das Kind in den ersten Lebensjahren aufgenommen hat. Ist die Anforderung zu schwach, kann sich die kindliche Begabung nicht optimal entfalten. Andererseits kann es auch durch ehrgeizige oder falsche Erziehung zu einer Überforderung und damit Schädigung der Entwicklung von Leistungsmotivation kommen. Die Entwicklung der Leistungsmotivation ist nach Heinz Heckhausen (1926-1988) abhängig von der richtigen Einschätzung der eigenen Fähigkeit, vom Grad der notwendigen Anstrengung und dem zu erwartenden Erfolg. Eltern, die ihre Kinder überfordern – aber auch unterfordern –, geben ihnen keine Möglichkeit, eine realistische Einschätzung des möglichen Erfolgs zu entwickeln.

Der Mensch als erziehungsbedürftiges Wesen

Wenn man noch einmal den Vergleich vom Menschen zum Tier zieht, fällt auf, dass die Sonderstellung des Menschen in der Pädagogischen Anthropologie unterschiedlich begründet wird:
Nikolaas Tinbergen bezeichnete den Menschen als ein instinktreduziertes Wesen. Arnold Gehlen steigerte dies noch in der Behauptung, der Mensch sei ein *instinktreduziertes Mängelwesen*. Um die Mängel zu überwinden, müssten Menschen ihre intellektuelle Fähigkeit und Fertigkeit entwickeln und benötigen dabei erzieherische Unterstützung von außen. Ebenso muss der Mensch, weil er auf menschliche Kultur angewiesen ist, lernen, in seiner spezifischen Kultur zu leben. Das beides geschieht ausschließlich durch Erziehung und Sozialisation. Weil, wie wir schon erfahren haben, dies nicht aus dem Menschen heraus geschehen kann, sind dazu „Außenstützen" notwendig.

Erst die Erziehungsbedürftigkeit bedingt die Erziehungsfähigkeit

Das menschliche „Mängelwesen" ist auf Erziehung und Lernen angewiesen

„Morphologisch ist nämlich der Mensch im Gegensatz zu allen höheren Säugern hauptsächlich durch Mängel bestimmt, die jeweils im exakt biologischen Sinne als Unangepaßtheiten, Unspezialisiertheiten, als Primitivismen, d.h. als Unentwickeltes zu bezeichnen sind: also wesentlich negativ. Es fehlt das Haarkleid und damit der natürliche Witterungsschutz; es fehlen natürliche Angriffsorgane, aber auch eine zur Flucht geeignete Körperbildung; der Mensch wird von den meisten Tieren an Schärfe der Sinne übertroffen, er hat einen geradezu lebensgefährlichen Mangel an echten Instinkten, und er unterliegt während der ganzen Säuglings- und Kinderzeit einer ganz unvergleichlich langfristigen Schutzbedürftigkeit. Mit anderen Worten: innerhalb natürlicher, urwüchsiger Bedingungen würde er als bodenlebend inmitten der gewandtesten Fluchttiere und der gefährlichsten Raubtiere schon längst ausgerottet sein. [...]
Der Mensch ist, um existenzfähig zu sein, auf Umschaffung und Bewältigung der Natur hin gebaut, und deswegen auch auf die Möglichkeit der Erfahrung der Welt hin: Er ist handelndes Wesen, weil er unspezialisiert ist, und also der natürlich angepassten Umwelt entbehrt. Der Inbegriff der von ihm ins Lebensdienliche umgearbeiteten Natur heißt Kultur, und die Kulturwelt ist die menschliche Welt. Es gibt für ihn keine Existenzmöglichkeit in der unveränderten, in der nicht „entgifteten" Natur, und es gibt keinen „Naturmenschen" im strengen Sinne: d.h. keine menschliche Gesellschaft ohne Waffen, ohne Feuer, ohne präparierte und künstliche Nahrung, ohne Obdach und ohne Formen der hergestellten Kooperation. Die Kultur ist also die „zweite Natur" – will sagen: die menschliche, die selbsttätig bearbeitete, innerhalb deren er allein leben kann – und die „unnatürliche" Kultur ist die Auswirkung eines einmaligen, selbst „unnatürlichen", d.h. im Gegensatz zum Tier konstruierten Wesens in der Welt. An genau der Stelle, wo beim Tier die „Umwelt" steht, steht daher beim Menschen die Kulturwelt, d.h. der Ausschnitt der von ihm bewältigten und zu Lebenshilfen umgeschaffenen Natur. [...]" (Gehlen 1976: 33ff.)

Außenstützen sind Institutionen wie das Elternhaus, die Schule und außerschulische Einrichtungen, wie Sportvereine oder Horte. Diese Systeme vermitteln Normen, Werte, Sitten und Gesetze der eigenen Kultur.
Zugleich ist der Mensch besonders in seinem ersten Lebensjahr physiologisch auf äußere Fürsorge angewiesen. Adolf Portmann (1897-1982) beschreibt den Menschen deshalb als eine „physiologische Frühgeburt" und einen „sekundären Nesthocker". Als Nesthocker ist er hilflos und abhängig

vom sozialen Mutterschoß. Charakteristisch für den Menschen sei daher wegen dieser verfrühten Geburt, dass viele Entwicklungsprozesse nicht isoliert, sondern eingebettet in eine soziokulturelle Umgebung stattfinden. Außerdem sei der Mensch durch seine Angewiesenheit auf die soziale Gemeinschaft für soziale Kontakte und Umwelteinflüsse offen. Diese Offenheit ist für Portmann die Bedingung für kulturelles und geistiges Lernen. Das natürliche

„Unfertigsein des neugeborenen Menschenkindes macht seine fürsorgerische Betreuung und Pflege erforderlich. Deshalb wird es möglich, dass, verglichen mit Tieren, die Menschen in ihrer verlängerten Kindheits- und Jugendphase und dank ihrer (erzieherisch zu unterstützenden) enormen Lernfähigkeit und -bereitschaft, ihre ‚natürliche' Unfertigkeit und Riskiertheit ‚kulturell' nicht nur zu kompensieren, sondern auch zu überbieten vermögen". (Weber 2003: 54)

Aus all diesem resultieren zwei Konsequenzen: Zum ersten implizieren die Theorien ein Angewiesensein auf Erziehung und Lernen. Damit ist der Mensch sowohl das Produkt bzw. Ergebnis von Erziehung und Sozialisation als auch deren Produzent, da er die Normen, Werte und moralischen Vorstellungen seiner Kultur nicht nur internalisiert, sondern sich für sie entscheidet und diese Erfahrung weitergibt an die nächste Generation. Einerseits gestaltet er seine Umwelt, zugleich wird er von der Umwelt gestaltet. Andererseits ist er als Mensch weltoffen, selbstbestimmt, unspezialisiert und kreativ.

Erziehungsfähig und erziehungsbedürftig

Wir haben es mit zwei unterschiedlichen Voraussetzungen in der Entwicklung des Menschen zum Menschen zu tun:

- Erstens geht es um die Lernfähigkeit und Erziehbarkeit, die erst die Möglichkeit des Lernens und Erziehens schafft. Sie betrifft den Menschen als homo educandibilis, den erziehungsfähigen Menschen.
- Zweitens geht es um die Lern- und Erziehungsbedürftigkeit, die die Notwendigkeit des Lernens und Erziehens voraussetzt. Sie betrifft den homo educandus, den erziehungsbedürftigen Menschen.

Lässt es sich nun beurteilen, ob Menschen den angeborenen Verhaltensdispositionen ausgeliefert sind?
Arnold Gehlens Antwort darauf:

„Das stammesgeschichtlich gewordene und früher einmal angepasste, ‚angeborene Verhalten' des Menschen muß heute nicht mehr adaptiv sein. Es kann sich inzwischen auch als störend und gefährlich erweisen ... Der Mensch ist seinen genetisch vorprogrammierten Verhaltensmechanismen nicht nur ausgeliefert. Ihm ist als handelndes Subjekt auch die Reflexion und Regulation seiner Verhaltensantriebe und Verhaltensweisen aufgegeben. Dazu kann und soll die Erziehung direkt, aber auch indirekt durch entsprechende Umweltgestaltung Hilfen bieten. ... Der Mensch gilt eben, trotz aller genetischer Prädisponierungen seines Verhaltens von Natur aus als ein Kulturwesen "… (1962: 362).

Die Biologie ist nicht Schicksal

Deutlich ist seine Distanzierung von deterministischen Ansätzen, nach denen der Mensch seiner Biologie oder seinem evolutionären Schicksal verhaftet ist. Im Gegenteil, sagt Gehlen, sei es sogar gefährlich, solchen möglicherwei-

Erziehung unter Betrachtung anthropologischer Voraussetzungen

se verhaltensdeterminierenden Impulsen für ein Leben in einer sozialen Gemeinschaft nachzugeben.

Diskutiert werden muss, ob der Mensch seinen angeborenen Verhaltenspräferenzen (Aggression, Unterwerfungsverhalten u.a.) überlassen werden soll, wie es zumindest von einer Laissez-faire-Erziehung zu beobachten ist, und ob das Kind so vollständig auf die gesellschaftliche und pädagogische Vermittlung kultureller Verhaltens- und Kontrollmuster angewiesen ist, dass eine solche Vernachlässigung der Erziehungspflicht deutlich kritisiert werden muss (vgl. Weber 2003: 52f.).

Noch einmal sei an Kant erinnert, der betont, dass der Mensch nur unter Menschen zum Mensch wird. Daher braucht der Mensch die menschliche Gemeinschaft.

Disziplinierung, Kultivierung, Zivilisierung und Moralisierung nach Kant

„Der Mensch kann nur Mensch werden durch Erziehung. Er ist nichts, als was die Erziehung aus ihm macht. Es ist zu bemerken, dass der Mensch nur durch Menschen erzogen wird, durch Menschen, die ebenfalls erzogen sind. Daher macht auch Mangel an Disziplin und Unterweisung bei einigen Menschen sie wieder zu schlechten Erziehern ihrer Zöglinge. Wenn einmal ein Wesen höherer Art sich unserer Erziehung annähme, so würde man doch sehen, was aus dem Menschen werden könne. Da die Erziehung aber teils den Menschen einiges lehrt, teils einiges auch nur bei ihm entwickelt, so kann man nicht wissen, wie weit bei ihm die Naturanlagen gehen. Würde hier wenigstens ein Experiment durch Unterstützung der Großen und durch die vereinigten Kräfte vieler gemacht, so würde auch das schon uns Aufschlüsse darüber geben, wie weit es der Mensch etwa zu bringen vermöge". (Kant 1803: 7)

Nach Kant (1803) gliedert sich die Menschwerdung in vier Bereiche:

1. die Disziplinierung als Heraustreten aus dem rohen tierischen Zustand,
2. die Kultivierung mit dem Prinzip der Geschicklichkeit,
3. die Zivilisierung mit dem Prinzip der Klugheit und
4. die Moralisierung mit dem Prinzip der Sittlichkeit.

Der Disziplinierung fällt dabei eine im engeren Sinne propädeutische Rolle zu. Disziplinierung gilt als Voraussetzung für Vernünftigkeit und damit für Freiheit. Das erzieherische Ziel, die Autonomie des Heranwachsenden, ist damit im disziplinierenden Handeln angelegt. Über die individuelle Emanzipation des Heranwachsenden hinaus ist aber auch die gesamte Menschheit gemeint (vgl. auch Kapitel 7).

Disziplinierung als Voraussetzung für Freiheit

„Disziplinieren heißt, suchen zu verhüten, daß die Tierheit nicht der Menschheit in dem einzelnen sowohl als [dem] gesellschaftlichen Menschen, zum Schaden gereiche. Diszplin ist also bloß Bezähmung der Wildheit". (Kant 1803: 22).

Dazu kommt der Bereich der Kultivierung, die Kant in der Unterweisung, Bildung und Belehrung sieht. Damit werden dem Menschen Werke und Schätze der eigenen Kulturwelt einsichtig. Die Einsicht führt zu Befreiung aus den je naturgemäßen Fesseln.

Kultivierung als Unterweisung zur Geschicklichkeit

"Kultur begreift unter sich die Belehrung und die Unterweisung. Sie ist die Verschaffung der Geschicklichkeit. Diese ist der Besitz eines Vermögens, welches zu allen beliebigen Zwecken zureichend ist. Sie bestimmt also gar keine Zwecke, sondern überläßt das nachher den Umständen". (Kant 1803: 22).

Zivilisierung als Sozialwerdung

War die Kultivierung zur Selbstfindung und Entwicklung der Individualität bestimmt, wird die pädagogische Handlungsform der Zivilisierung auf die soziale Wertsphäre gerichtet. Die Zivilisierung soll den einzelnen Menschen zu einem sozialen Wesen werden lassen und ihn als Mitglied die sozialen Werte und Normen annehmen lassen.

Man müsse darauf achten, „daß der Mensch auch klug werde, in die menschliche Gesellschaft passe, daß er beliebt sei und Einfluß habe. Hiezu gehört eine gewisse Art von Kultur, die man Zivilisierung nennt. Zu derselben sind Manieren, Artigkeit und eine gewisse Klugheit erforderlich, derzufolge man agile Menschen zu seinen Endzwecken gebrauchen kann. Sie richtet sich nach dem wandelbaren Geschmacke jedes Zeitalters" (Kant 1803: 23).

Moralisierung als Voraussetzung sozialen Zusammenlebens

Die Moralisierung bezieht sich auf das Erkennen einer allgemeingültigen menschlichen Moral, wie sie sich im kategorischen Imperativ – Handle nur nach derjenigen Maxime, durch die du zugleich wollen kannst, dass sie ein allgemeines Gesetz werde! – darstellt.

„Der Mensch soll nicht bloß zu allerlei Zwecken geschickt sein, sondern auch die Gesinnung bekommen, daß er nur lauter gute Zwecke erwähle. Gute Zwecke sind diejenigen, die notwendigerweise von jedermann gebilligt werden und die auch zu gleicher Zeit jedermanns Zwecke sein können" (Kant 1803: 23).

4 Kritisches zur pädagogischen Anthropologie

Kritik an einer „Menschenbildpädagogik"

Das Gemeinsame in der Verwendung des Wortes „Menschenbild" in der Pädagogik ist, dass man sich den Menschen als in einer spezifischen Sichtweise eines normativ idealisierten Leitbilds vorstellt. Dabei aber unterliegen diese „Menschenbilder" dem historischen Wandel, weil sie ideologisch-politische, religiös-dogmatische und pädagogisch-psycho-logische Positionen vertreten. Problematisch ist die Tendenz, eine normative Weltanschauungspädagogik zu entwerfen, besonders dann, wenn sie in eine totalitäre und dogmatische „Menschenbildpädagogik" kulminiert, d.h. ins Extreme geht (vgl. Weber 2003: 26). Pädagogische Anthropologie suggeriert (implizite und explizite) „Menschenbilder".

- Implizite Menschenbilder sind jene eher unbewussten Meinungen (sog. „Alltagstheorien"), die einzelne Menschen oder Gruppen vom Menschen haben. Dieses als selbstverständlich erachtete Menschenbild wirkt erkenntnisleitend.

- Explizite Menschenbilder begründen sich auf bewusst konzipierte und wissenschaftlich-methodisch gesicherte Theorien.

Eine abgeschlossene, einheitliche Pädagogische Anthropologie kann sich eines prinzipiellen Ideologieverdachts nicht entziehen. Besonders kritisch ist es zudem, dass die Erziehungswissenschaft viel Definitionsmacht an die Biologie und Psychologie abgetreten hat. Die Psychologie hatte schon im 19. Jahrhundert eine enorme diskursive Macht innerhalb der Pädagogik gewonnen, Menschenbilder zu definieren und „Normales" von „Anormalem" zu trennen. Die biologistische Sicht auf den Menschen, wie sie heute verstärkt gerade in der Debatte um die Vorprägung des Gehirns deutlich wird, verstärkt die oft naturwissenschaftliche Herangehensweise an den Menschen, an seine Psyche und sein Verhalten mit Ergebnissen aus der soziobiologischen Forschung. Damit haben wir eine Konzeption des Menschen, die ohne die philosophischen und pädagogischen Begriffe des „Willens" als Vermögen, sich bewusst ein Ziel zu setzen und sich für dessen Verwirklichung einzusetzen – oder des „Wollens", der Auswahl aus Handlungsalternativen, Begründbarkeit für die Auswahl, Wahl und Festlegung auf ein Handlung und das Vorhaben der Umsetzung in eine Tat, – auskommen kann.

Pädagogische Anthropologie unter Ideologieverdacht?

Was heute in der Pädagogik kritisch gesehen werden muss, ist diese Ausgangsposition einer „Menschenbild-Anthropologie" als Leitbild für die pädagogische Forschung und Praxis. Ein deskriptiv (*be*schreibend) gedachter Ansatz wird zu einen präskriptiven (*vor*schreibenden): Die Frage nach dem, was der Mensch ist, wird allzu rasch zur Frage, was er sein soll. Die Kritische Erziehungswissenschaft hat daher die Pädagogische Anthropologie immer wieder daraufhin abgeklopft, welche ahistorisch-normativen Menschenbilder sie voraussetzt (vgl. Dienelt 1999: 2).

Deskription wird Präskription

> Die Kritische Erziehungswissenschaft kam in den 1970er Jahren als Folge der Studentenbewegung und mit dem Einfluss der Frankfurter Schule auf. Sie hatte den Anspruch, die Erziehung auf Mündigkeit, auf Kritikfähigkeit, auf Emanzipation von politischer Unterdrückung und auf Mut zum Ungehorsam gegenüber fragwürdigen Autoritäten auszurichten. Die heranwachsende Generation sollte in Zukunft niemals blind demagogischen Führern, wie denen des Nationalsozialismus, folgen.

Freiheit durch Erziehung oder Abhängigkeit von Erziehung?

Abschließend soll erinnert werden: Das menschliche Verhalten ist nicht festgelegt und damit immer flexibel und variierbar, so dass es die Voraussetzung bildet, frei vom Zwang natürlicher Verhaltensmuster zu sein. Heinrich Roth (1906-1983) bezeichnet daher den Menschen als weltoffenes Wesen, das ak-

Erziehung als Angebot oder Direktive?

tiv seine Umwelt gestalten kann und damit die Möglichkeit zu Selbstbestimmung hat. Daraus lässt sich folgern:

- dass erst der Mangel an Instinkten die Lernfähigkeit und Erziehbarkeit ermöglicht,
- aber auch, dass der Mensch damit auf Lernen und Erziehung angewiesen ist.

„Das Lernen des Kindes ist ... nach zwei Seiten zu charakterisieren:
1. Lernen bedeutet die Chance, die Fertigkeiten, Leistungsformen, Verhaltensweisen, Könnensformen in und an der Umwelt aufzubauen, in die man hineingeboren ist.
2. Lernen bedeutet weiterhin, daß ein solches Wesen notwendigerweise auf eine Umwelt hin ‚entworfen' gedacht werden muß, die diesen Lernprozeß in ihre Obhut nimmt. Wenn der Mensch auf Lernen hin ‚entworfen' ist, dann ist er auf Lehrende und Erziehende angewiesen, dann ist er prinzipiell ein zu erziehendes Wesen, ‚der erste Freigelassene der Schöpfung, nicht mehr eine unfehlbare Maschine in den Händen der Natur, wird er sich selbst Zweck und Ziel der Bearbeitung', wie es schon Herder formuliert hat.

Wo die Fürsorge versagt durch die allein das Kind im menschlichen Sinne lernt, kann es nicht Mensch werden. Die ‚indischen Wolfskinder' .. waren, ob sie nun mit Hilfe von Tieren am Leben blieben oder nicht, so verwahrlost, dass sie auf allen Vieren gingen und keine Sprache hatten" (Roth 1966: 117).

Für die Erziehung folgt daraus, dass der Mensch, um in seiner Kultur zu leben, die spezifische kulturelle Lebensweise, die kulturellen Werte und Normen seines Kulturraums erlernen muss. Neben dem Erwerb eines für seine Kultur spezifischen Habitus geht es auch um die produktive Anpassung an Veränderungen. Deshalb muss außer Produktivität und Kreativität auch Kritikfähigkeit entwickelt werden, denn der Mensch kann darüber reflektieren, dass er nicht nur von der Natur dirigiert und beschränkt wird, sondern auch von seiner Kultur gelenkt und sanktioniert wird, wenn er kein selbstbestimmtes Leben anstrebt.

5 Fazit

Das Kapitel fragte nach der Erziehungsbedürftigkeit und der Erziehbarkeit des Menschen und suchte die Antworten der pädagogischen Denker und Anthropologen. Die Extrembeispiele der „wilden Kinder" zeigten die Bedeutung der Personalisation und Ich-Bildung aus der Perspektive der Erziehungsprozesse und setzten dabei zugleich besondere Schlaglichter auf die Debatte zum Verhältnis von Anlage und Umwelt in der menschlichen Entwicklung. Damit stellt sich die Frage nach den möglichen Theorien der Erziehung, die im Folgenden behandelt werden soll.

Erziehung unter Betrachtung anthropologischer Voraussetzungen

Wiederholungsfragen

1. Nennen Sie die Untersuchungsgegenstände der „Pädagogischen Anthropologie"!
2. Welche pädagogisch relevanten Erkenntnisse konnten aus Studien mit „wilden" Kindern gewonnen werden?
3. Wer war Victor von Aveyron und warum ist er noch heute ein wichtiger Zeuge für die Erziehungsbedürftigkeit des Menschen?
4. Was versteht Arnold Gehlen unter dem „Menschen als Mängelwesen"?
5. Was meinte John Locke damit, wenn er den Menschen bei seiner Geburt als „tabula rasa" bezeichnet?
6. Der Begriff „Instinkt" muss heute neu präzisiert werden. Wie wird er definiert?
7. Vergleichen Sie das Unspezialisierte des Menschen mit dem Spezialisierten des Tieres!
8. Warum ist für Konrad Lorenz die Unspezialisiertheit des Menschen ein Entwicklungsvorteil?
9. Welche vier Stadien der Menschwerdung durch Erziehung nennt Kant? Erläutern Sie diese!

Reflexionsfragen

1. Welche Rolle spielt die Vergleichende Verhaltensforschung für die Pädagogische Anthropologie?
2. Welche Bedeutung haben Erkenntnisse der Pädagogischen Anthropologie für die Erziehung und den Unterricht?
3. Wie lautet die Kritik an einer „Menschenbildanthropologie"?
4. Worin bestehen die Grenzen und Möglichkeiten der Erziehung?

Empfehlungen zur weiteren Lektüre

Eine Erörterung von Kants anthropologischen Grundfragen findet sich in:

Kant, Immanuel (1803): Über Pädagogik. Königsberg: Nicolocius (Neuausgabe: hrsg. von Hermann Holstein, Bochum 1984).

Eine umfangreiche, teils sehr genaue Analyse und Darstellung von Grundthemen der Pädagogischen Anthropologie findet sich in:

Weber, Erich (2003): Pädagogik. Pädagogische Anthropologie – phylogenetische (bio- und kulturrevolutionäre) Voraussetzungen der Erziehung. Donauwörth: Auer.

Kapitel 6: Erziehungstheorien und ihr geschichtlicher Diskurs

1 Erneute Begriffsabgrenzung: „Erziehung" zu „Bildung" und „Lernen"

Eine terminologische Schwäche der deutschen Erziehungswissenschaft besteht darin, dass die beiden Grundbegriffe „Erziehung" und „Bildung" keine eindeutige Trennschärfe besitzen und aus diesem Grunde häufig synonym gebraucht werden. Diese unklare Begriffsentwicklung hat dazu geführt, in der Erziehungswissenschaft soziologische und psychologische Fachbegriffe mit aufzunehmen, um Phänomene zu definieren, die im Erziehungs- und Bildungsprozess auftreten: wie Lernen, Entwicklung, Sozialisation, Enkulturation.

Bildung, Erziehung und Sozialisation

In diesem Studienbuch werden Bildung, Erziehung und Sozialisation so dargestellt, als ob sie eine ursprünglich abgrenzbare Bedeutung hätten. Es mag sein, dass manche fachfernen neu eingeführten Termini, wie „Habitualisierung" oder „Performativität", einige pädagogische Sachverhalte differenzierter und damit auch präziser fassen könnten. Wir wollen jedoch bei den genuin pädagogischen Begriffen bleiben, da sie auch meist in der pädagogischen Literatur gebraucht werden.

> *Habitualisierung*: eine Beschreibung des Sozialisationsprozesses, in dem der Habitus – d.h. die Art zu denken und zu handeln – aus der sozialen Umwelt vermittelt wird, in der der Mensch aufwächst (siehe Kapitel 9).
> *Performativität*: der Modus, nach dem etwa das Geschlechterverhalten oder andere typischen Rollenmuster konstruiert werden.

Um eine erziehungswissenschaftliche Sicht auf die Phänomene einzunehmen, die mit dem Begriff „Erziehung" beschrieben werden, ist es unverzichtbar, „Erziehung" und „Bildung" sowohl auf ihre Differenzen als auch Übereinstimmungen hin zu analysieren (vgl. Kapitel 1). Dies zeigt bereits ein Vergleich mit der englischen Bezeichnung „*education*", in der diese begriffliche Differenzierung nicht vorgenommen wird. Wird etwa von „*life-long education*" gesprochen, dann wird deutlich, dass es hier um Bildung geht, denn bei Bildung kann es sich um eine lebenslange Aufgabe handeln. Lebenslange Erziehung dagegen würde lebenslange Unmündigkeit bedeuten.

Deshalb muss Erziehung darauf ausgerichtet sein, überflüssig zu werden, indem sie den erwachsenen Menschen in die Mündigkeit entlässt. Dennoch

Erziehungstheorien und ihr geschichtlicher Diskurs

muss die Erziehung hier mit einem Widerspruch umgehen: die Hinführung des noch Erzogenen zur autonomen Entscheidung ist durch die Erzieher intendiert. Oelkers weist dabei auf den Objektstatus des zu Erziehenden hin, den dieser erst verliert, wenn er mündig ist:

> „Die Pädagogik muss (...) das Kind als Objekt der Erziehung betrachten, das seine Subjektivität erst in einer fernen Zukunft erlangen oder ‚ausbilden' [kann] ..." (Oelkers 2001: 267).

Vermeidung des Begriffs „Erziehung"?

Vor allem mit Heinrich Roth wurde Mitte des letzten Jahrhunderts das Wort „Erziehung" – auch „Bildung" – vermieden und dafür „Lernen" benutzt. Schule wurde als Stätte für optimale Lernprozesse angesehen. Diese Tendenz ist auch heute vorhanden, wenn wir von Lerngruppen, schulischen Lernprozessen, selbstorganisiertem und kooperativem Lernen in Lerngruppen u.a. sprechen. „Lernen" jedoch ist unabhängig von der pädagogischen Absicht und ohne zwingende Einbeziehung kultureller Werte und Normen zu verstehen. Damit fehlt dem Begriff „Lernen" ein pädagogischer Anspruch. Die zweifellos wichtige Optimierung von Lernprozessen kann nicht die Begründung der Lerninhalte ersetzen.

Lernen als Erziehung?

Was nun ist Erziehung?

„Erziehung", etymologisch abgeleitet von *irziohan* (herausziehen), bedeutet zunächst allgemein die gezielte Beeinflussung des Verhaltens der Jüngeren durch die Älteren.

Das Erziehungsrecht ist in Art. 6 Absatz 2 des Grundgesetzes definiert. Dort heißt es:

Erziehungsrecht im GG

> „Pflege und Erziehung der Kinder sind das natürliche Recht der Eltern und die zuvörderst ihnen obliegende Pflicht. Über ihre Betätigung wacht die staatliche Gemeinschaft."

Da das Verhältnis zwischen Eltern und Kindern auf einem natürlichen Verhältnis beruht, folgt daraus für den Gesetzgeber, dass das *Elternrecht* ein *Naturrecht* ist. Der Absatz 2 garantiert den Eltern daher den Vorrang als Erziehungsträger gegenüber dem Staat. Jedoch ergibt sich aus der Verpflichtung des Staates, die Pflege, d.h. die allgemeine Sorge für die Person des Kindes, sein körperliches Wohl und seine charakterliche und körperliche Entwicklung sowie die Erziehung zu überwachen. Im Falle der Vernachlässigung des Erziehungsauftrages steht dabei immer das Wohl des Kindes im Mittelpunkt. An diesem muss der Staat seine Maßnahmen ausrichten. Hier begründet sich das *Wächteramt des Staates* darüber, dass die Eltern ihre Pflicht erfüllen. Eine Pflichtverletzung der Eltern liegt dann vor, wenn das körperliche, geistige oder seelische Wohl des Kindes gefährdet ist. Der Eingriff in das Elternrecht ist dem Familiengericht vorbehalten (§ 1666 BGB). Das Jugendamt ist gem. § 50 Abs. 3 SGB VIII lediglich dazu verpflichtet, beim Familiengericht Anzeige zu erstatten.

Aus Artikel 6 Abs. 2 GG (und Artikel 7) wird zudem deutlich, je näher eine bestimmte Frage dem Themenbereich Schule zuzuordnen ist, desto geringer wird der Einfluss der Eltern (vgl. Kapitel 7 und 8).

Seit wann gibt es Erziehung?

Es muss „Erziehung" gegeben haben, seitdem es Menschen gibt. In ethologischen Vergleichsstudien werden selbst bei Primaten gezielte Verhaltenssteuerungen der Jungen durch die Alten beobachtet. Solche Einflussnahmen haben zwei Zielrichtungen: Die Störungen durch die Jungen zu reduzieren, d.h. sie zu disziplinieren und sie zur Übernahme von notwendigen Arbeitsleistungen und Verantwortungen für die Gemeinschaft anzuhalten und sie zu schützen sowie auf Gefahren hinzuweisen.

Der Säugling: eine normalisierte Frühgeburt

Bei Menschen tritt im Vergleich zum Tier allerdings eine Besonderheit auf: Menschen werden „zu" früh geboren (vgl. Kapitel 5). Dies ist besonders deutlich sichtbar bei Vergleichen mit dem Entwicklungsstand von neugeborenen Säugetieren und menschlichen Säuglingen, weshalb Alfred Portmann von einer „normalisierten menschlichen Frühgeburt" spricht. Neugeborene brauchen infolgedessen eine ungleich längere Pflege und Sorge durch ihre Eltern als andere Säugetiere, ehe sie sich selbst helfen können.

Aber auch die Entwicklung des Kindes braucht noch viel Zeit und Behütung. Deshalb ist es rein sachlich betrachtet verständlich, dass versucht wird, die dadurch entstehenden Belastungen bei den Älteren, vor allem den Eltern – nicht nur bei den unter harten Bedingungen existierenden Naturvölkern – entweder zu verkürzen oder an Erziehungsgehilfen, meist Verwandte, zu delegieren.

Misstrauen in die Natur

Es gab besonders im Mittelalter unglückliche und gefährliche Versuche, die Kinder „rascher" aufzuziehen – man traute dem kleinen Körper eine natürliche Entwicklung anscheinend nicht zu. So wurden beispielsweise bis in das 20. Jahrhundert hinein Säuglinge fest in Tücher – manchmal sogar auf ein Brett – „gewickelt", um ihren Körper zu begradigen; sie wurden an Gängelbändern geführt, damit sie früher laufen lernten; sie bekamen oft zu früh für sie unverdauliche Speisen.

Zwei bekannte Pädagogen, der Philanthrop Christian G. Salzmann (siehe die biografische Notiz in Kapitel 5) und Jean-Jacques Rousseau (1712-1778), haben sich ablehnend zu diesen Prozeduren geäußert:

"Die meisten Eltern behandeln ihre Kinder so verkehrt, dass man gewiss sicherer geht, wenn man das Gegenteil davon tut ... Denn wenn ich's erzählen werde, wie ich meinen Konrad behandelt habe, so wird man sehen, dass ich fast in allen Stücken das Gegenteil von dem tat, was in anderen Häusern gewöhnlich war. Wickeln ließ ich ihn auch nicht. ... Arme und Füße behielt er ... frei und strampelte damit nach Herzenslust" (Salzmann 1910: 12-13).

"Man behauptet, die ungewickelten Kinder könnten sich in eine falsche Lage bringen und Bewegungen machen, die etwa der richtigen Bildung ihrer Gliedmaßen schädlich sein könnten. Dies ist wieder einmal eine dieser nichtigen Folgerungen unserer verfälschten Weisheit, die nie durch irgendwelche Erfahrung bestätigt wurden" (Rousseau 1992: 121).

> Der Begriff Philanthrop ist eine neoklassische Wortschöpfung des 18. Jahrhunderts aus griechisch phílos, "Freund" und ánthropos, "Mensch" und bedeutet der Menschenfreund.

Die elterliche Ungeduld, die in völliger Unkenntnis der entwicklungsbedingten Fähigkeiten und Möglichkeiten der Kinder stand, führte häufig zum Tod der Kinder. Die Geschichte der Kindheit war bis in die jüngere Vergangenheit hinein für einen verhältnismäßig großen Teil der Kinder hauptsächlich eine Geschichte früher und beständiger Angst (vgl. De Mause 1980), weil Erziehung bei der ungebildeten Bevölkerung meist ohne jede besonnene Reflexion geschah.

2 Frühe Erziehungstheorien: Christliche Anfänge

Thomas von Aquin (1225-1274) hat einen großen Einfluss auf die christliche Erziehungsvorstellung: Er verstand die Aufgabe der Eltern für ihre Kinder in der *Pflegeelternschaft* begründet, d.h. Eltern gelten nur als die weltliche Instanz und nicht als die eigentlichen Eltern. Der Erziehungsauftrag des Vaters in der Erziehung sollte in folgenden Aufgaben bestehen, im Zeugungsakt: dem Kind sein *Dasein* zu geben, in der Ernährung: das Dasein des Kindes zu erhalten und im Unterricht: das Dasein zu verbessern. Das Ziel der Erziehung sollte sein, dass das Kind als Mensch so wird, wie es von Natur und durch Gott bestimmt ist. Damit hat Thomas dieses *individuelle Vollkommensein* (*perfectum esse*) des Kindes gemeint: sein naturbestimmtes *Sosein*.

Erziehungslehre Thomas von Aquins

> Das Sosein bedeutet das eigentliche, innewohnende Sein eines Menschen. Es stellt das Ideal dar, das nicht immer mit der Realität, dem Dasein, übereinstimmen muss.

Die Vernachlässigung elterlicher Betreuung in der ersten Entwicklungszeit des Kindes kann zu *Soseinsmängeln* führen und zu Schwächen der möglichen Vollkommenheit.

Christliche Erziehungslehre

Für Eltern entstand in der christlichen Erziehungslehre nicht nur die Pflicht, Barmherzigkeit, Vergebung und Nächstenliebe gegenüber ihren Kindern zu praktizieren, sondern die weiterreichende Aufgabe, derart auf ihre Kinder einzuwirken, dass sie diese Tugenden ebenfalls entwickelten. Das eigene Seelenheil der Eltern hing damit an ihrer unablässigen Sorge für das Seelenheil ihrer Kinder. Deshalb wurde keine auf erwünschte Verhaltensweisen gerichtete Erziehung im Christentum gelehrt, sondern eine der Charaktererziehung.

Sind Kinder den Eltern von Gott anvertraut ...

Diese christliche Erziehungslehre trifft man in den pädagogischen Handbüchern bis zum Anfang des 19. Jahrhunderts an. Bis Mitte des 19. Jahrhunderts werden Kinder in Erziehungshandbüchern als eigenständige, von Gott oder der Natur, den Eltern übergebene Geschöpfe betrachtet und es wird diesen die Pflicht auferlegt, sie im gemeinsamen Glauben und in gegenseitiger Übereinstimmung zu erziehen. Ab Mitte des 19. Jahrhunderts ändert sich dieser Grundsatz: Kinder gelten fortan als Eigentum der Eltern (vgl. Rolfus/Pfister 1867), die Eltern als alleinige Erzeuger ihrer Kinder. Somit wird eine gemeinschaftliche Erziehung nicht mehr unter dem Gesichtspunkt der christlichen oder moralischen Pflicht oder durch natürliche Elternliebe veranlasst gesehen, sondern unter dem Aspekt des Zwecks (vgl. Drinck 2005).

... oder „Eigentum" der Eltern? – Pater familias oder Tyrann?

Auf diese Weise rückte der Vater – einem *Pater familias* (die römische Rechtsstellung des männlichen Familienoberhaupts) gleich – in den Mittelpunkt der Erziehung: Das ging in der letzten Konsequenz so weit, dem Vater die Macht zuzugestehen, dass alles, was er geboten hat, gut war und alles, was er verboten hat, böse. Das Gebot des Vaters zu missachten, sei genau so Sünde, wie einst die Missachtung eines göttlichen Gebots. Hier wird verständlich, warum die väterliche „Autorität" (abgeleitet vom lateinischen *auctoritas*, das Einfluss, Geltung, Ansehen, Würde, würdevolle Haltung oder sittlicher Ernst bedeutet) – ganz anders als dies Thomas von Aquin postuliert hat – zum regelmäßigen Missbrauch verführte. Besonders die „Schwarze Pädagogik" des 19. und 20. Jahrhunderts (vgl. Rutschky 1997) hat das brutale Verhalten, aber auch die Erziehungstheorien, die diesen Machtmissbrauch selbst der Lehrer gefördert haben, verbreitet.

„Für die Volksschule unterscheiden wir das Ordnungskommando, das Revisionskommando, das Kommando beim Unterrichten und das Kommando vor dem Hinausgehen.

1. Das Haupt-Ordnungskommando lautet „Ordnung!", dem militärischen „Stillgestanden!" vergleichbar. In ihm sind alle einzelnen Kommandos enthalten, welche sich auf die Haltung und die Stille der Schüler beziehen (...)
2. Das Revisionskommando wird angewendet, um zu sehen, ob die Griffel gespitzt, die Tafeln abgewischt, die Hände gewaschen, die Hefte liniert sind usw. Es lautet: „Griffel hoch! Tafeln hoch! Hände hoch! Hefte zeigt!" usw. und nach beendigter Revision: „Ab!"
3. Das Kommando beim Unterrichten, Zu Anfang der Lektion heißt es: „Bücher vor! Fertig zum Schreiben – zum Rechnen – zum Zeichnen!" Solche Kommandos, wie die

letzten drei, bedürfen, weil eine augenblickliche Ausführung derselben nicht möglich ist, einer Ergänzung durch Zählen: „Eins! Zwei! Drei!" (Rutschky 1997: 243f.).

> Die „Schwarze Pädagogik" zeichnet sich vor allem durch den Gebrauch von quälerischen Mitteln zur Züchtigung aus: Schlägen, Einschüchterungen, dem Aussetzen von Hunger und Kälte, der totalitären Überwachung des Kindes und dem Versagen grundlegender emotionaler Bedürfnisse.

Erziehung außerhalb der Familie

Erziehung ist nicht nur Aufgabe der häuslichen Gemeinschaft, sondern sie ist schon seit der Zeit der Antike im Zusammenhang mit der Entwicklung von Schul- und anderen Bildungseinrichtungen zu verstehen. Bestand Erziehung in Verbindung mit der sozialen Verfasstheit des Menschen als *ens sociale* (Sozialwesen), so setzt die mit Unterricht und Schule verbundene Erziehung später ein. *Erziehung im antiken Unterricht*

Wir können sie mit dem, was die Griechen *enkyklios paideia*, die Römer *artes liberales* nannten, in Verbindung bringen (vgl. Kapitel 1). Erziehung als Zustand des Schon-Erzogenseins wurde in den Schuleinrichtungen vorausgesetzt. Die Schüler mussten ruhig und konsequent zuhören, sich auf gestellte Aufgaben konzentrieren können, fleißig sein und den Vorgaben des Lehrers gehorsam folgen. Teils wurde dies durch Erziehungsmaßnahmen ergänzt, die allerdings meist die Form einer Disziplinierung annahmen: In alten Darstellungen von Schule fehlt auf dem Pult des vortragenden Magisters selten die Rute.

Die sich nach dem Konzil von Trient (1545-1563) ausbreitenden Jesuitenschulen haben in ihrer Konzeption dagegen besonderen Wert auf motivierende Erziehungsmittel gelegt. Wettbewerb und Auszeichnungen gehörten zu den Anreizen. Es handelte sich um ein Repertoire unterschiedlicher Formen von Belohnungen und Ehrungen, die die Jesuiten den „mächtigen Hebel des Fleißes" nannten.

Das Werk des Johann Amos Comenius (1592-1670 – siehe Kapitel 4) hat ebenfalls eine Reihe von wohlüberlegten Erziehungsmitteln vorzuweisen. Comenius wird auch der „Didaktiker" genannt, weil er sich gründlich mit Schulentwicklung und Unterrichtsorganisation beschäftigt hat und durch diese die Erziehungsphilosophie entscheidend weiterentwickelte. *Der Didaktiker Johann Amos Comenius oder: Erziehung ohne Zwang*

> Comenius Hauptwerk ist die *Pampaedia*, in dem er seinen Leitspruch „*Omnes omnia omnino*" (alle alles allumfassend [lehren]) entwickelte. Dort entfaltet er eine je nach Entwicklungsabschnitt des Menschen besondere Schulung. Die Erziehung soll auf die Bildung eines *Pansophen* (All-Weisen) und damit auch auf die Besserung der persönlichen Lebensverhältnisse zielen.

Comenius erklärt: „Ohne Erziehung kann der Mensch nicht zum Menschen werden" (1970: 44). Comenius erkennt, dass im Unterricht nicht nur die Inhalte richtig dargestellt werden müssen, sondern sie müssen so dargeboten werden, dass Schüler sie sicher aufnehmen und verstehen können. Das wiederum erfordert einen Verzicht auf äußeren Druck, unter dem nur widerwillig gelernt wird. Stattdessen müssen Lehrer Interesse wecken und Anteil an den Problemen der Schüler nehmen. Aufmerksamkeit und Fleiß seien nicht unter äußerlich erzwungener Disziplin zu erreichen, sondern nur durch eine vom Schüler ausgehende interessierte Aufnahme. Dies drückt am besten der Wahlspruch des Comenius aus, den er als Vignette auf seine späten Bücher drucken ließ: *„omnia sponte fluant, absit violentia rebus"* (Alles fließe von selbst, Gewalt sei fern von den Dingen!).

Die Bedeutung dieses Ansatzes, nach dem mit Comenius Erziehungsziele und Erziehungshandeln in die Unterrichtsplanung eingegangen sind, muss nachdrücklich betont werden. Denn die Qualität der Unterrichtsplanung ist eine entscheidende Bedingung dafür, dass sich aus Wissen formende Bildung entwickeln wird.

Kindheit als defizitäres Stadium

Bei aller Hochachtung, die Comenius' Wirken verdient, so bleibt er in einer Anthropologie verhaftet, die Kindheit im Wesentlichen als ein defizitäres Stadium ansieht. Comenius' Auffassung, dass der Mensch erst Mensch ist, wenn er gebildet ist, bedeutet, dass ein Kind in dieser Hinsicht mangelhaft erscheint. Diese Auffassung reicht in die heutige Zeit hinein.

Jean-Jacques Rousseau: die erste Pädagogik vom Kinde aus

Die veränderte Anthropologie, in der ein Kind zwar noch in der Entwicklung steht, Kindheit aber eine Lebensstufe mit einer besonderen Lebensqualität und damit auch Welterfahrung darstellt, die einzigartig und folglich auch unwiederholbar ist, tritt zum ersten Mal bei Jean-Jacques Rousseau auf. Er hegt sogar ein großes Misstrauen gegen Eltern und Zivilisation und ihre erzieherischen Einflüsse.

Erziehung als Wachsen-lassen

Rousseaus Erziehungsvorstellung folgt der Entwicklung der kindlichen Natur. Seine pädagogische Idee leitet eine *Erziehung des Wachsenlassens* ein, wie wir sie im Anschluss an ihn – hier greifen wir mehr als 100 Jahre vorweg – etwa bei Friedrich Fröbel (1782-1852) und später bei Maria Montessori finden. Rousseaus Konzept der „negativen" Erziehung will verdeutlichen, dass Kinder oft zu früh gefordert werden – gegen die inneren Bedingungen ihrer Entwicklung. Stattdessen soll ihnen die naturgemäße Entfaltung ihrer Anlagen ermöglicht werden. Sie sollen weder gezwungen werden, Dinge zu erlernen, die ihnen nicht gemäß sind, noch Chancen verpassen, die sie zu einer guten Entwicklung ihrer Anlagen führen.

Jean Jacques Rousseau wurde am 28. Juni 1712 in Genf geboren. Als er den von der Akademie von Dijon 1749 ausgeschriebenen Preis für die Abhandlung mit dem Thema „Hat die Wiederherstellung der Wissenschaften und Künste zur Reinigung der Sitten beigetragen?" gewann, wurde er auf einen Schlag als politischer Philosoph bekannt. In der Pädagogik gilt Rousseau als Verfechter der *natürlichen Erziehung*, die er in seinem Erziehungsroman „Emile oder Über die Erziehung" 1760 erläutert. Hier gilt der Satz: „Alles, was aus den Händen des Schöpfers kommt, ist gut; alles entartet unter den Händen des Menschen. Er zwingt einen Boden, die Erzeugnisse eines anderen zu züchten, einen Baum, die Früchte eines anderen zu tragen. Er vermischt und verwirrt Klima, Elemente und Jahreszeiten. Er verstümmelt seinen Hund, sein Pferd, seinen Sklaven. Er erschüttert alles, entstellt alles – er liebt die Missbildung, die Monstren. Nichts will er so, wie es die Natur gemacht hat, nicht einmal den Menschen. Er muß ihn dressieren wie ein Zirkuspferd. Er muß ihn seiner Methode anpassen und umbiegen wie einen Baum in seinem Garten. Ohne das wäre alles noch schlimmer, und unsere Gattung will nicht halb-geformt existieren" (Rousseau 1762/1963: 107). Sein bewegtes Leben, das er in seinen „Confessions" beschreibt, endet am 2. Juli 1778 in Ermenonville.

An diese Vorstellung einer entwicklungsabhängigen Erziehungskonzeption knüpft Fröbel an. Er entwickelte eine Erziehungsinstitution, die als „Kindergarten" weltberühmt geworden ist. Das Kind soll dort in seiner Individualität und Begabung mit Rücksicht auf seinen Entwicklungsstand gefördert werden, um eigene Talente zu entfalten.

Fröbels Kindergartenkonzept

Die Leitgedanken für Fröbels Pädagogik lassen sich in drei Thesen zusammenfassen:

- Der Mensch ist ein produktives, schöpferisches Wesen, das sich in Kontinuität entfaltet und entwickelt.
- Das Wesen des Menschen ist prinzipiell gut. (Das Kind wird nach Fröbel – wie schon bei Rousseau – ohne Sünde geboren und erst durch falsche Erziehung verdorben.)
- Ein unproduktiver, wenig reflektierter Mensch ist das Resultat einer falschen Erziehung.

Daraus kann man drei Forderungen an die Schule ableiten:
1. Erziehung und Unterricht haben die Produktivität des heranwachsenden Menschen zu bestätigen und weiterzuführen, denn Erziehung und Unterricht sollen das Innere jedes Kindes in einem persönlichen Werk äußerlich werden lassen. Talente, Fähigkeiten und Interessen müssen daher in angemessener Weise gefördert werden.
2. Unterricht ist immer erarbeitender, darstellender Unterricht, der vom Schüler ausgeht und ihn mit der Gesetzlichkeit des Seins konfrontiert.

> Das heißt, der Unterricht soll so gestaltet werden, dass dort Schüler eigenständig lernen; auch das Tempo und die Lernziele gehen vom Schüler aus – nicht vom Lehrer. Außerdem muss der Unterricht auf die spezifischen Lebensphasen abgestimmt werden.
> 3. Der Unterricht soll auch körperlich-manuelles Arbeiten mitberücksichtigen, denn Unterricht muss Arbeitstechniken mit einbeziehen.

Fröbels Idee des Kindergartens wurde besonders in den bürgerlichen Schichten schnell bekannt. Jedoch konnte die Gründung von Kindergärten erst nach 1860, als Fröbel nicht mehr lebte, verwirklicht werden, da das preußische Kultusministerium am 7. August 1851 die Kindergärten wegen angeblicher „destruktiver Tendenzen auf dem Gebiet der Religion und Politik" als „atheistisch und demagogisch" verbot.

3 Entwicklungstendenzen seit der Aufklärung

Historische Vorstellungen von Weltgeschichte

Geschichte als lineare Entwicklung ...

Wir müssen noch einmal in das Zeitalters Rousseaus zurückgehen: Das geschlossene Weltbild des Mittelalters änderte sich mit der Aufklärung.

Die Pädagogik der Aufklärung zeigt sich vor allem in der Vorstellung des gesellschaftlichen Fortschritts, die durch eine neue Geschichtsauffassung verursacht wurde. Geschichte wurde nun als linearer und teleologisch (zielgerichtet) gedachter Prozess verstanden. Wo vorher eine zirkuläre Vorstellung als (auf ein bestimmtes Ziel hinführend) Geschichtsverständnis herrschte, ein Weltbild, in dem die Menschheitsprobleme immer wieder neu, aber in gleicher Dramatik inszeniert werden (da Menschheitsprobleme in allen Zeiten immer die gleichen sind), entstand jetzt ein Fortschrittsgedanke, der von der Entwicklung des Menschengeschlechts hin zur Perfektionierung ausging. Diese Perfektionierung sollte sich auch in den einzelnen Lebensschicksalen widerspiegeln.

> *Zirkuläre* Vorstellungen von Weltgeschichte gehen davon aus, dass eine göttliche Prädetermination oder eine natürliche Disposition dafür verantwortlich ist, wie Menschen ihr Leben in der sozialen Gemeinschaft gestalten. Es verändert sich in den menschlichen Gemeinschaften und Konstellationen dabei im Grunde wenig, nur die historischen Umstände gestalten sich immer wieder neu.
> *Lineare* und *teleologische* Geschichtsprozesse werden besonders in der Sozialgeschichte verfolgt: Es geht dabei um Chronologien von Ereignissen und um eine Fortschrittsgeschichte sozialer Bedingungen – etwa dem Prozess der Verbesserung von Lebensverhältnissen.

Die pädagogischen Überlegungen wurden von der zweiten Vorstellung, dem Fortschritts- und *Perfektibilitätsdenkens* stark beeinflusst und der Erziehungsgedanke rückte damit mehr in den öffentlichen Diskurs.

... und Geschichte als Weg des Fortschritts

„Zu einer öffentlichen Aufgabe ersten Ranges wird die gesellschaftliche Erziehung erst mit der Aufklärung, also im Übergang von christlicher Mythologie zu wissenschaftlichem Rationalismus, der sich im 18. Jahrhundert ideologiekritisch und politisch artikuliert und erst auf diesem Wege die Erziehungstheorie zu bestimmen beginnt" (Oelkers 2001: 266).

Mit der Philosophie des Fortschritts ging auch die Abwertung der Vergangenheit einher. Besonders die Philanthropen stützten die von der Aufklärung entworfene pädagogische Zukunftsperspektive, die auf eine Verstands- und Vernunftsbildung setzte und auf Brauchbarkeit gerichtet war.

Dazu kam, dass Säkularisierungsprozesse eine wissenschaftliche Neuorientierung verlangten. Deshalb musste jetzt auf die Frage, auf wen, wenn nicht mehr auf Gott, sich der Mensch verlassen kann, eine Antwort gefunden werden. Sie lautete: auf seinen Verstand und die Gesetze der Natur.

Erziehung als Wissenschaft

Zu den profiliertesten Philanthropen, die diesen Prinzipien verpflichtet waren, gehörte Ernst Christian Trapp.

Ernst Christian Trapp, am 8. November 1745 in Drage bei Holstein geboren, besuchte das Gymnasium in Segeberg, wo er vom damals bekannten Pädagogen Martin Ehlers unterrichtet wurde, der ihm ein Stipendium für die Göttinger Universität verschaffte. Nach seinem Studium der Theologie wurde er 1769 Nachfolger Ehlers in Segeberg. Verschiedene Rektoratsämter folgten, bis er 1777 nach Dessau an das Philantropinum von Johann Bernhard Basedow kam. 1779 wurde Trapp auf den neu geschaffenen Lehrstuhl für Pädagogik und Philosophie in Halle berufen, der mit einem ebenfalls neu errichteten Erziehungsinstitut organisatorisch verbunden und ausschließlich für die Lehrerausbildung bestimmt war. 1780 erschien sein Hauptwerk „Versuch einer Pädagogik". Aber 1783 schon verließ er seinen Lehrstuhl, ging zuerst nach Hamburg und anschließend nach Wolfenbüttel zu Johann Heinrich Campe. Am 18. April 1818 starb er dort.

Schon früh suchte Trapp eine wissenschaftliche Begründung für die Lösung von Erziehungsfragen. Sein Erziehungsgedanke ist durch den philanthropischen Einfluss von Basedow und Campe geprägt. Dies wird spürbar in seinen Erziehungsleitlinien, die er während seiner Hallenser Amtszeit im Jahre 1780 veröffentlichte:

Wissenschaft Pädagogik

1. „Es gibt Anlagen in der menschlichen Natur, die sich von selbst nicht entwickeln, die aber, so bald sie gehörig entwickelt werden, die Menschen, sowohl einen jeden für sich, als alle, die mit einander in Gesellschaft leben, glücklicher machen, als sie sonst gewesen sein würden. Diese Entwicklung ist Erziehung." (Trapp 1964: 3)
2. „Erziehung ist Bildung des Menschen zur Glückseligkeit."
3. Wenn es wahr ist, daß auf dieses Leben ein anders, ein ewiges Leben folgt; und wird sich erlauben daran zu zweifeln? Wenn es ferner wahr ist, was ebenfalls jeder Vernünftige zugeben wird, daß wir in der Ewigkeit um desto glücklicher seyn werden, je ausgebildeter und vollkommener wir hier geworden sind: so kann kein Zweifel sein, daß wir der Erreichung der möglichsten Vollkommenheit in diesem Leben nachstreben müssen. Die gute Erziehung bringt uns auf den Weg zu dieser Vollkommenheit zu gelangen. Je besser sie ist, desto mehr nähert sie uns dem vorgesteckten Ziel, so vollendet aus dieser Welt zu gehen, als es eingeschränkten und schwachen Geschöpfen möglich ist." (Trapp 1964: 5)
4. „Aber das Wohl der Gesellschaft hängt nicht minder von ihr ab. Denn je mehr einzelne Mitglieder der Gesellschaft gut und glücklich sind, desto glücklicher ist die ganze Gesellschaft; und in je höherm Grade jene beides werden, desto mehr wächst das Wohl des Ganzen. Dis muß wahr sein, weil das Gegentheil ungereimt wäre. Keine Gesellschaft kann glücklich heissen, wovon nur die wenigsten Mitglieder glücklich sind. Ist dis aber wahr, so folgt daraus unmittelbar die Nothwendigkeit der Erziehung in Hinsicht des Wohls der menschlichen Gesellschaft." (Trapp 1964: 6)

Nach Oelkers (2002, o.S.) wird „Glückseligkeit" als

„stabile, individuelle und proportionale Form des Lebens verstanden. Sie wird durch die gute Erziehung hervorgebracht, die also deutlich kausal wirksam sein soll. Die Theorie [Trapps] impliziert drei bis heute populäre Elemente der Erziehungsreflexion, die sich allgemein so bestimmen lassen: 1. Erziehung ist eine singuläre und dauerhaft wirksame Kraft: Jeder Mensch hat nur eine Erziehung. 2. Gelingt die Erziehung, dann summiert sich an ihrem Ende eine positive Erfahrung zum Glück des Menschen. 3. Scheitert die Erziehung, dann ist sie die Ursache für das Unglück."

Elterliche Erziehung im Streit mit dem schulischen Einfluss

Nachdem sich die Pädagogik als wissenschaftliche Disziplin zu etablieren beginnt, wird Erziehung im Zusammenhang mit Fragen der Familien- und Schulerziehung systematisch behandelt.

Johann Friedrich Herbart: Unterricht, Regierung und Zucht

Johann Friedrich Herbart (1776-1841) wägt den erzieherischen Einfluss schulischer Institute gegen den der Eltern ab. 1810 hielt er einen Vortrag mit dem Titel „Über Erziehung unter öffentlicher Mitwirkung", in dem zu lesen ist, dass „der Weg von der Politik in die Pädagogik ein verkehrter Weg" (in: Benner 1986: 226) sei. Im Kapitel „von der häuslichen Erziehung" (Herbart 1835) betont er:

„Den Familien ... kann kein Fremder das ersetzen, was an dem Angehörigen fehlt ... Es ist also klar, dass immer die Erziehung wesentlich eine häusliche bleibt." (§ 334)

Dabei kritisiert er jede staatliche Einmischung und fordert, dass möglichst die gesamte Erziehung in die Familie zurückkehren müsse.

Herbart trägt in seinem Buch „Allgemeine Pädagogik" von 1806 und später in seinem gesamten pädagogischen Werk eine Dreiteilung vor: Die *Differenzierung zwischen Unterricht, Regierung und Zucht*. Unterricht versteht Herbart keineswegs nur als Aufgabe der Schule. Regierung zu verstehen, setzt die Beantwortung der Frage voraus: Wie muss Erziehung beschaffen sein, damit sich eine Individualität entwickeln kann? Das wichtigste Erziehungsziel ist die Selbstständigkeit:
Jeder Mensch soll mit seinem Tun die daraus resultierende Konsequenz voraussehen können. Dieses Erziehungsziel findet seinen Ausgang in der Regierung, wobei der Erziehende auf die Aktionsformen des Kindes zu achten habe.

Zentrales Erziehungsziel: Selbstständigkeit

In kindlichen Aktionsformen zeigt sich Spontaneität, eine Kraft, die es zu behüten, nicht zu behindern gilt. Ob sich Spontaneität, einmal gehemmt, wieder aufbauen lässt, darüber äußert sich Herbart sehr skeptisch: „Man erhalte dem Zögling die Kräfte, die er hat" mahnt er, denn „einen Menschen schaffen oder umschaffen kann der Erzieher nicht" (Herbart 1964: 139f.). Zucht bedeutet, dass jeder Menschen im Stande ist, die Konsequenzen seines Tuns vorauszusehen. Dazu gehört auch, die Folgen der eigenen Begierden, Absichten und Wünsche zu erkennen. Nur dann kann der Mensch die „innere Freiheit" erreichen, die den Grad der Selbstständigkeit darstellt, mit der mit den eigenen Wünschen sachlich umgegangen werden kann.

Spontaneität und Zucht

Für Erziehung sei die öffentliche Schule nur sehr bedingt geeignet. Sie kann zwar Wissen vermitteln und ein methodisch gut aufbereiteter Unterricht unter der Anleitung dafür ausgebildeter Lehrer ist zweifellos besser als häuslicher, väterlicher Unterricht. Da aber der Wert eines Menschen nicht im Wissen, sondern im „Wollen" liege (vgl. Herbart 1835: § 58), reiche ein wissensorientierter Unterricht nicht aus. Zudem könne die für Erziehung nötige pädagogische „Atmosphäre" in einer Schulklasse nur schwer zustande kommen. Deshalb sei die pädagogische Aufgabe der Familie nicht ersetzbar. Die menschliche Entwicklung bedarf einer pädagogischen Kontinuität und reflektierter Erziehung. Darum ergeben sich für die Eltern Aufgaben, die nicht auf Außenstehende delegiert werden können. Aber die Erziehungsmacht der Eltern stößt auch an ihre Grenzen, nicht allein die natürliche Elternschaft qualifiziert für die Erziehung, sondern die notwendigen Kenntnisse von Erziehungsmethoden, wie das folgende Zitat veranschaulicht:

Wissen allein genügt nicht

„Daran {erkennt man das Problem}, dass die Kunst des Erziehers einen Künstler fordert, nicht einen Staatsmann, nicht einen Gelehrten, nicht einmal das Gefühl eines Vaters. Widerspenstig gegen diese Forderung ist zwar nicht der Staat, nicht die Wissenschaft, nicht das Familienband; aber widerspenstig stemmt sich dagegen die Einbildung derjenigen Menschen, die da meinen, Erzieher zu sein, weil sie Väter sind oder Mütter" (in: Benner 1986: 228).

Friedrich Schleiermacher: Erziehung der Generationen

In Abgrenzung zu dem oben Gesagten hat Friedrich Schleiermacher (1768-1834) in seinen Vorlesungen argumentiert. 1810 wurde er Professor für Theologie an der Berliner Friedrich-Wilhelms-Universität und lehrte dort Pädagogik. Seine „Pädagogischen Vorlesungen" behandeln grundsätzliche Erziehungsfragen.

Für ihn stellt sich das Problem, für wen eine Erziehungstheorie entworfen werden sollte: für die Eltern oder für den Staat. Seine Antwort lehnt sich an Platons Staatslehre der *„Politeia"* an: Die Theorie der Erziehung fällt vor allem in die Politik.

Erziehungstheorie notwendig für Lehrer

Zwar erziehen die Eltern ihre Kinder, aber selten nach einer Theorie, sondern eher beiläufig. Um aber eine gute Gemeinschaft zu erhalten, muss die Erziehungstheorie auf diejenigen ausgedehnt werden, die den Eltern bei der Erziehung helfen – vor allem auf die Lehrer. Dabei muss besonders die Frage beantworten werden können, was die ältere Generation mit der jüngeren vorhat. Nach Schleiermacher ist es von jeder nachkommenden Generation abhängig, ob sich eine Gesellschaft nach „oben" weiter entwickelt oder nach „unten" abfällt. Eine Generation muss der darauf folgenden den Weg zeigen.

„Sagen wir, die Erziehung soll die heranwachsende Jugend so ausbilden, dass sie tüchtig ist und geeignet für den Staat, wie er eben ist, so würde dadurch nichts anderes geleistet werden als dieses, die Unvollkommenheit würde verewigt und durchaus keine Verbesserung herbeigeführt werden. Die ganze jüngere Generation würde mit ihrem Wesen und vollkommener Zustimmung in diese Unvollkommenheit eingehen, und wir wären wiederum in einem neuen Widerspruch. Unsere Theorie erscheint dann als ein Ausfluß der Theorie, nach der die freie menschliche Tätigkeit gehemmt wird; und es würde unserer Theorie diese Formel aufgeprägt sein: Damit die jüngere Generation zur Zufriedenheit mit dem Bestehenden hingeleitet werde, soll sie nie den Wunsch empfinden, die Unvollkommenheit zu verlassen.

Wollen wir das Entgegengesetzte annehmen und ausgehend von dem Bewusstsein der Unvollkommenheit sagen, das Ziel der Pädagogik sei, daß jede Generation nach vollendeter Erziehung den Trieb und das Geschick in sich habe, die Unvollkommenheit auf allen Punkten des gemeinsamen Lebens zu verbessern: dann kommen wir wieder in das Unbestimmte hinein, von dem fern zu bleiben unsere Aufgabe ist. Können wir die Erziehung auf das Bestehende richten und an dasselbige anknüpfen, so haben wir eine bestimmte Basis und Punkte zum Anknüpfen. Dazu kommt noch dieses, dass diese Formel vielerlei Gefährliches in sich schließt. Denn wenn man es darauf anlegt, die Jugend zu lauter Reformatoren zu erziehen: so steht das wieder in dem grellsten Widerspruch damit, dass sie selbsttätig in das Bestehende mit hineingezogen werden und vielleicht auf die gefährlichste Weise eingreifen [würde].

Wir müssen also beides miteinander vereinigen; und nur auf diese Weise können wir die richtige Auflösung finden. Das Erhalten und Verbessern scheint allerdings gegeneinander zu streiten; aber dieses ist doch nur der Fall wenn man beim toten Buchstaben stehen bleibt. (...)

So wollen wir also die Formel stellen: Die Erziehung soll so eingerichtet werden, dass beides in möglichster Zusammenstimmung sei, dass die Jugend tüchtig werde einzutreten in das, was sie vorfindet, aber auch tüchtig in die sich darbietenden Verbesserungen mit Kraft einzugehen. Je vollkommener beides geschieht, desto mehr verschwindet der Widerspruch" (Schleiermacher 1826/1957: 30).

Erziehungstheorien und ihr geschichtlicher Diskurs

Wann fängt für einen Menschen Erziehung an, fragt Schleiermacher. Seine Antwort:

Anfang ...

„Wenn das menschliche Leben anfängt, d.h. wenn es nicht mehr ein bloß animalisches ist, sondern durch Äußerung der Intelligenz als ein menschliches sich bekundet, dann fängt die Erziehung an; denn unsere Einwirkung soll ja ganz geistig sein" (Schleiermacher 1966: 14).

Wann hört Erziehung auf?

„Die eigentliche erziehende Einwirkung hat ein früheres Ende als die sittliche Einwirkung überhaupt" (Schleiermacher 1966: 15).

Dann nämlich, wenn der Mensch mündig ist. Volljährigkeit durch staatliche Bestimmung, aber mehr noch durch das Ende der pädagogischen Wirksamkeit, zeigt nach Schleiermacher den Zeitpunkt an, an dem die Erziehung aufhören soll. Sein Postulat ist heute, in einer Zeit der sich ständig wandelnden Kompetenzanforderungen an den einzelnen, ungewiss geworden.

... und Ende der Erziehung

Schleiermachers Pädagogik kann als Dreiteilung von *Behütung*, *Gegenwirkung* und *Unterstützung* zusammengefasst werden. Bei der Behandlung dieser drei unterschiedlichen pädagogischen „Einwirkungen" kann man erkennen, wie Schleiermacher diese mit einem an Rousseau angelehnten Entwicklungsschema verbindet, wenn er zwischen Kindheit, Knabenalter und Reifealter differenziert. Die drei Einwirkungsformen stellen sich auf jeder Altersstufe unterschiedlich dar und verlangen verschiedene erzieherische Methoden.

Dreifache Einwirkung der Erziehung

Erziehungstheorien zielen entweder in Richtung eines Menschenbildes des „Wachsenlassens" (Rousseau), des Führens (Herbart) oder des „Lebenhelfens". Schleichermacher vertritt die Auffassung des Helfens:

Erziehen als Helfen zum Leben

„Es ist alles aus dem Hauptgesichtspunkt zu betrachten, daß das Zusammenleben mit den Kindern gleichsam ein Leben-helfen sein soll, ein unterstützendes entwickelndes Zusammenleben, aus dem sich erst die Prämissen zu einer bestimmten Organisation absichtlicher Tätigkeit in einer zweiten Periode entwickeln müssen" (Schleiermacher 1966: 259).

4 Das Jahrhundert des Kindes: Die Reformpädagogik

Rousseaus negative Erziehung wird in einem neuen – durch die *darwinistische Evolutionstheorie* ergänzten – pädagogischen Blick aufgefasst. Die Rolle der Eltern sollte von der Empfängnisplanung an eine verantwortliche sein. Eine solche Konzeption von Kindheit hatte weit reichende Konsequenzen für die Erziehungsvorstellungen: Eltern werden zu Hütern der kommenden Generation. Die autoritäre Leitung wird abgelehnt und dagegen die Pflicht der Eltern betont, ihre Kinder zu unterstützen und zu umsorgen.

Das *kindliche Spiel* in seiner Funktion als Erziehungsmethode wurde erst im 19. Jahrhundert untersucht. Mit Fröbels Kindergarten und seinen im Labor entwickelten Spielmaterialien verbreitete sich bald ein pädagogisch wohldurchdachtes Konzept, das für das jeweilige Lebensalter des Kindes entwickelt wurde. Die in dieser Zeit geforderte *Erziehung vom Kinde aus* stellt immer den Gedanken der optimalen seelischen und körperlichen Entwicklung in den Mittelpunkt.

Der Kindheit insgesamt wird eine besondere Lebensqualität zuerkannt. Mit dieser Anerkennung entstand nach und nach die Annahme einer Eigenkompetenz und Besonderheit der verschiedenen Altersphasen, die seitdem in der Kinderpsychologie experimentell untersucht werden.

Die Bewegung vom Kinde aus

Die pädagogische Bewegung „vom Kinde aus" wird durch das Buch „Das Jahrhundert des Kindes" von Ellen Key (1849-1926) aus dem Jahr 1902 eingeleitet. Sie versteht die Kindheit als ein leicht verletzliches Gut, das man behüten muss.

„Wer vor die Aufgabe gestellt würde, mit einem Federmesser einen Urwald zu fällen, müßte vermutlich dieselbe Ohnmacht der Verzweiflung empfinden, die den Reformeiferer vor dem bestehenden Schulsystem ergreift – diesem undurchdringlichen Dickicht von Torheit, Vorurteilen und Mißgriffen, wo jeder Punkt sich zum Angriff eignet, aber jeder Angriff mit den zu Gebote stehenden Mitteln fruchtlos bleibt.

Der Schule der Jetztzeit ist etwas gelungen, das nach den Naturgesetzen unmöglich sein soll: die Vernichtung eines einmal vorhanden gewesenen Stoffes. Der Kenntnisdrang, die Selbsttätigkeit und die Beobachtungsgabe, die die Kinder dorthin mitbringen, sind nach Schluß der Schulzeit in der Regel verschwunden, ohne sich in Kenntnisse oder Interessen umgesetzt zu haben" (Key 1902/1992: 144).

Landerziehungsheime

Im ausgehenden 19. und beginnenden 20. Jahrhundert gab es eine Reihe von Pädagogen, die von einer „Schule des wahren Lebens" sprachen und diese in so genannten „Landerziehungsheimen" zu realisieren suchten: Hermann Lietz (1868-1919) (Schloss Bieberstein in der Rhön), Gustav Wyneken (1875-1964) Freie Schulgemeinde in Wickersdorf bei Jena, Paul Geheeb (1870-1961) in der Odenwaldschule, Kurt Hahn (1886-1974) (Salem am Bodensee) und Minna Specht (1879-1961) (Landerziehungsheim Walkemühle bei Melsungen). Auch hier wurde als Kontrast zur Großstadt naturverbunden erzogen. Das Ziel bestand darin, die Persönlichkeit zu fördern.

> Die Erfolge der reformpädagogischen Bewegung sind durch ihre kritische Auseinandersetzung mit der überkommenen bürgerlichen Kultur, Bildung und Erziehung des 19. Jahrhunderts zu verstehen. Den pädagogischen Ausgang bildet eine neue Orientierung *von Kinde aus*, „die im Gegensatz stand zu den bis dahin die Erziehung allein bestimmenden Forderungen und Maßstäben der Erwachsenen als Träger ihrer gesellschaftlichen Ordnung" (Lexikon der Pädagogik 1972: 397). Eine wichtige Rolle spielte dabei das Gemeinschaftsprinzip. „Die neue Vorstellung ... von Charaktererziehung, staatsbürgerl. Erziehung und Selbstverantwortung der Jugend resultierten aus dem Gemeinschaftsgedanken und aus den gesellschaftlich-polit. Zusammenhängen ebenso wie die von ihr entwickelten Modelle der Gruppenarbeit in allen Erziehungsbereichen" (ebd.: 398).

Noch auf eine andere Bewegung, die den Erziehungsauftrag bereits in ihrem Namen betont, ist in diesem Zusammenhang hinzuweisen: die Kunsterziehungsbewegung. Sie gehört in die gleiche Epoche pädagogisch engagierter Reformen. Ihr Initiator war Alfred Lichtwark (1852-1914), Direktor der Hamburger Kunsthalle. 1887 hielt er einen programmatischen schulkritischen Vortrag „Die Kunst in der Schule": Der Schwerpunkt unserer deutschen Bildung liege im bloßen Wissen, heißt es dort. Die meisten seien schlecht unterrichtete Barbaren, denn Gefühl, Empfindung, Charakter und auch ihr Körper und ihre Gesundheit würde vernachlässigt. Ohne Sinne und Gefühl gebe es jedoch keine Kunst und ohne Kunst keine wahre Bildung.

Die Kunsterziehungsbewegung

Georg Kerschensteiner (1854-1932) hat die Einführung manueller Arbeit, das „Werken", einschließlich der Materialkunde, in den Unterricht der allgemeinbildenden Schule gefordert. Er hat dies zunächst zeitbedingt Anfang des 20. Jahrhunderts mit dem Hinweis getan, dass der größere Teil der Schüler später Berufe mit manuellen Arbeitsprozessen ausüben würde und dafür grundlegende Handfertigkeiten sowie Fähigkeiten des Planens und Entwerfens benötigt.

Charakterformung durch die Arbeit: nach Kerschensteiner ...

Wegen seines Austausches mit John Dewey (1859-1952) betont er das pädagogische Konzept *„Learning by Doing"* und die Charakterformung durch die Arbeit. So betrachtet, ist Arbeit für Kerschensteiner zunächst nur ein Bildungsinhalt. Er erkennt aber bald, dass Arbeit außerdem als unentbehrliches Erziehungsmittel angesehen werden muss: Arbeitsprozesse zwingen zur Genauigkeit, Genauigkeit verlangt rechtzeitige und gründliche Planung, gute Planung setzt gute Kenntnisse voraus. Ein schlechtes Arbeitsergebnis braucht der Lehrer nicht zu kritisieren. Der Schüler selbst erkennt den Fehler und kann zurückverfolgen, wie dieser entstanden ist. Fehler zu machen, ist daher geradezu ein Idealfall von Erziehung, weil nicht personenvermittelt durch den Lehrer, sondern aus der Konfrontation mit dem eigenen Werk eine Selbsterziehung stattfindet. Deshalb ermahnt Kerschensteiner die Lehrer immer wieder, bei Planungen und Werkausführungen der Schüler nicht voreilig korrigierend einzugreifen, sondern die Schüler ihre Fehler ruhig selbst erleben zu lassen.

Die pädagogische Richtung der Arbeitsschule wird auch von Hugo Gaudig (1860-1923) vertreten. Seine Methode lautet: „Es gilt, den Schüler aus dem Passivum ins Aktivum zu übersetzen!" Das geschieht nach Gaudig, wenn Schüler zumindest Teile ihrer Schularbeiten selbstständig planen und auch ausführen können. Dafür muss der Schüler die Methoden geistigen Arbeitens kennen. Sind diese bekannt, geübt und in der Anwendung sicher geworden, dann kann sich der Unterricht tatsächlich dem Idealfall nähern, den Gaudig umschrieben hat, dass „die Tätigkeit des Lehrers gleich Null" ist. Gaudigs Methode der Unterrichtsgestaltung kann zugleich als Methode der Erziehung bezeichnet werden: Sie soll die Schüler zur Selbstständigkeit führen, so dass sie sicher und selbstverantwortlich zu handeln wissen.

... und nach Gaudig

Die Deutschen Bewegungen

Jugend erzieht sich selbst: die Jugendbewegung

Zum Ende des 19. Jahrhunderts entstanden verschiedene „*Deutsche Bewegungen*", wie Herman Nohl sie nannte: die Frauenbewegung, die Arbeiterbewegung, die Jugendbewegung und die Volksbildungsbewegung. Die „Wandervögel" (1896-1914/18) stellten einen Teil der Jugendbewegung dar. Eines der Motive der Wandervögel war ein romantisches „Zurück zur Natur": Wanderungen, Liederabend am Lagerfeuer, Volkslieder und Volkstänze gehörten dazu. Diese sozialromantische Haltung war bis zum Ende des Ersten Weltkriegs sowohl eine jugendpolitische Antwort auf Probleme, die die Industrialisierung und Urbanisierung mit sich brachten, als auch eine Haltung, die heute als Flucht vor dem realen gesellschaftlichen Leben gedeutet werden kann.

Später entstanden aus den „Wandervögeln" die Bündische Jugend und unter der NS-Herrschaft die stark anwachsende Hitlerjugend. In der ursprünglichen Wandervogelbewegung wollten sich Jugendgruppen selbst gewählte Aufgaben stellen, die Bewährung erforderten. Weil weder Familie noch Schule aufgrund des damaligen Wertewandels, des Bevölkerungswachstums und der dadurch einhergehenden Armut mit all ihren sozialen Folgen wirklich in der Lage schienen, den „normalen" Prozess ihres Erwachsenwerdens zu unterstützen, formulierte die Jugendbewegung verschiedene Ansprüche: Sie wollten jugendgemäße Gemeinschaften einrichten, damit sie sich als „Jugend selbst erzieht". Auch die Führungsaufgaben in diesen Gemeinschaften wurden von den Jugendlichen eigenständig übernommen nach dem Motto „Jugend wird durch Jugend geführt".

5 Erziehung nach 1933

Totale Erziehung im NS-Staat

Dem nationalsozialistischen Staat ging es um eine *totale Erziehung*. Innerhalb und außerhalb von Familie, Schule und Vereinen sollte die faschistische Unterweisung stattfinden. Das gesamte Alltagsleben war von Propaganda ausgefüllt, die als Erziehungsmittel für das Volk verstanden wurde. Die Schule selbst hatte den Auftrag, die nationalsozialistische Weltanschauung zu vertreten und zu vermitteln, um die Jugend zu „rassebewussten Volksgenossen" zu erziehen. Die gesamte ideologische Palette rassehygienischer und völkischer Grundsätze wurde in Schule und Erwachsenenbildung gelehrt, um ein bestimmtes pseudodarwinistisches und mythologisches Menschenbild zu verbreiten, das im Gegensatz zum humanistischen, christlichen, aufgeklärten Geist stand. *Aggressive rassenhygienische Theorien* von Wilhelm Schallmayer (1857-1919) – er gewann eine Preisschrift mit dem Titel „Vererbung und Auslese im Lebenslauf der Völker" (1903) – und die Ablehnung von so-

Erziehungstheorien und ihr geschichtlicher Diskurs

zialen Unterstützungsprogrammen, wie es Alfred Ploetz (1860-1940) in seinem auflagenstarken Buch „Die Tüchtigkeit unserer Rasse und der Schutz der Schwachen" (1895) forderte, hatten diese Ideologie schon Anfang des 20. Jahrhunderts mit vorbereitet und auch in wissenschaftlichen Kreisen etablieren können.

Im Gefolge der „rassenhygienischen" Ideologie wurde besonderer Wert auf Körperertüchtigung und Charakterformung in Hinblick auf Abhärtung gelegt. Es waren *soldatische Tugenden*, die erlernt werden sollten. Eine Wissenserziehung war dagegen zweitrangig. Die Vorstellung einer „Rassentüchtigkeit" führte zur *Enthumanisierung* des gesamten gesellschaftlichen Lebens: Jüdische Bürger, weltanschaulich kritische, politisch links stehende, behinderte, religiöse Menschen, Sinti und Roma sowie Homosexuelle wurden verfolgt und ermordet.

Körperertüchtigung und Rassenideologie

Die Selektion zog sich durch das gesamte Leben und trennte Schüler, Studenten, Arbeitnehmer und Gelehrte.

Ernst Krieck (1882-1947) war seit 1934 bis zum Ende des Krieges Professor an der Universität Heidelberg für Philosophie und Pädagogik. Er hatte schon zuvor eine nationalsozialistische Pädagogik geplant, die von einem faschistisch organisierten Gesellschaftsmodell ausging.

Nationalsozialistische Pädagogik nach 1933

Nach Krieck wird Erziehung als Gesamtheit der von der Gemeinschaft auf den Nachwuchs ausstrahlenden Wirkung verstanden. Die Erziehung übernimmt in seiner Theorie drei Reifefunktionen:

- Vermittlung von soldatischen Fertigkeiten und nationalsozialistisch relevantem Wissen,
- Charakterbildung als Voraussetzung für Funktionen in nationalsozialistischen Organen: SS (Schutzstaffel), SA (Sturmabteilung) oder DAF (Deutsche Arbeitsfront) und
- Übernahme des nationalsozialistischen Weltbildes.

Das Erziehungsziel ist die Einpassung in die Gemeinschaft von Volksgenossen. Kriecks Erziehungskonzept sieht keine intentional-absichtsvolle Erziehung vor, diese lehnt er sogar strikt ab, sondern erzogen werden soll funktional durch die Regeln und Pflichten des Gemeinschaftslebens.

Erziehung durch Gemeinschaftsleben

Seit Ende der Weimarer Zeit hat sich der pädagogische Bezug auf das Individuum, wie es noch in der Reformpädagogik angestrebt wurde, grundlegend geändert und einer *Pädagogik des Wir-Gefühls* Platz gemacht. Damit hat sich auch die konkrete Beziehung zwischen Erzieher und Erzogenem gelockert und wurde durch eine Betonung der Beziehung des Staats zur Gemeinschaft ersetzt. Individuelle Ziele wurden nun unterdrückt.

Die gesamte Erziehungswissenschaft wurde in die völkisch-politischen Programme eingebunden. Alfred Baeumler (1887-1968) unterstützte als Professor für Politische Pädagogik an der Berliner Universität die Vorstellung der völkischen Erziehung.

Völkische Erziehung

> Bei seiner Antrittsvorlesung im Sommersemester 1933 „Wider den undeutschen Geist" waren die meisten Studenten mit Hakenkreuzbanner erschienen und beteiligten sich später auf dem Opernplatz an der Bücherverbrennung. Reichsminister Alfred Rosenberg ernannte 1934 Baeumler zum „Amtsleiter des Amtes Wissenschaft des Beauftragten des Führers für die Überwachung der geistigen Schulung und Erziehung der NSDAP". Baeumler wurde gleichzeitig Herausgeber der Internationalen Zeitschrift für Erziehung und ab 1936 der Zeitschrift „Weltanschauung und Schule". Bald schon galten Ernst Krieck und Baeumler als die beiden tonangebenden Erziehungswissenschaftler des Nationalsozialismus.

Bäumlers Erziehungskonzepte waren angefüllt mit Nationalideologie, die richtungweisenden Charakter für die gesamte Erziehungswissenschaft der nationalsozialistischen Ära annahm. Die Grundsätze seiner Erziehung bestanden in Zucht (hier anders als bei Herbart als Drill zu verstehen), Unterwerfung und Reinlichkeit. Für die Nationalsozialisten war die Einbindung der Jugend in außerschulischen Organisationen wie der Hitlerjugend besonders wichtig, da sie hier durch den strategischen Einsatz erlebnispädagogischer Konzepte erfolgreich einen gefühlsmäßigen Zugang zu den jungen Menschen bekamen. Auch ließ sich in der Gemeinschaft leicht eine direkte ideologische Kontrolle des Geschehens erreichen und soldatische Erziehung realisieren.

> Die Hitlerjugend (HJ) wurde auf dem zweiten Reichsparteitag der NSDAP am 3. Juli 1926 gegründet. Nach einer Zeit der Bedeutungslosigkeit wuchs sie mit der Machtübernahme 1933 enorm: durch das „Gesetz über die Hitlerjugend" von 1936 und der Einführung der „Jugenddienstpflicht" war die Mitgliedschaft quasi ein Zwang. Die Zahlen belegen dies: 1939 hat die Hitlerjugend 8,7 Millionen Mitglieder.

Johanna Haarers harte Erziehung

Die *Kleinkindererziehung* wurde durch die Schriften von Johanna Haarer (1900-1988) erheblich geprägt. Erziehung wird bei ihr zu einer Technik, die Gefühle unbeachtet lassen soll. Teilweise sollen sogar elementare Bedürfnisse kleiner Kinder, wie die nach mütterlicher Zuwendung, nach emotionaler Wärme oder nach Stillen des Hungers, verweigert werden. Das Ziel dieser Erziehung soll sein, die Kinder schon früh auf die totale Einbindung in die NS-Gemeinschaft vorzubereiten:

„Machen wir uns klar, dass dieses Alter, in welchem unser Kind sich jetzt befindet, zwar verhältnismäßig wenig Raum bietet für eigentliche Erziehung, d.h. für die geistige, in bestimmter Richtung gelenkte Beeinflussung. Desto größer ist aber seine ... Bedeutung für die Ausbildung wirklich gesundheitsgemäßer und gemeinschaftsfähiger Lebensgewohnheiten, die uns später in der Schule und anderen Erziehungseinrichtungen bis hinauf zum Arbeitsdienst, ja zum Heer die Erziehungsarbeit in ungeahntem Maß erleichtern werden" (Haarer 1936: 82).

6 Umerziehung nach 1945

Nach dem Zweiten Weltkrieg wurde in Deutschland durch die alliierten Mächte in ihren Besatzungszonen ein jeweils unterschiedliches Umerziehungsprogramm eingeführt. Die amerikanische Bezeichnung war „reeducation", die Briten strebten dagegen schon bald eine „Reorientierung" an; für die Franzosen war es eine „*mission civilisatrice*"; in der sowjetischen Besatzungszone (SBZ) hieß es „*antifaschistisch-demokratische Umgestaltung*".

Reeducation und Reorientierung nach 1945

Kurzfristige Umerziehungsmaßnahmen, vor allem der erwachsenen Bevölkerung, sollten eine Weiterführung der nationalsozialistischen Ideologie verhindern. Hier wurden vor allem Filme zum Teil unter Anwesenheitspflicht vorgeführt sowie Radiosendungen und Artikel in Tageszeitungen eingesetzt. Es gab auch verpflichtende Appelle, wie das bekannte Beispiel der Besichtigung der Leichenberge im KZ Buchenwald durch die Einwohner der Stadt Weimar.

Eine langfristige Umerziehung war für die nachfolgende Generation in Schule und Studium gedacht und wurde von der Bildungspolitik der Besatzungszonen unterschiedlich gesteuert.

Die gemeinsamen Ziele der Alliierten bestanden in der Umgestaltung des deutschen Staates in eine friedliche, demokratische Gesellschaft, wie dies heute noch unverändert im Grundgesetz Art. 139 verankert ist. Allerdings verstanden die politisch Verantwortlichen in Ost und West etwas völlig Anderes unter den gleichen Begriffen.

Durch den weit reichenden Arm der stalinistischen Gewaltherrschaft wurden in der SBZ unter der Aufsicht des sowjetischen Geheimdienstes Internierungslager, die „Speziallager", eingerichtet, welche jedoch nicht nur der Inhaftierung von ehemaligen Nationalsozialisten dienten, sondern auch dazu, politische Gegner zu eliminieren. Im krassen Gegensatz zum Sinn von „reeducation" waren laut der Bundeszentrale für politische Bildung mehrere zehntausend Menschen im Laufe der fünf Jahre bis zur Auflösung der Lager inhaftiert, davon sind über Zehntausend dort zu Tode gekommen.

„Umerziehung" in der SBZ?

7 Fazit

Die Darstellung der Entwicklung der Erziehungstheorien durch die Jahrhunderte hat gezeigt, wie sehr die verschiedenen Theorien vom jeweiligen historischen Kontext und insbesondere der allgemeinen geistesgeschichtlichen Entwicklung abhängig sind. Im folgenden Kapitel wird nachzuverfolgen sein, wie stark das auch für die praxisgestaltenden Erziehungskonzeptionen gilt.

Wiederholungsfragen

1. Grenzen Sie den Begriff „Erziehung" von dem der „Bildung" ab!
2. Was bedeutet Erziehung für das pädagogische Verhältnis?
3. Gegen welche elterlichen Methoden haben Salzmann und Rousseau ihre pädagogischen Einwände formuliert?
4. Wie postuliert Thomas von Aquin den Erziehungsauftrag der Eltern?
5. Nennen und erläutern Sie die drei pädagogischen Leitgedanken Fröbels!
6. Nennen und diskutieren Sie die Erziehungsgedanken von Ernst Christian Trapp!
7. Wann fängt für Schleiermacher die Erziehung an und wann hört der Erziehungsauftrag der Eltern auf?
8. Was war das Besondere an der Erziehung in der Jugendbewegung?
9. Was versteht man unter „Reeducation" nach dem Zweiten Weltkrieg?

Reflexionsfragen

1. Comenius setzt Bildung für die Menschwerdung voraus. Das impliziert jedoch die Annahme eines defizitären Stadiums von Kindheit. Diskutieren Sie den Zusammenhang von Bildung und Entwicklung unter diesem Aspekt!
2. Erziehungstheorien sind dem historischen Wandel unterworfen. Welche Veränderungen sind Ihnen aufgefallen? Gibt es durchgehende historische Gemeinsamkeiten in der Auffassung von Erziehung?
3. Die nationalsozialistische Erziehung war als eine kollektive Volkserziehung gedacht. Warum verliert in einem solchen Konzept „Erziehung" ihr pädagogisches Fundament?
4. „Reeducation" verändert den Begriff der Erziehung und weist Erwachsene wieder in den Bereich der moralischen und politischen Unmündigkeit. Diskutieren Sie die Verknüpfung des demokratischen und pädagogischen Auftrags!

Empfehlungen zur weiteren Lektüre

Einen guten Überblick über das Wirken Rousseaus für die Pädagogik bietet:

Rang, Martin (1991): Jean Jacques Rousseau (1712-1778). In: Scheuerl, Hans (Hrsg.): Klassiker der Pädagogik I. München: Verlag C.H.Beck, S. 116-134.

Eine gute Einführung in die Pädagogik der Philanthropen mit wichtigen Ausführungen zu Basedow, Trapp und Salzmann findet sich in:

Hermann, Ulrich (1991): Die Pädagogik der Philanthropen: In: Scheuerl, Hans (Hrsg.): Klassiker der Pädagogik I. München: Verlag C.H. Beck, S. 135-155.

Einen kurzen, aber prägnanten Einblick in die Entwicklung der Erziehungstheorien bringt:

Oelkers, Jürgen (2001b): Theorien der Erziehung – Erziehung als historisches und aktuelles Problem. In: Roth, Leo (Hrsg.): Pädagogik. Handbuch für Studium und Praxis. München: Oldenbourg, S. 266-277.

Kapitel 7: Konzepte erzieherischen Handelns

1 Konzeptuelle Vorklärungen

Erziehender Unterricht und Familienerziehung

Die Schule nimmt hinsichtlich ihres Erziehungsauftrags eine von der Familie gesonderte Funktion an. So gilt im derzeitigen Sächsischen Schulgesetz im § 1 zwar ein „Erziehungs- und Bildungsauftrag der Schule", der sich jedoch vor allem auf das Recht der Schüler und Schülerinnen auf eine ihren „Fähigkeiten und Neigungen entsprechende Erziehung und Bildung ohne Rücksicht auf Herkunft und wirtschaftliche Lage" bezieht. Zur Umsetzung des Erziehungs- und Bildungsauftrags muss die Schule daher pädagogische Konzepte entwickeln und planen, mit denen der Unterricht gestaltet wird. Es handelt sich dabei eher um einen *erziehenden Unterricht*, weniger um eine direkte erzieherische Einwirkung auf die Persönlichkeit. Dieser Aspekt wird im anschließenden Kapitel 8 behandelt. Da es im Folgenden um verantwortliches erzieherisches Handeln geht, sind hier vor allem die Eltern gemeint.

Intentionale und funktionale Erziehung

Erziehung als Faktor in einem komplexen Gefüge

Bei der Verwendung des Erziehungsbegriffs muss zwischen einem intentionalen und einem funktionalen Aspekt unterschieden werden: *Intentionale Erziehung* orientiert sich an der Absicht des Erziehenden, also an seinen Erziehungszielen. *Funktionale Erziehung* bezeichnet die unbeabsichtigte Wirkung eines gegebenen sozialen und räumlichen Kontextes, in dem Erziehung stattfindet und kommt insofern dem Sozialisationsbegriff nahe (siehe Kapitel 9). Dieser Raum kann, muss aber keineswegs pädagogisch vorbereitet sein. Daher verlaufen alle pädagogisch wichtigen Vorgänge – auch wenn sie von keiner pädagogischen Intention ausgehen – in einem komplexen Gefüge ab. Dies bedingt, dass die Wirkung jedes Faktors von allen situativen Bedingungen abhängt und daher nicht mehr zu berechnen ist. Auch der absichtlich pädagogisch Wirkende – gleich, ob es sich dabei um Eltern oder Erzieher handelt – und dessen erzieherische Handlungen sind jeweils nur Faktoren unter vielen anderen, die nicht isoliert betrachtet werden können.

Im Verständnis der intentionalen Erziehung ist der Erzieher ein wesentlicher und aktiver Faktor. Er muss dabei den pädagogischen Rahmen so vorbereiten, dass zumindest von einer Konstanz sowohl in der Konzeption wie in der zeitlichen Dauer der pädagogischen Einwirkung ausgegangen werden kann – obwohl der erzieherische Effekt nicht genau kalkulierbar ist. Dabei soll die pädagogische Intention, aber auch die funktionale Wirkung vorausschauend mitgedacht werden.

Daraus folgt, dass eine ausschließlich von der absichtlichen Handlung ausgehende Erziehung nicht der pädagogischen Wirklichkeit entspricht. Vielmehr bringt der Kontext eine eigene Dynamik in die Erziehung hinein.

2 Erziehungsstilforschung

Das Erziehungsverhalten der Eltern ist von einer Anzahl von Kontextbedingungen abhängig. Diese Bedingungen sind außer der Milieuzugehörigkeit auch das Geschlecht des Kindes, die Stellung in der Geschwisterreihe, religiöse wie politische Einstellungen der Eltern, beengte bzw. geräumige Wohnverhältnisse und schließlich, wenngleich dies sehr schwer zu erfassen ist, auch die Persönlichkeit von Vater und Mutter. Durch die Persönlichkeit bedingt wird ein bestimmter Erziehungsstil bevorzugt. In der Intelligenz- und Kreativitätsforschung (vgl. Gardner 1999) konnte gezeigt werden, dass der Erziehungsstil der Eltern nicht nur die emotionale, sondern auch die kognitive Entwicklung des Kindes beeinflusst.

Bedingungsfaktoren von Erziehung

Kurt Lewin (1890-1947) führte in den 1940er Jahren verschiedene Experimente durch, um die Unterrichtsstile von Lehrern zu typologisieren. Die Ergebnisse zeigten eine grundsätzliche Verschiedenheit in der Führung, abhängig vom autoritären bzw. dem demokratisch-kooperativen Erziehungsstil. Zudem fand er bei einer großen Gruppe von Lehrern, dass sich ihr nachlässiger Laissez-faire-Stil nicht zwischen diesen Polen einordnen ließ.

Führungs- und Erziehungsstile nach Lewin ...

> *Kurt Lewin* wurde am 9. September 1890 in Mogilno (Posen) geboren und starb am 12. Februar 1947 in Newtonville (Massachusetts). Nach 1909 studierte er zuerst in Freiburg Medizin, später setzte er sein Studium in München fort. Er lehrte nach seiner Promotion am Psychologischen Institut der Universität Berlin von 1921 bis 1932, wo er auch in Psychologie habilitiert wurde. 1933 emigrierte er in die USA. Er war dort an verschiedenen Universitäten als Professor tätig, bekam dann aber den Lehrstuhl für Kinderpsychologie an der *„Child Welfare Research Station"* der State University of Iowa. Zum Ende seines Lebens war er Direktor des *„Research Center for Group Dynamics"* am Massachusetts Institute of Technology.

Das Forscherehepaar Anne-Marie und Reinhard Tausch strukturierte 1965 den *Erziehungsstil von Lehrern* auf zwei Dimensionen. Die eine Dimension besteht in der *Lenkung und Kontrolle*, die andere in *herzlicher Wertschät-*

... und nach Tausch/Tausch

Erziehungsstile nach Klaus Hurrelmann

zung versus kühler Geringschätzung. Tausch und Tausch fanden heraus, dass, wenn Lehrer und Lehrerinnen Schülern emotional zugewandt sind, diese Schüler weniger ängstlich und stärker motiviert sind, Leistung zu zeigen. Das hat wiederum eine positive Auswirkung auf das Klassenklima und steigert zudem die Kooperationsbereitschaft der Schüler.

Klaus Hurrelmann (2002: 156ff.) diskutiert die Erziehungsstile unter dem Aspekt von Chancen bzw. Gefahren für die Persönlichkeitsentwicklung des Kindes innerhalb der Familie. So sind besonders die Ausbildung der Selbstständigkeit, der Lernmotivation, der sozial-emotionalen sowie der Kommunikationskompetenz Resultate bestimmter *elterlicher Erziehungsstile*.

„Unter Erziehungsstilen werden die beobachtbaren und verhältnismäßig überdauernden tatsächlichen Praktiken der Eltern verstanden, mit ihren Kindern umzugehen. In das Verhalten geht ein ‚Erziehungswissen' ein, nämlich Informationen und Kenntnisse über die Entwicklung der kindlichen Persönlichkeit und die Möglichkeiten und Grenzen der Beeinflussung von Einstellungen und Verhalten des Kindes durch eigenen Aktivitäten" (Hurrelmann 2002: 157).

Hurrelmann ordnet die Erziehungsstile – ähnlich wie Tausch und Tausch – auf zwei Dimensionen an: Die erste reicht auf einer Skala der *Berücksichtigung kindlicher Bedürfnisse* von niedrig bis hoch, auf der zweiten Skala *Einsatz elterlicher Autorität* ebenso von niedrig bis hoch.

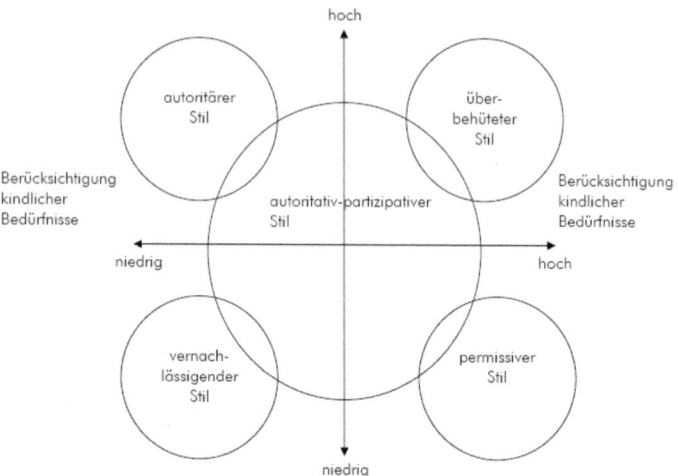

Abb. aus: Hurrelmann 2002: 161

Konzepte erzieherischen Handelns

1. Der Erziehungsstil, der auf beiden Dimensionen ausgewogen ist, wird als *partizipativer Erziehungsstil* bezeichnet. Nach Hurrelmann würde dieser zwar von den meisten Eltern angestrebt, aber aufgrund fehlender pädagogischer Vorbilder und mangelnder Vorstellung, wie dieser umzusetzen sei, in der Realität von Eltern selten ausgeführt. Die partizipative Erziehung erfordert zudem eine harmonische Beziehungsform zwischen Eltern und Kindern, die Mitgefühl, das Hineinversetzen in die Motive der anderen, aber auch eine interessierte Distanz, d.h. die Bewahrung der Intimsphäre des anderen, berücksichtigt. Dies impliziert eine klare respektvolle Grenzsetzung sowie auch eindeutige Sanktionen, wenn Vereinbarungen nicht eingehalten werden. Offenheit, Aufrichtigkeit, gegenseitige Achtung und Rücksichtnahme sind Grundbedingungen in diesem Erziehungsstil. Kinder suchen gemeinsam mit den Eltern Kompromisse, wenn Bedürfnisse und Vorstellungen unvereinbar sind. Insgesamt ist diese Erziehung gekennzeichnet durch ein transparentes Regelsystem, dessen Gestaltung in Absprache miteinander aufgestellt wurde.

2. Wenn Eltern auf ihre Autorität pochen, aber gleichzeitig die kindlichen Bedürfnisse kaum berücksichtigen, dann nennt man das einen *autoritären Erziehungsstil*. Dieser ist gekennzeichnet durch die generelle Neigung der Eltern, ohne Mitsprache der Kinder, strenge Regeln aufzustellen, deren Einhaltung zu kontrollieren und Sanktionen dann zu verhängen, wenn die Kinder gegen sie verstoßen. Deren unerwünschtes Verhalten wird konsequent bestraft. Dabei spielen ihre Bedürfnisse eine geringe Rolle, es kommt oft sogar zu körperlichen Züchtigung und anderen strengen Strafen.

3. Ist die Autorität der Eltern gering, ihre Bereitschaft jedoch hoch, sich ständig nach den kindlichen Bedürfnissen auszurichten, bezeichnet Hurrelmann dies als einen *permissiven* (erlaubenden) *Erziehungsstil*. Eltern akzeptieren und lieben ihre Kinder zwar, jedoch kontrollieren sie weder deren Verhalten, noch fordern sie die Einhaltung von Regeln und Leistung. Ihr unachtsames, störendes oder gar destruktives Verhalten wird meist verharmlost. Die fehlende Korrektur führt dazu, dass die Kinder nur geringe soziale Kompetenzen und nur wenig Empathie für die Bedürfnisse anderer ausbilden. Sie neigen dazu, Verantwortung im Bereich des sozialen Miteinanders genauso wie Verantwortung für sich selbst abzugeben.

4. Fehlt Eltern sowohl die Autorität als auch ein liebevolles Interesse an ihren Kindern, haben wir es mit einem *vernachlässigenden Erziehungsstil* zu tun. Sie schenken ihrem Kind kaum Beachtung. Weder gehen sie auf dessen Belange noch auf sein Verhalten ein. Die Beziehung der Eltern zu ihren Kindern ist kühl und zurückweisend, aber auch wenig kontrollierend. Die Kinder erleben weder Anteilnahme noch Kontrolle, sie erleben keine emotionale Bindung, lernen kaum soziale Kompetenz oder gegenseitige Verantwortung im Elternhaus kennen.

5. Sind Eltern sehr autoritär und zudem auch übersteigert auf die kindlichen Bedürfnisse ausgerichtet, liegt hier eine *überbehütende Erziehung* vor. Sie lassen das Kind keinen Schritt unbeobachtet. Ständig sind die Eltern in Sorge und versuchen, ihr Kind vor Gefahren zu bewahren. Dadurch lernt das Kind in zweifacher Weise Negatives: Zum einen bleibt es ängstlich, unselbstständig und abhängig von seinen Eltern, zum anderen wird es gleichzeitig von ihnen so erhöht, dass es selbst keine realistische Einschätzung seiner Leistungen erfährt. Es hat daher einerseits größte Minderwertigkeitskomplexe, da es keiner großen Herausforderungen gewachsen ist und anderseits überschätzt es die eigenen Fähigkeiten, die von seinen Eltern fälschlicher Weise hoch gelobt werden.

Für Hurrelmann ist eine optimale Erziehung dann gegeben, wenn das „magische Zieldreieck" (vgl. Hurrelmann 2002: 164) mit seinen drei Eckpunkten *Anerkennung, Anregung* und *Anleitung* Berücksichtigung findet. Sein partizipatorisches Erziehungsmodell erweist sich dabei als ein sinnvolles Konzept: Er versteht emotionale Zuwendung und Akzeptanz des Kindes, angemessene Forderung und Förderung je nach kindlichem Entwicklungsstand und klare Vereinbarungen und Umgangsformen als wichtige Voraussetzungen für eine gute Erziehung.

Ermutigung als Entwicklungsvorteil

Leistungsanforderung und Problemlösestrategien

Die unterschiedlichen Erziehungsstile haben je andere Auswirkungen auf die kognitive Entwicklung der Heranwachsenden sowie auf die Ausbildung ihrer Leistungsmotivation und Problemlösestrategien. Lern- und Leistungsmotivation werden als Voraussetzung dafür gesehen, dass die Schulkarriere gelingt, andererseits sind sie jedoch auch das Resultat von erfolgreichen Lernverläufen.

Die verschiedenen Erfahrungen, die Kinder in die Schule von zu Hause mitbringen, müssen in der Schule berücksichtigt werden. Optimal sei es, wenn Lehrer und Lehrerinnen dem Kind Selbstbewusstsein über seine intellektuellen Leistungen vermitteln und ihnen schulische Aufgaben so stellen, dass sie nach dem Prinzip der optimalen Passung des Motivationspsychologen Heinz Heckhausen einen mittleren Schwierigkeitsgrad besitzen. Damit ist genau der Grad von Anforderung gemeint, der die Leistungsmotivation anregt, ohne zu unter- oder zu überfordern.

Wert der Ermutigung

Eltern, aber auch Lehrer, müssten dazu einerseits mit den Kriterien eines mittleren Schwierigkeitsgrades bei Leistungsanforderungen und außerdem mit angemessenen Formen so genannter Ermutigung vertraut sein. Sicherlich sind ermutigende Reaktionen der sozialen Umwelt (besonders in der frühen Kindheit) auf Erfolg und Misserfolg für die Persönlichkeitsbildung entscheidend.

Schon Alfred Adler (1870-1937) sieht in der Ermutigung das wichtigste Mittel der Erziehung.

„Viele Lehrer befleißigen sich der Praxis, Kinder, die ihrer Meinung nach nicht genug Ehrgeiz an den Tag legen, sehr streng zu behandeln oder ihnen schlechte Noten zu geben, um auf diese Weise ihren schlummernden Ehrgeiz zu wecken. Wenn die Kinder noch einen Rest von Mut besitzen, ist diese Erziehungsmethode bisweilen von Erfolg gekrönt. Allerdings ist sie nicht zur allgemeinen Verwendung zu empfehlen. Kinder, die in ihren Lernleistungen bereits nahe an die Gefahrengrenze gelangt sind, werden durch eine solche Behandlung in vollständige Verwirrung und in einen Zustand augenfälliger Dummheit und Dumpfheit getrieben. Auf der anderen Seite waren wir häufig verblüfft über die unerwartete Intelligenz und Tüchtigkeit, die Kinder zum Vorschein brachten, wenn ihnen Güte, Aufmerksamkeit und Verständnis entgegengebracht wurden" (Adler 1994: 32).

Auch der Individualpsychologe und Pädagoge Rudolf Dreikurs (1897-1872) schließt sich dem an, wenn er der elterlichen Liebe die Kraft der Ermutigung zu Selbstständigkeit zutraut. Entmutigung, d.h. ständige Kritik, dagegen sei ein ungeeignetes Erziehungsmittel (Dreikurs 2001: 63).

Konzepte erzieherischen Handelns

Dies ist auch in der Überbehütung (*over-protection*) zu sehen, wenn Eltern ihre Kinder im Zustand der Hilflosigkeit und Abhängigkeit festhalten. Denn Überbehütung heißt immer auch Fremdbestimmung: Ein anderer meint besser zu wissen, was für das Kind oder den Jugendlichen gut ist. Dadurch entwickelt derjenige eine passive Lebenshaltung oder einen Widerwillen gegen die eigene Leistungsfähigkeit. Das führt zu noch mehr Kontrolle durch die Eltern und daraus ergibt sich ein regelrechter Teufelskreis der Entmutigung.

Überbehütung

Das Gewaltproblem

Das Thema „Erziehung" gewinnt in den Medien mehr und mehr an Popularität. Wie kommt es zur plötzlichen Nachfrage nach Erziehungsratschlägen? Eine Antwort könnte sein, dass im November 2000 das Recht des Kindes auf gewaltfreie Erziehung in der Neufassung des §1631, Abs. 2 BGB verankert wurde. Diese Gesetzesnovellierung erfolgte zehn Jahre nach Annahme der Kinderrechtskonvention von der UN-Generalversammlung im November 1989. Der Text im BGB lautet folgendermaßen:

Das Recht auf gewaltfreie Erziehung § 1631

„Kinder haben ein Recht auf gewaltfreie Erziehung. Körperliche Bestrafungen, seelische Verletzungen und andere entwürdigende Maßnahmen sind unzulässig."

Heute ist in Deutschland jede körperliche oder seelische Gewalt, die die Form einer Bestrafung oder der Willkür annimmt, als Erziehungsmittel unzulässig.

Eltern sollen im Falle einer Zuwiderhandlung vor allem erst einmal sozialpädagogische, familientherapeutische oder erzieherische Maßnahmen erfahren. Das Recht auf gewaltfreie Erziehung gilt daher in seinem Grundsatz als ein appellierendes Recht. Es verzichtet zunächst auf Strafmaßnahmen, intendiert vielmehr eine klare Neuorientierung der Eltern in Erziehungsfragen, um sie gegen die Anwendung von Gewalt zu sensibilisieren.

Das Bundesministerium für Familie, Senioren, Frauen und Jugend (BMFSFJ) und das Bundesministerium der Justiz (BMJ) haben Ende 2001 eine repräsentative Studie mit dem Titel „Gewaltfreie Erziehung" in Auftrag gegeben (Bussmann 2003), um die ersten Auswirkungen des neuen Gesetzes zu überprüfen.

Studien zu gewaltbelasteter Erziehung

Die Auswirkung gewaltsamer Erziehung auf die Entwicklung der Kinder und Jugendlichen wird als sehr negativ bewertet: Schwere psychosoziale Auffälligkeiten, antisoziales, empathieloses und aggressives Verhalten, Lernen am Gewaltmodell, körperliche und seelische schwere Verletzung u.a. seien die Folgen. Die Studie kann zeigen, dass im Vergleich zu 1996 die schwere familiäre Gewalt – trotz der immer noch hohen Zahl – in den Familien deutlich zurückgegangen ist. Dies kann auf den allgemeinen Wertewandel und das neue Leitbild einer gewaltfreien Erziehung zurückgeführt werden. Doch ungeachtet des neuen Leitbilds fühlen sich Eltern oft nicht in der

Lage, ihre Kinder zu erziehen. Besonders jetzt, nachdem Gewalt unter Strafe steht, so die Bussmann-Studie, sei ihnen bewusst geworden, dass ein solches Erziehungsmittel nicht mehr angemessen ist. Ein anderes haben sie aber nicht kennen gelernt. Aus diesem Grund ist allerorts der Beratungsbedarf an Erziehungsfragen stark angestiegen.

3 Das Erbe der 1968er: repressionsarme/antiautoritäre Erziehung

Konzepte der antiautoritären Erziehung

> Mitte der 1960er Jahre stieg das Interesse an Lösungen von Erziehungsproblemen. In diesem Klima fand die *antiautoritäre Erziehung* Aufmerksamkeit. In deren pädagogischem Ansatz hat man sich mit solchen Erziehungsfragen auseinandergesetzt, die von den bisherigen Erziehungstheorien kaum behandelt wurden. Die Fragen betrafen die persönliche Integrität und Kritikfähigkeit am System Staat und seinen Instanzen. Dieses Interesse kann im Zusammenhang mit der damals begonnenen Aufarbeitung der nationalsozialistischen Herrschaft und des II. Weltkriegs verstanden werden. Der Verdacht, dass eine autoritätshörige deutsche Gesellschaft zu wenige kritische und gegen Bevormundung resistente Individuen hervorgebracht hat, weckte den Wunsch vieler nach neuartigen Erziehungsmethoden. Sie sollten früh in der Kindheit einsetzen, um Menschen zu formen, die den Versuchungen der Anpassung, Denunziation und Unmenschlichkeit Widerstand zu leisten im Stande seien. Hierin muss die Besonderheit der antiautoritären Erziehung gesehen werden, wenn man diesen Wunsch als entscheidend für die Befreiung der Gesellschaft interpretiert.

Die antiautoritäre Erziehung verstand sich als antireaktionär. Man wollte in ihrem Sinne eine tolerante und denkfähige Gesellschaft schaffen, in der sich der Einzelne herausheben und Eigenverantwortung für politische Entscheidungen tragen kann.

Erziehung zur Mündigkeit

Die Wurzeln dieses Konzepts waren vielschichtig: Zuerst wurde die *Kritische Theorie* rezipiert (siehe Erklärung im Kapitel 4), vor allem Schriften des Soziologischen Instituts in Frankfurt am Main, der späteren *Frankfurter Schule*, und die Vorträge über die „Erziehung zur Mündigkeit" (1970) von Theodor W. Adorno (1903-1969). Die Rezeption von Adornos „Studie zum autoritären Charakter" (1973) hatte gezeigt, wie autoritäre Erziehung in der heranwachsenden Generation angepasstes Verhalten produziert.

„Die Art, in der man – psychologisch gesprochen – zu einem autonomen, also mündigen Menschen wird, ist nicht einfach das Aufmucken gegen jede Art von Autorität. Empirische Untersuchungen in Amerika, wie sie meine verstorbene Kollegin Else Frenkel-Brunswik durchgeführt hat, haben gerade das Gegenteil gezeigt, nämlich daß sogenannte brave Kinder als Erwachsene eher zu autonomen und opponierenden Menschen geworden sind als refraktäre Kinder, die dann als Erwachsene sofort mit ihren Lehrern am Biertisch sich versammelt und die gleichen Reden geschwungen haben. Der Prozeß ist doch der, daß Kinder – Freud hat das als normale Entwicklung bezeichnet – im allgemeinen mit einer Vaterfigur, also mit einer Autorität sich identifizieren, sie verinnerlichen, sie sich zu eigen machen, und dann in einem sehr schmerzhaften und nie ohne Narben gelingenden Prozeß erfahren, daß der Vater, die Vaterfigur dem Ich-Ideal, das sie von ihm gelernt haben, nicht entspricht, dadurch sich davon ablösen und erst auf diese Weise überhaupt zum mündigen Menschen werden" (Adorno 1970: 147).

Im Hintergrund des neuen Erziehungsideals standen aber auch psychoanalytische Konzepte, vor allem von Sigmund Freud (1856-1939), nach denen bereits im frühkindlichen Alter und unter den Einwirkungen der Eltern Konflikte auf die Kinder übertragen würden und zu neurotischen Störungen führten. Die Unterdrückung der frühen kindlichen Sexualität und der Widerspruch zwischen Trieb und Moral werden in den Schriften des Psychoanalytikers Wilhelm Reichs (1897-1957) zusätzlich als Ursache für Komplexe und Neurosen aufgedeckt. Nach seiner Meinung werde das Ich durch ein zu repressives Über-Ich und durch ein kraftloses Es geschwächt.

Abschied von der „patriarchalischen" Erziehung

In den ersten konkreten Konzepten, die sich gegen eine als „konservativ-patriarchalisch" bezeichnete Erziehung gewendet haben (etwa Horkheimer/Fromm/Markus 1987), wird argumentiert, dass die bürgerliche Familienvorstellung einen normativen, repressiven und autoritären Erziehungsstil impliziere. Die alten Verhältnisse, die zur Unterdrückung von Frauen und Kinder führten, dürften nicht beibehalten werden. Auch die Traditionsgebundenheit und die konservativen Werte, die Normen und die Moralvorstellungen, die sich aus ihr ableiteten, sollten aufgegeben werden. Pflichtbewusstsein, Disziplin und Gehorsam dürften keine erstrebenswerten Erziehungsziele in einer demokratischen Gesellschaft mehr sein.

Abschied vom bürgerlichen Familienideal?

Summerhill

Um diese Ziele zu verwirklichen, wollte man früh im Kindesalter ansetzen. In dieser Atmosphäre entstand beispielsweise die *Kinderladenbewegung* in Berlin. Kinderläden sollten eine Basis für den Erwerb des kollektiven und kämpferischen Verhaltens sein. Im Gegensatz zur autoritären, normativen Erziehung sollten in der antiautoritären, emanzipatorischen Erziehungsatmosphäre Kinder heranwachsen, die *Mut zum Ungehorsam* entwickeln. Die pädagogisch vorbildliche Leitfigur war Alexander S. Neill (1883-1973). Seine Schule „Summerhill" in England gilt auch heute noch als pädagogisches Modell für eine freie Erziehung.

Mut zum Ungehorsam

"Glück und Wohlergehen des Kindes hängen vom Grad unserer Liebe und unserer Anerkennung ab. Wir müssen auf der Seite des Kindes sein. Und das heißt, dem Kind Liebe zu geben – keine besitzergreifende Liebe, keine sentimentale Liebe, sondern sich so zu verhalten, daß das Kind sich geliebt und anerkannt fühlt.
   Man kann das. Ich kenne viele Eltern, die auf der Seite des Kindes stehen, die keine Gegenleistung verlangen und deshalb eine Menge bekommen. Sie erkennen, daß Kinder keine kleinen Erwachsenen sind. (…)
   Die Eltern meiner Schüler, die zu ihren Kindern die richtige Einstellung haben, fragen nie, welche Fortschritte die Kinder machen. Sie überzeugen sich selbst. Eltern mit falscher Einstellung fragen dagegen immer wieder ungeduldig: Kann er schon lesen? Wann wird er endlich ordentlich werden? Nimmt sie auch am Unterricht teil?
   Es hängt alles vom Vertrauen zu den Kindern ab. Einige Eltern haben dieses Vertrauen, den meisten fehlt es. Und wenn es fehlt, dann fühlen das die Kinder. Sie fühlen, daß die elterliche Liebe nicht sehr groß sein kann, sonst würde man ihnen mehr vertrauen" (Neill 1969: 125).

Neill selbst hat sich immer gegen den Begriff „antiautoritäre" Pädagogik gewandt, der ihm durch den Rowohlt Verlag in den Titel seines Buchs geschrieben wurde.

„Es ist der Titel des Verlags, nicht der meine. Verschiedene junge Deutsche versuchen, das Buch in ihrem Kampf für Kommunismus oder Sozialdemokratie oder was auch immer zu verwenden. Ich sage Ihnen, daß das Buch nichts mit Politik zu tun hat" (Neill 1973: 246).

Alexander Sutherland Neill wurde am 17. Oktober 1883 in Forfar (Schottland) geboren und starb am 23. September 1973 in Aldeburgh (Suffolk). Neill wird in Deutschland mit dem Konzept der antiautoritären Erziehung ursächlich in Verbindung gebracht. Er studierte von 1908 bis 1912 in Edinburgh, war zuerst Journalist, gründete dann die internationale Schule in Hellerau bei Dresden, die er jedoch nur von 1921 bis 1924 betreiben konnte. Dort hatte er die ersten Prinzipien eines freien Unterrichts umgesetzt: *„self-government"*, die Teilnahme am Unterricht stand jedem Schüler frei, es gab kein Klassensystem und er führte *„private lessons"* ein. Ende 1924 ging Neill nach England zurück und mietete ein Haus in der Grafschaft Dorset, das auf dem „Summerhill" lag. Die Schule spezialisierte sich auf Problemkinder. Einige Jahre später zog er mit seiner Schule nach Leiston an die englische Ostküste. Dort führte er seine pädagogischen Prinzipien fort: kein Lernzwang, keine Strafen, sondern Freiwilligkeit und Eigenverantwortung sollten den Lernprozess begleiten.

Psychoanalytische Pädagogik

Psychoanalyse und Erziehung

Die Erziehungstheorien wurden nach Summerhill besonders deutlich durch die Psychoanalyse beeinflusst. Die Psychoanalytische Pädagogik entwickelte sich und wurde an vielen Lehrstühlen in bundesdeutschen Universitäten gelehrt. Zwei Ansätze aus der Psychoanalyse sind für die Pädagogik nach 1970 besonders prägend gewesen. Sie stehen jedoch zueinander in einem deutlichen Widerspruch. Die erste unterstreicht die *große positive Bedeutung der Erziehung*. Dagegen werden von der zweiten deutliche *Vorwürfe gegen Erziehung* erhoben:

I. Zur ersten Position, der Bedeutung der Erziehung für das psychoanalytische Konzept: Bedeutend zum Ersten ist die Betrachtung des *psychischen Apparats*, der von Freud unterteilt wurde in Es, Ich und Über-Ich. Die Entwicklung dieser Instanzen ist mit den Stadien der kindlichen und psychosexuellen Entwicklung verknüpft. Es wird davon ausgegangen, dass alles Verhalten physische und psychische Energie benötigt, um aktiviert zu werden. Dabei sind die Triebe angeborene Quellen der Energie.

Psychoanalytische Theorien zur frühkindlichen Entwicklung

Das *Es*, aus dem diese Triebe resultieren, ist angeboren. Es befindet sich in der Entwicklung eines Menschen primär im Unbewussten und drängt von da aus auf unbedingte und sofortige Befriedigung des Hungers, Durstes, der Wärme und Elternliebe. Schmerz und Gefühlsspannung bringen das Kind in verzweifelte Gefühle der Macht- und Hilflosigkeit. Es reagiert nach dem *Lustprinzip*, da es danach strebt, diese unangenehmen Gefühle zu beseitigen und seine Wünsche zu befriedigen, indem es etwa schreit, bis die Mutter kommt und es tröstet. Das heißt, das Es und seine Primärvorgänge trachten immer nach Befriedigung und zwar unabhängig davon, ob die Vehemenz und Strategie zu ihrer Erlangung für die Umgebung akzeptabel sind. Eine moralische Implikation ist in diesem Zusammenhang nicht erkennbar, das Kind, das aus dem das Es heraus agiert, ist weder böse noch gut.

Das Es und das Lustprinzip

Das *Ich* baut sich auf, wenn die Diskrepanz zwischen Triebwunsch und Barrieren von außen auch für das Kleinkind nicht mehr zu ignorieren ist. Dann muss ein innerpsychischer Moderator auftreten, der zwischen den Interessen des Es und denen der (sozialen) Umgebung vermittelt. Das Ich wird daher zur Instanz, die zuerst zwischen Umwelt und Es, später dann zwischen Es und dem moralisierenden Über-Ich ausgleichen muss. Während das Es ganz nach dem Lustprinzip agiert, richtet sich das Ich nach dem *Realitätsprinzip*. Es versucht immer den besten Kompromiss zu finden, und entwickelt verschiedene Strategien der Problemlösung, die mehr oder weniger gut für die Person sind. Schlecht auch im Sinne kritischer und antiautoritärer Erziehung sind im Grund alle Abwehrstrategien des Ich, die das Es schwächen und das Über-Ich stärken. Bei „schlechten" Lösungsmöglichkeiten finden Ausweichtechniken statt, Abwehrmechanismen, wie Verdrängung (ins Unbewusste), Regression (Rückfall in frühere Entwicklungsstufen), Projektion („Erkennen" der eigenen Unzulänglichkeit in anderen oder Reaktionsbildung (Anpassungsverhalten, das genau den Trieben entgegengesetzt ist, etwa zwanghaft). „Gelungenes" Ausweichen ist dagegen die Sublimierung (Ersetzung sexueller und aggressiver Energie durch eine sozial akzeptable „Abfuhr") oder Kompensation (Überwindung von Schwächen durch besondere Anstrengung).

Das Ich und das Realitätsprinzip

Das Über-Ich und das moralische Urteil

Das *Über-Ich* schließlich bildet sich erst in der genitalen Phase, also um das fünfte Lebensjahr, aus. Es wird als Erbe des Ödipuskomplexes definiert und entsteht durch Verinnerlichung der elterlichen Anforderungen, Werte, Normen und Verbote. Wenn ein *moralisches Urteil* stattfinden kann, dann nur vom Über-Ich. Ist dieses unklar ausgebildet, dann ist eine differenzierte moralische Beurteilung einer Situation nur wenig möglich (siehe Kohlbergs moralische Entwicklungsstufen im Kapitel 12): Zuerst kann das Über-Ich nur oppositionelle Unterscheidungen treffen und teilt ein in „gut" und „böse".

Während der weiteren kindlichen und jugendlichen Entwicklung werden verstärkt moralische Werte von außen angenommen und die elterlichen Werte daraufhin revidiert. Dies führt aber nur zu einem geringen Teil zu einer wirklichen Neusicht, da die elterliche Prägung am Anfang weitaus mehr Gewicht erhält und resistent gegen Veränderungen ist. Das Über-Ich beinhaltet zudem das Gewissen, Selbstbeobachtung und das Ich-Ideal. Schuldgefühle entstehen von hier aus, wenn das eigene Verhalten oder nur die Wünsche im Kontrast mit den „Vorstellungen" des Über-Ichs stehen.

Ursachen frühkindlicher Störung

II. Zur zweiten Position, dem *mechanistischen Wirkkonzept*: Für psychoanalytische Theoretiker liegen die Ursachen psychischer Störungen in der Kindheit. Sie sind vor allem durch elterliches Fehlverhalten, d.h. durch ihre *Erziehungsfehler*, verursacht worden. Sie bewirken in der kindlichen Psyche „Traumata" – ein aus der Medizin stammender Begriff für Verletzungen und Wunden. Diese Verletzungen vernarben nur, aber bleiben ein Leben lang disponibel (verfügbar). Im ungünstigsten Fall können sie daher reaktiviert werden, besonders wenn Belastungssituationen nicht bewältigt werden können. Diese schicksalhafte Disposition ist nach tiefenpsychologischer Auffassung auf Erziehungsfehler der Eltern zurückzuführen.

Konsequenzen „falscher" Erziehung

Die Psychoanalytiker Alice Miller und Horst Eberhard Richter nehmen deutlich Einfluss auf Erziehungsfragen innerhalb der Pädagogik. Ihrem Ansatz liegt die Vorstellung zugrunde, dass Erziehungsmaßnahmen der Eltern selten auf fehlender oder falscher Information beruhen, sondern in der emotionalen Einstellung der Eltern zu suchen sind: entweder ist sie zu behütend oder sie ist ablehnend. Eigenartige Zielsetzungen und unrealistische Vorstellungen des kindlichen Leistungsvermögens bilden bei den Eltern eine charakteristische Eigenschaft, die wiederum aus der eigenen Biografie ableitbar ist. Richter geht davon aus, dass Eltern durch unbewusste Erwartungen veranlasst werden, dem Kind eine bestimmte Funktion in der Familie zuzuweisen. Diese besondere Rolle, die das Kind aufgrund der unbewussten Erwartungshaltung des einen oder beider Elternteile annimmt, dient dem jeweiligen Elternteil zur Befreiung von eigenen inneren, unverarbeiteten Konflikten. Welche Funktion das Kind bei der elterlichen Konfliktbewältigung einnimmt, wird in verschiedenen Rollenmustern erkennbar: Entweder ist es Ersatz für eine andere Person (Eltern-, Geschwister- oder Partnerersatz) oder es ist Ersatz für einen Aspekt des eigenen Selbst der Eltern.

„Es war ausgeführt worden, daß die durch den eigenen Konflikt motivierten Rollenvorschriften der Eltern für das Kind darin variieren, ob das Kind als Substitut für einen anderen Partner oder als Substitut für einen Aspekt des eigenen (elterlichen) Selbst gesucht wird. Es ergeben sich damit zwei Hauptgruppen von Rollen, die sich weiter von der Fragestellung aus untergliedern lassen: Welche anderen Partner bzw. welche besonderen Aspekte des elterlichen Selbst soll das Kind vorzugsweise substituieren?

Auf diese Weise lassen sich folgende zwei Rollen-Skalen differenzieren:
1. Das Kind als Substitut für einen anderen Partner
   a) das Kind als Substitut für eine Elternfigur
   b) das Kind als Gatten-Substitut
   c) das Kind als Substitut für eine Geschwisterfigur
2. Das Kind als Substitut für einen Aspekt des eigenen (elterlichen) Selbst
   a) das Kind als Abbild schlechthin
   b) das Kind als Substitut des idealen Selbst
   c) das Kind als Substitut der negativen Identität (,Sündenbock')" (Richter 1963: 94)

In jedem Fall läuft Richters Ansatz damit auf die Konsequenz hinaus, dass ein Kind von neurotischen Eltern nie als eigenständige Persönlichkeit gesehen wird, ja sogar von ihnen oder seinen Erziehern an der Entwicklung einer eigenen persönlichen Identität gehindert wird.

Erziehung in der DDR

> In der DDR wurden Bildung und Erziehung als eine Einheit angesehen. Dies schlug sich nieder: 1. in einer einheitlichen Zielsetzung, 2. in der Gleichförmigkeit des Bildungsgangs während der zehnjährigen Schulpflicht in der allgemein bildenden polytechnischen Oberschule (POS), 3. in der zentralistischen Leitung des Bildungsträgers durch den Staat und 4. in dem Postulat der Chancengleichheit für alle (vgl. Ramm 1990: 43). Staatliche Institutionen, gesellschaftliche Organisationen und Familie sollten in den Erziehungs- und Bildungsfragen zusammenwirken.

Solvejg Jobst zeigt in ihrer Studie (1998: 50ff.), wie eng die Wechselbeziehung zwischen Elternhaus und Schule bestand:

Die Schule übernahm „einen weitreichenden Erziehungsauftrag. Dies spiegelt sich vor allem in den Erziehungsstrukturen wider, in denen Lehrer, Schüler und Eltern miteinander agierten. Besonders der Grundsatz ‚Enges Zusammenwirken staatlicher Institutionen, gesellschaftlicher Organisationen und der Familie' machte (...) deutlich, daß das schulische Erleben nicht nur auf den Unterricht (...) beschränkt bleiben sollte." (Jobst 1998: 50)

Die Adressaten der Erziehung waren in der DDR keinesfalls allein die Kinder, auch Erwachsene wurden erzogen: Der Staat und die sozialistische Partei (SED) galten als erziehende Institutionen für alle, so wie auch die Bil-

Erziehung in der DDR als Zielauftrag

dungseinrichtungen einen ungebrochenen Erziehungsauftrag für die Heranwachsenden zu erfüllen hatten.

Die Grenze zwischen den pädagogischen Erziehungskonzepten und denen der politischen Absicht verlief fließend. Erziehung war als ein Zielauftrag zu verstehen. Im Bildungsgesetz der DDR von 1965 werden folgende Erziehungsziele aufgeführt: 1. Liebe zur Deutschen Demokratischen Republik, 2. Stolz auf die Errungenschaft des Sozialismus, 3. Liebe zur Arbeit, 4. Achtung der Arbeit und der arbeitenden Menschen. Die Leitidee war die Erziehung zur „sozialistischen Persönlichkeit". Das staatliche Interesse wurde über das der Eltern gestellt und sie wurden verpflichtet, ihre Kinder zu staatsbewussten Bürger zu erziehen. Bildung wurde in dieser Hinsicht hinter die Erziehung platziert: Individuelle Bildungserfolge waren nicht als Möglichkeit zu verstehen, einen persönlichen Vorteil daraus zu ziehen, sondern sie sollte von den Einzelnen zum Nutzen aller eingesetzt werden. In diesem Zusammenhang zitiert Dietmar Waterkamp aus einem offiziösen „Handbuch für Klassenleiter" aus dem Jahr 1974:

Bedeutung des weltanschaulichen Bezugs

„Die systematische Aneignung von Wissenschaft und Kultur führt nicht automatisch zu einer sozialistischen Gesinnung, die sich im Leben bewährt und den Mädchen und Jungen hilft, sich täglich richtig zu entscheiden. Bewußtseinsbildende und verhaltensorientierende Wirkung erhält das Lernen erst durch einen klaren weltanschaulichen Bezug ... Das erfordert, den Erziehungsprozeß als aktive geistige und körperliche Tätigkeit zur Erfüllung konkreter gesellschaftlich bedeutsamer Aufträge und Aktionen zu gestalten" (zit. nach Waterkamp 1990: 264).

Das bedeutet, dass die Erziehung erst dann erfolgreich abgeschlossen ist, wenn das richtige Verhalten etwa durch Bekenntnisse, Selbstverpflichtungen, Parteizugehörigkeit in der Öffentlichkeit praktiziert wird. Diese „allseitig entwickelte Persönlichkeit" war das zentrale Ziel der sozialistischen Allgemeinbildung.

Einübung von Verantwortung

Um geeignete Akteure für die Erziehung heranzubilden, wurden Netze der Verantwortung aufgebaut: Nicht nur Lehrer und Eltern übernahmen in der Schule Aufgaben, sondern auch Schüler untereinander wurden so organisiert, dass es Positionsverteilungen und Aufgabenverteilungen gab, die die Schüler untereinander verband. Hier wurde das Prinzip der Delegation von Autorität eingeübt. Mindestens ein Drittel der Schüler hatte zur Zeit der DDR einen Funktionsposten inne. Auch die FDJ (Freie Deutsche Jugend) diente zur Heranbildung späterer Führungspersönlichkeiten.

Abwendung der Jugend vom Sozialismus

Ergebnisse des früheren Zentralinstituts für Jugendforschung in Leipzig zeigten jedoch, dass schon Ende der 1970er-Jahre eine Abwendung von den Proklamationen des „realen Sozialismus" unter den Jugendlichen zu spüren war. Dieser „Mentalitätswandel" (Jobst 1998: 45) war symptomatisch für den Beginn einer gesamtgesellschaftlichen Krise der DDR und für die sich aufbauende Distanz zu den propagierten „realsozialistischen Werten".

4 Heutige Konzepte der Familienerziehung

Bisher wurden die Voraussetzungen für eine gute Erziehung diskutiert, dabei aber auch Erziehungsfehler erwähnt. Um vor allem auch Eltern in ihrer Erziehung zu trainieren, besteht ein breites Angebot an Erziehungsprogrammen. Wir haben vier Konzepte ausgewählt:

Moderne Erziehungsprogramme

1. Das STEP-Programm wurde in über 60 amerikanischen wissenschaftlichen Studien auf seine Wirksamkeit getestet. In Deutschland wird die Evaluation von Klaus Hurrelmann an der Universität Bielefeld durchgeführt.
2. Das Triple P wurde in einer zwölfjährigen Forschungsarbeit von Matthew Sanders und seiner Arbeitsgruppe an der Universität Queensland (Australien) entwickelt, um Eltern stark verhaltensauffälliger Kinder mit psychiatrischer Indikation eine Verhaltenstherapie anzubieten. Seit Ende der 1990erJahre wird Triple P auch in Deutschland angeboten. Es wurde hier von Kurt Hahlweg (TU Braunschweig) eingeführt und als präventives Erziehungsprogramm konzipiert.
3. Das Konzept der Familienkonferenz von Thomas Gordon (1918-2002) wird seit über 30 Jahren in der Erziehungswissenschaft und Schulpädagogik an Universitäten gelehrt.
4. „Starke Eltern – Starke Kinder" wird durch Sigrid Tschöpe-Scheffler und ihrer Forschungsgruppe an der Fachhochschule für Sozialarbeit in Köln sowie von Günther Schatz von der Stiftungsfachhochschule München evaluiert.

1. STEP (Systematic Training for Effective Parenting)

STEP geht in seiner pädagogischen Tradition auf Alfred Adler (1870-1937) zurück, der 1913 zusammen mit Carl Furtmüller (1880-1951) das Buch „Heilen und Bilden. Ein Buch der Erziehungskunst für Ärzte und Pädagogen" herausgab. Adler stellte schon damals fest, dass Erzieher oft ein autoritäres Verhalten zeigen, das entweder die Unterordnung oder die Vernachlässigung beinhaltet. Er plädierte für eine Erziehung, die sich für die Entwicklung der kindlichen Selbstachtung und des Selbstvertrauens stark macht. *Mutig* sollen die Kinder werden, um den Schwierigkeiten des Lebens begegnen zu können.

Alfred Adler und die Anfänge der Erziehungsberatung

Mit dem Erscheinen von „Heilen und Bilden" entstanden auch die ersten Adlerschen Elternkurse. Deren Ziel war es, die Verbesserung der Erziehung als eine Neurosenprophylaxe zu verstehen. Eltern müssen reifer (*erfahrener*), wissender (*urteilsfähiger*) und kontaktfähiger (*sozial kompetenter*) werden. Erziehung sei daher in erster Linie die *Selbsterziehung der Eltern*.

Schwieriges, deviantes Verhalten von Kindern führte er in der Tradition der Tiefenpsychologie, wie wir gerade sahen, auf seelische Verletzungen

(Traumata) im Kindesalter zurück. Adlers Wunsch und pädagogisches Ziel bestand darin, dass Eltern ihrem Kind Geborgenheit, Lebensmut und Sozialkontakte ermöglichen. In der Familie solle ein menschliches *Gemeinschaftsgefühl* herausgebildet werden

Weiterentwicklung des Adlerschen Konzepts durch Dreikurs

Adlers Schüler Rudolf Dreikurs (1897-1972) hat diese Theorien zu einem Programm für die Elternerziehung und Lehrerbildung ausgearbeitet. Einer seiner Grundgedanken ist, ähnlich wie schon bei Christian Gotthilf Salzmann im 18. Jahrhundert zu lesen war (vgl. Kapitel 6), dass Erwachsene für Kinder nie ein vollkommen gutes Beispiel abgeben werden und deshalb auch nicht von einem idealen Modellcharakter des Erziehers ausgegangen werden kann. Das bedeutet, dass auch Eltern Erziehung und adäquate pädagogische Verhaltensweisen lernen müssen.

Voraussetzung für Dreikurs und Adler ist es, dass Kinder und Erwachsene ebenbürtig sind. Kinder müssen von den Eltern geachtet werden – so wie sie selbst ebenfalls lernen müssen, die Erwachsenen zu achten.

Das Prinzip der Gegenseitigkeit ist eine der Bedingungen für Achtung. Damit ist schon der Weg abgesteckt für eine demokratische Erziehung.

2. Triple P (Positive Parenting Program)

Matthew R. Sanders hat Triple P auf die Erfordernisse der Eltern zugeschnitten, die einen gewalttätigen und destruktiven Erziehungsstil zeigen, ihre Kinder schlagen, bedrohen, abwerten und anschreien. Sie sollen befähigt werden, eine gelungene erzieherische Situation herzustellen, in der sie pädagogisch sinnvoll handeln können. Mit ihren Kindern und den eigenen Erziehungsproblemen sollen sie zukünftig konstruktiv umgehen können.

Prinzipien von Triple P

Operante und sozial-kognitive Lerntheorien bilden die methodologische Basis des Programms. Dabei werden Belohnungen eingesetzt, Punktekarten (Token) verliehen, aber auch als Strafe Vergünstigungen entzogen.

Die Prinzipien von Triple P sind (vgl. Markie-Dadds u.a. 2003: 2ff.):

- Für eine sichere und interessante Umgebung sorgen! Kindern genügend Reize zum Entdecken, Forschen und Ausprobieren anbieten.
- Eine positive Lernumgebung schaffen: Eltern sollen Zeit für die Kinder haben. Sie sollen sie zu selbstständigem Handeln ermutigen.
- Konsequentes Erziehungsverhalten zeigen: Sofort auf unangemessenes Verhalten reagieren und angemessenes Verhalten freundlich vermitteln. Bewahrung der Individualität des Kindes, es soll Verantwortung übernehmen, Selbstdisziplin lernen.
- Realistische Erwartungen haben: Nichts von den Kindern verlangen, was sie nicht erfüllen können. Deren Entwicklungsstand beachten!
- Von sich als Eltern keine Perfektion erwarten. Auch Eltern müssen lernen!
- Positive Beziehung zum Kind entwickeln: Eltern sollten wertvolle Zeit mit dem Kind verbringen. Sie sollen Zuneigung äußern sowie feste und sichere Bindung zum Kind aufbauen.

Konzepte erzieherischen Handelns

- Förderung von wünschenswertem Verhalten: positive Verstärkung, detailliertes und ernst gemeintes Lob. Kind soll Beachtung geschenkt werden.
- Neue Fertigkeiten und Verhaltensweisen erlernen.

Kritik an Triple P äußern Günther Deegener und Klaus Hurrelmann (2002): Unerwünschtes Verhalten von Kinder werde als Problem angesehen. In dieser Logik müsse immer auch darauf mit Konsequenzen – Bestrafungen – reagiert werden. Durch die Konzentration auf Belohnung und Bestrafung werde oft vergessen, dass manches kindliche Verhalten zwar anstrengend ist, aber alters- bzw. alltagsangemessen und damit völlig normal ist.

Kritik an Triple P

3. Gordon – Familientraining (Family Effectiveness Training)

Thomas Gordon (1918-2002) entwickelte das Konzept der *Familienkonferenz*, bei der alle Familienmitglieder gemeinsam nach Problemlösemöglichkeiten suchen. Gordons Familienkonferenz ist deutlich beeinflusst von den pädagogischen Überlegungen John Deweys, dem Humanistischen Ansatz von Carl Rogers sowie von der Moralentwicklungstheorie Lawrence Kohlbergs. Das Familientraining basiert auf folgenden Prämissen (vgl. vor allem Gordon 2001: Kapitel 6 u. 9):

Humanistische Erziehungsprogramme

- Aktives Zuhören: Die Eltern sollen den Kindern so zuhören, dass sich alle verstanden fühlen. Sie benutzen dabei die Technik des Spiegelns und Feedbackgebens.
- Ich-Botschaften: Alle lernen, sich so mitzuteilen, dass andere sich nicht angegriffen fühlen.
- Regeln setzen: In der Familie werden gemeinsam Regeln aufgestellt, an die sich alle halten.
- Konflikte so lösen, dass niemand verliert.
- Störungen in der Kommunikation vermeiden.
- Konstruktiv mit Wertkollisionen umgehen.
- Eine Familienatmosphäre schaffen, in der jeder die Bedürfnisse der anderen respektiert.

Prinzipien des Programms ...

Das Konzept zielt auf einen freundschaftlichen Umgang in der Familie, der keine Form von Gewalt billigt. Dabei werden die unterschiedlichen Altersstufen und die entwicklungsgemäßen Fähigkeiten sowie Eigenarten der Kinder berücksichtigt. Gordon hielt es übrigens für eine falsche Vorstellung, und damit für die Erziehung hinderlich, wenn Eltern glaubten, ihre Kinder immer lieben zu müssen und sogar, dass sie gegenüber ihren Kindern immer konsequent sein müssten. Selbst eine Einigkeit der Eltern untereinander fand er nicht in jedem Konfliktfall notwendig. Es sei vielmehr der authentische Umgang, der auch Schwankungen in den Stimmungen und elterlichen Reaktionen mit einschließt, in dem Eltern ihren Kindern mit Offenheit und Ehrlichkeit begegnen. Gerade diese Authentizität sei wichtig, damit ein gegenseitiges Vertrauen aufgebaut werden kann.

... und seine Ziele

Disziplin und Autorität: Die Rolle von Belohnung und Bestrafung

Gordon diskutiert, ob der Weg zur *Disziplin* über das Disziplinieren mittels Belohnung und Strafe führt. Gordon trennt dabei das Substantiv „Disziplin" vom Verb „disziplinieren". Mit Disziplin sind positive Begriffe verbunden: Ordnung, Organisation, Kooperation und Regeln. Disziplin ist für ihn ein unverzichtbares Mittel in der Erziehung. Problematische Mittel, um Kinder gehorsam und gefügig zu machen, seien dagegen Belohnung und Bestrafung. Gordons pädagogische Erfahrung hat ihn gelehrt, dass die Kontrolle über das Belohnen und Bestrafen, die meist bei den Eltern und Erziehern liegt, vor allem Abwehrreaktionen hervorruft und damit die Erziehungsschwierigkeiten nur verstärkt. Autoritäre Erziehungsstile sind zudem immer nur so lange erfolgreich, solange die Autoritätsperson anwesend ist. Sobald sie jedoch ihren Einflussbereich verlässt, hört die Disziplin wieder auf. Diese Form von Disziplin ist nicht gewünscht. Vielmehr soll es um die Aneignung von Selbstdisziplin gehen. Gordon stellt infrage, dass der Weg dorthin über eine von außen kommende Kontrolle führen kann. Wenn also Grenzen gesetzt werden, darf dies nicht ohne die Beteiligung der Kinder und Jugendlichen geschehen, sie müssen einsehen und mitbestimmen, wo ihre Grenzen beginnen.

Als nächstes unterscheidet er vier Autoritätstypen:

Die vier Autoritätstypen

1. *E-Autorität* – die auf der eigenen Erfahrung begründete Autorität
2. J(ob)-Autorität – sie ist die anerkannte, legitimierte Autorität
3. V-Autorität – aufgrund von (stillschweigenden) Verträgen, Abmachungen, Vereinbarungen
4. M-Autorität – auf Macht beruhende Autorität

Menschen, die einen großen Erfahrungsschatz haben, werden respektiert. Darum stellt sich hier selten das Problem der mangelnden Autorität. Auch im Fall der J-Autorität werden seltener Probleme auftreten. Kinder akzeptieren in der Regel die legitime Macht der Lehrer, ebenso wie viele Erwachsene die Weisungsbefugnis staatlicher Institutionen und ihrer Vertreter anerkennen. Auch in vertraglichen Vereinbarungen (die V-Autorität) treten selten Akzeptanzprobleme auf. Sie können jedoch im Fall der M-Autorität auftauchen, wenn die Situation eintritt, dass Kinder die Autorität ihrer Eltern nicht anerkennen. Daher schlägt Gordon vor, die M-Autorität in die drei anderen Formen zu übertragen.

„Die vierte Art von Autorität leitet sich von der Person ab, die die Macht über andere hat. Ich nenne diese Art M-Autorität – wegen der Macht, zu kontrollieren, zu beherrschen, zu zwingen, den Willen anderer zu brechen, andere zu veranlassen, zu tun, was man will. Die Art von Autorität steht fast immer im Vordergrund, wenn Leute verkünden, Eltern und Lehrer bräuchten Autorität und müssten sie ausüben... M-Autorität ist auch diejenige, die wir meinen, wenn wir von einer ‚Hierarchie von Autoritäten' in Organisationen sprechen" (Gordon 2001, 40-41).

Was für Kinder wollen wir?

Hier stellt sich die grundsätzliche Frage: Wollen wir gehorsame und autoritätshörige Kinder (Gordon 2001: 119)? Oder wollen wir freie und selbstbestimmte Kinder?

Konzepte erzieherischen Handelns

Denkt man an die Milgram-Studie von 1963, wird deutlich, welche negativen Auswirkungen ein blinder Gehorsam haben kann. In diesem Experiment wurde das Verhalten Einzelner und ihre Gehorsams- und Bestrafungsbereitschaft untersucht. Die Studie fand heraus, dass die familiäre und schulische Erziehung hauptsächlich dafür verantwortlich ist, ob und wie eine Person auf inhumane und grausame Befehle eines Ranghöheren reagiert: mit Folgsamkeit und Unterordnung oder mit Widerstand. Stanley Milgram (1933-1984) stellte fest, dass diejenigen Probanden besonders gehorsam waren, die in einer rigiden Autoritätsstruktur aufgewachsen und den Vorschriften der Eltern unterworfen gewesen waren. Auch in der Schule erfuhren sie, dass Unterwerfung die beste Antwort auf Autorität sei.

Gordon plädiert aber ganz im Gegenteil für eine Erziehung zu verantwortlichen, selbstgeleiteten und selbstdisziplinierten Persönlichkeiten. Dazu brauchen sie eine familiäre Umgebung, die ihre Autoritätsstrukturen offen und gemeinschaftlich gestaltet.

4. Starke Eltern – Starke Kinder

Das Konzept des Erziehungstrainings nach dem Prinzip „Starke Eltern – Starke Kinder" wurde in den 1980er-Jahren von Toivo Rönkä entwickelt, dem damaligen Programmdirektor des finnischen Kinderschutzbundes. Es wurde vom Deutschen Kinderschutzbund übernommen.

Das Erziehungsprogramm des Deutschen Kinderschutzbundes

Eltern sollen in ihren erzieherischen Entscheidungen sicherer und kritikfähig werden. Sie lernen, elterliche Autorität auszuüben, ohne auf gewaltsame Mittel zurückzugreifen oder in aggressiver Weise gegen ihre Kinder vorzugehen. Dabei wird auf eine partnerschaftliche Beziehung zu den Kindern hingearbeitet: Das Kind muss mit all seinen Rechten und Bedürfnissen Anerkennung finden, aber die Eltern sollen ihre Position als Erziehungsberechtigte und -verpflichtete ausbauen und die Kinder leiten. Das Konzept zielt dabei vorbereitend auf eine Verbesserung der Kommunikation zwischen Eltern und ihren Kindern und auf ein gegenseitiges Verständnis. Beides wird als Voraussetzung für eine zufriedenstellende und gute Beziehung angesehen.

Eltern sollen sich ihrer Erziehungsziele und ihrer Wertvorstellungen bewusst werden und sich in der Rolle des Vorbildes und Erziehender verstehen lernen. Es geht dabei um fünf grundsätzliche Fragen, die sich die Eltern und Erzieher stellen müssen (vgl. Honkanen-Schobert 2002: 10):

1. Welche Werte und Erziehungsziele habe ich / haben wir in der Familie?
2. Wer bin ich? Was erwarte ich von mir und anderen? Was mache ich, wenn ich Probleme habe?
3. Wie kann ich das Selbstwertgefühl meines Kindes stärken? Wie unterstütze ich das Kind bei Schwierigkeiten?
4. Wie drücke ich meine Bedürfnisse und Gefühle aus?
5. Wie kann ich meinem Kind helfen, wenn es Probleme hat? Wie lösen wir Konflikte in der Familie?

Leitfragen für die Eltern

Zuviel Ver-antwortung für Kinder?

Das A und O der Konfliktlösung liegt im gemeinsamen Reden und Verhandeln. An der Konfliktlösung sind alle beteiligt. Es werden oft kreative und vielfältige Lösungen erreicht, die Beschlüsse werden gemeinsam eingehalten. Zu problematisieren wäre allerdings der Einfluss des gesellschaftlichen Wandels, dessen Auswirkungen auch im Familienalltag zu spüren sind. So können von außen erzeugte Konflikte, wie etwa plötzliche Arbeitslosigkeit, kein Gegenstand einer gemeinsamen Verhandlung mit den Kindern sein. Tschöpe-Scheffler kritisiert daher auch, dass den Kindern in diesem Konzept möglicherweise zu viel Verantwortung übertragen werden könnte. Jesper Juul hält Kinder dagegen für fähig, soziale Verantwortung mitzutragen:

> „Wie gesagt entwickeln Kinder, die darin unterstützt werden, ihre Eigenverantwortlichkeit zu erkennen, fast von allein einen hohen Grad an sozialer Verantwortlichkeit mit Hilfsbereitschaft, Einfühlsamkeit und Rücksichtnahme ..." (Juul 2005: 175).

Fünf Säulen der Erziehung

Entwicklungs-fördernde Leitlinien für die Erziehung

Am Ende des Kapitels sollen zusammenfassend anhand der Ergebnisse von Sigrid Tschöpe-Scheffler die sinnvollen Konzepte von elterlicher Erziehung vorgestellt werden. Gute Erziehung ist entwicklungsfördernd und stärkt die Kompetenzen des Kindes sowie sein positives Selbstkonzept. Tschöpe-Scheffler hat in den „Fünf Säulen der Erziehung" (2005) vorgestellt, was für die heutige Erziehung als Handlungsrichtlinie gelten kann:

1. Liebe soll statt emotionaler Kälte oder Überfürsorge in den Familien vorherrschen. Dabei sind der pädagogische Bezug und die liebevolle Zuwendung wichtige erzieherische Grundlagen: Der pädagogische Bezug definiert das Verhältnis zum dem Kind, das vom Erzieher zu verantworten ist. Bindung, Vertrauen, Wohlwollen und Zuwendung sind dabei notwendige Voraussetzungen.
2. Die Eltern sollen ihr Kind nicht missachten, sondern ihm Achtung und Respekt entgegenbringen. Sie sollen dem Kind helfen, seinen Erfahrungsspielraum auszuweiten. Missachtung hat hier überhaupt keine Legitimation, weil sie als Grundform jeglicher Gewalt zu verstehen ist.
3. Die Eltern sollen ihre Kinder nicht dirigieren, sondern mit ihnen kooperieren. Gespräche, Interaktionen, Erklärungen, wertvolle Zeit für die Kinder und eine wechselseitiges Verstehen sind Voraussetzungen für eine gute Familienatmosphäre. Dort wo Kommando, Manipulation und blinder Gehorsam herrschen, sei die Familie schon am Ende.
4. Struktur und Verbindlichkeit sollen statt Chaos herrschen. Daher sind Regeln, familiäre und gesellschaftliche Bräuche, sinnvolle Grenzen ohne Drohung, Werte- und Normvermittlung und Verhaltensvorgaben als Orientierung notwendige Mittel. Eine mangelnde Struktur an Vorgaben und Werten vermittelt Unzuverlässigkeit, keinen festen Tagesablauf, mangelhafte Qualität der Familienatmosphäre und Willkür. Sie ist für alle Familienangehörigen ungünstig.
5. Zudem müssen Eltern und Erzieher ihre Kinder fördern, anstatt sie zu überfordern oder zu vernachlässigen.

Konzepte erzieherischen Handelns 135

In den neueren Erziehungskonzepten wird immer wieder betont, wie wichtig es ist, als Erzieher oder Eltern den Entwicklungsstand des Kindes zu beachten und einzuschätzen. Dies ist die Voraussetzung, um zu verstehen, zu welcher Einsicht die Kinder überhaupt schon fähig sind und zu welcher noch nicht. Erst wenn dies geklärt ist, kann ein objektives Urteil darüber gebildet werden, was am kindlichen Verhalten akzeptiert werden muss und was nicht.

5 Fazit

Im Kapitel 7 wurden die Anforderungen an einen erziehenden Unterricht diskutiert, der nicht in Kollision mit der Erziehungszuständigkeit der Eltern geraten darf. Anhand von unterschiedlichen Erziehungsstilen – vor allem der Eltern – wurde gezeigt, wie notwendig ein reflektierter Umgang mit dem Recht der Kinder sein muss, um eine gute Erziehung zu leisten. Aus diesem Grund wurden Erziehungsprogramme vorgestellt, die die Eltern darin unterstützen können, ihre Kinder gewaltfrei und respektvoll zu erziehen. Für zukünftige Lehrerinnen und Lehrer ist es notwendig, sich mit den Fragen der familialen Erziehung auseinandergesetzt zu haben, um die Auswirkung elterlicher Erziehungsfehler auf das Verhalten der Kinder zu erkennen und die Ursachen kindlichen Fehlverhaltens nicht dem Charakter des Kindes zuzuschreiben. Im Folgenden sollen nun nach der Erörterung der elterlichen Erziehung die Institutionen der Erziehung betrachtet werden.

Wiederholungsfragen:

1. Was ist der Unterschied zwischen intentionaler und funktionaler Erziehung?
2. Nennen und beschreiben Sie familiäre Erziehungsstile! Worin liegen jeweils Vorteile und worin Nachteile der einzelnen Erziehungsstile?
3. Was bedeutet das Recht auf gewaltfreie Erziehung? Was sagt der § 1631 BGB aus?
4. Was wissen Sie über das Konzept der antiautoritären Erziehung?
5. In welchem Zusammenhang steht die antiautoritäre Erziehung mit der Kritischen Theorie der Frankfurt Schule?
6. Welche Ursachen frühkindlicher Störungen nennen Miller und Richter?
7. Welche Besonderheiten hatte die Erziehung in der DDR?
8. Was ist die Zielsetzung von Eltern- und Erziehungsprogrammen?
9. Erläutern Sie den Unterschied zwischen „Disziplin" und „Disziplinieren" nach Thomas Gordon!

Reflexionsfragen

1. Vor welche Probleme sehen sich Eltern bei der Erziehung ihrer Kinder und bei der Wahl eines Erziehungsstils gestellt?
2. Diskutieren Sie Ermutigung und Entmutigung in der Erziehung im Zusammenhang mit der Ausbildung von Leistungsmotivation und Problemlösestrategien bei Kindern!
3. Was sind die Gründe, die zu einem teilweisen Scheitern antiautoritärer Konzepte geführt haben?
4. Welche Gründe können Sie für das Scheitern einer Erziehung „im Kollektiv und durch das Kollektiv", wie dies in der DDR-Erziehung proklamiert wurde, anführen?

Empfehlungen zur weiteren Lektüre

Wichtige Texte eines Protagonisten der Kritischen Theorie, die großen Einfluss auf die Erziehungstheorie der BRD geübt hat, finden sich in:

Adorno, Theodor W. (1970): Erziehung zur Mündigkeit. Vorträge und Gespräche mit Hellmut Becker 1959–1969. Frankfurt a.M.: Suhrkamp.

Einen guten Einblick in Erziehungsmethoden, die ohne Strafe, aber auch ohne Lob auskommen, bietet:

Gordon, Thomas (2001): Die neue Familienkonferenz. Sonderausgabe. Kinder erziehen ohne zu strafen. Hamburg: Hoffmann und Campe.

Eine aktuelle Typisierung von Erziehungsstilen, die auf vorangegangene Untersuchungen aufbaut, bietet:

Hurrelmann, Klaus (2002): Einführung in die Sozialisationstheorie. Weinheim und Basel: Beltz. Kapitel 3.2 „Sozialisations- und Erziehungsstile" (S. 156-186).

Kapitel 8: Institutionelle und gesellschaftliche Rahmenbedingungen der Erziehung

1 Institutionen und Organisationen

Schulische und außerschulische Erziehung wird in ihrer Konzeption und Umsetzung immer von den Rahmenbedingungen der Institutionen für Bildung und Erziehung mitbestimmt. Deshalb müssen die Bedingungen, die Institutionen und Organisationen voraussetzen, in eine grundsätzliche Betrachtung von Erziehung miteinbezogen werden.

Institutionen sind Einrichtungen, die sowohl für den Einzelnen als auch für die Gesellschaft elementare Bereiche wie die der *Reproduktion* (Familie, Verwandtschaft), der *Erziehung*, der *Bildung* und *Ausbildung*, der *Nahrungsbeschaffung*, der *Warenproduktion* und ihrer *Verteilung*, der *Aufrechterhaltung der gesellschaftlichen Ordnung* (Recht, Politik) sowie der Kultur regeln (vgl. Schäfers 1995: 134-137).

Institutionen

„Jede Institution muss, um ihre Aufgaben auf Dauer erfüllen zu können, bestimmte Bestandsprobleme lösen: Sie muss (1) wissen, wozu sie da ist, also ihre Ziele bzw. ihren Auftrag klären; man sagt auch, sie muss ihre „Philosophie" entwickeln. Sie muss (2) Regeln ausbilden, nach denen die Mitglieder oder Nutzer der Institution handeln. Sie muss – zumindest bei größeren Institutionen wie der Schule – (3) eine Organisationsstruktur aufbauen, um die Komplexität der Aufgabenstellung zu verringern und ihre Arbeitsteilung (funktionale Differenzierung) vornehmen zu können. Sie muss (4) klären oder von anderen festlegen lassen, wer Mitglied der Institution ist und wer nicht.

(1) Die Zielsetzungen der Schule ergeben sich erstens aus dem politisch ausgehandelten und in den Schulgesetzen der Bundesländer festgelegten Bildungsauftrag; zum anderen aus dem Denken, Fühlen und Handeln der Beteiligten. Das besondere Kennzeichen der Schulinstitution ist, dass sie auch bei unklaren, ja nebulösen und/oder widersprüchlichen generellen Zielsetzungen immer noch funktioniert.
(2) Die Regeln erlauben es den Mitgliedern der Institution, miteinander in Austausch zu treten. Sie sind sozusagen „kommunikatives Schmieröl". Zur Einhaltung der Regeln werden positive und negative Sanktionen entwickelt.
(3) Die Organisationsstruktur dient der Reduktion von Binnen-Komplexität und der Leistungssteigerung durch funktionale Differenzierung" (Meyer 1997: 72).

Institutionen können ihr Abbild in Organisationen finden, sind von ihnen jedoch deutlich zu unterscheiden:

– Institutionen sind nach dem Schulpädagogen Hilbert Meyer „geistige Gebilde (...), denen gegenüber alle Mitglieder einer Gesellschaft be-

Organisationen

stimmte Erwartungen entwickeln" (Meyer 1997: 71). Institutionen selbst stellen handlungsleitende Regeln zur Verfügung.

– „Organisationen sind (...) Werkzeuge, um bestimmte Zwecke zu erreichen (...)" (Meyer 1997: 73). Organisationen definieren formell Ziele, Mitgliedschaften und Organisationsabläufe.

„Als soziales System hat die Schule nach innen die Merkmale formaler Organisation: eine starke innere Differenzierung (Gliederung nach Formen, Zweigen und Bildungsgängen; Klassen- und Kurssysteme; Spezialisierung des Personals beispielsweise im Fachlehrersystem; Hierarchie der Stellen: Schulleiter, Stufenleiter, Klassenlehrer) und eine generalisierte Mitgliedsmotivation des professionalisierten Personals (beispielsweise über einen Beamtenstatus oder durch die Verinnerlichung pädagogischer Werte über eine institutionalisierte Lehrerausbildung)" (Fingerle 1993: 1329).

Nach Arnold Gehlen (vgl. 1995) helfen Institutionen dem Menschen dabei, sich an dem *normativen Handlungsrahmen* zu orientieren, der von einer Gemeinschaft definiert wurde. Das impliziert Entlastungen, da sich nicht mehr jeder – und dies gilt vor allem für noch unmündige Kinder – in seinen Entscheidungen und Handlungen ständig nach allgemeingültigen moralischen Leitlinien überprüfen muss.

„Man verwechselt die ursprünglichen, echt instinktiven Verhaltensfiguren der Tiere, die auf naturhafte, zugeordnete Umwelten bezogen sind, mit den erworbenen Spezialisierungen des Verhaltens, die beim Menschen einer reich gegliederten Kultursphäre antworten. Dann entsteht die theoretisch und praktisch gleich fundamentale Frage: wie bringt es denn der Mensch angesichts seiner Weltoffenheit und Instinktreduktion, bei aller potentiell in ihm enthaltenen unwahrscheinlichen Plastizität und Unstabilität eigentlich zu einem voraussehbaren, regelmäßigen, bei gegebenen Bedingungen denn doch mit einiger Sicherheit provozierbaren Verhalten, also zu einem solchen, das man quasi-instinktiv oder quasi automatisch nennen könnte, das bei ihm an Stelle des echt instinktiven steht und das offenbar den stabilen sozialen Zusammenhang erst definiert? So fragen, heißt das Problem der Institutionen stellen. Man kann geradezu sagen, wie die tierischen Gruppen und Symbiosen durch Auslöser und durch Instinktbewegungen zusammengehalten werden, so die menschlichen durch Institutionen und die darin erst „sich feststellenden" quasiautomatischen Gewohnheiten des Denkens, Fühlens, Wertens und Handelns, die allein als institutionell gefaßte sich vereinseitigen, habitualisieren und damit stabilisieren. Erst so werden sie in ihrer Vereinseitigung gewohnheitsmäßig und einigermaßen zuverlässig, d.h. voraussehbar" (Gehlen 1976: 33).

Institutionen fordern jedoch auch Verpflichtungen: Sie üben für den Einzelnen zwar eine entlastende Funktion aus, weil sie Ordnung sicherstellen und ihn aus individuellen Entscheidungs- und Orientierungszusammenhängen zum Teil entlassen. Sie üben aber auch gleichzeitig Druck auf jeden aus, der sich den *Regeln und Normen* dieser Institutionen widersetzt.

Institutionelle und gesellschaftliche Rahmenbedingungen

2 Schule als Institution der Erziehung

Schüler verbringen eine lange Zeit ihres Lebens in Institutionen der Schule oder in außerschulischen Einrichtungen. Hier wird „normiert" und „normalisiert, ... welche Lehrverpflichtungen die Gesellschaft eingegangen ist und was von der heranwachsenden Generation an Lernleistungen erwartet werden kann" (Meyer 1997: 71).

Schule als Sozialisationsinstanz

„Im Unterricht wird selbst dann erzogen, wenn sich der Lehrer ausdrücklich vornimmt, nicht zu erziehen. Denn er wirkt durch ebendiese Handlung erzieherisch. Deshalb macht Unterricht ohne Orientierung an einem Erziehungsideal keinen Sinn.
Was ist Erziehung? Wenn wir die Wörter „Erziehung", „erzogen", „unerzogen" in der Alltagssprache benutzen, so weiß jeder, was gemeint ist. Aber für eine systematische Definition des Erziehungsbegriffs reicht das Alltagsverständnis nicht:
- Erziehung ist mehr und anders als biologische Reifung, auch wenn es vielfältige biologische Grundlagen der Erziehung gibt.
- Sie ist mehr und anders als psychische Entwicklung, auch wenn es vielfältige psychologische Grundlagen der Erziehung gibt.
- Sie ist mehr und anders als bloße Einfügung in die von der Gesellschaft vorgegebenen Institutionen, auch wenn es vielfältige Überlappungen der Erziehungsprozesse mit Sozialisationsprozessen gibt.

Offensichtlich halten wir ein Menschenkind dann für erzogen, wenn es sich selbst disziplinieren kann, wenn es auf Vernunftargumente eingeht und sein Handeln vor sich und seinen Mitmenschen verantwortet" (Jank 2002: 46).

Schule kann als eine dauerhafte Einrichtung „zur gemeinsamen und planmäßigen Erziehung und Unterrichtung der heranwachsenden Generation" (Meyer 1997: 22) definiert werden. Um die dort unterrichteten Kinder und Jugendlichen an die Erwartungen der Gesellschaft heranzuführen, versucht Schule Normen durch die Struktur des Schulwesens zu vermitteln:

- in der Organisation von Lernprozessen (in Jahrgangsklassen, in den Unterrichtsmethoden, durch Fachdidaktiken, in den Lehrbüchern, durch Leistungsmessung),
- auf der Verwaltungsebene (durch die Finanzierung des Bildungswesens, durch die Einstellung von Lehrern, in den Konzepte der Fächer, durch die zeitliche Struktur von Unterricht und Schuljahren),
- in der Makroorganisation (dem Schulsystem, der Jahrgangsstufen und Formen der Durchlässigkeit in den unterschiedlichen Schulformen).

Die Schule als Institution muss sich ihres Bildungsauftrags bewusst sein und ihn hervorheben, sie muss Handlungsregeln für ihre Mitglieder aufstellen, sie muss ihre Organisationsstruktur so aufbauen, dass die Komplexität gering gehalten wird und sie muss Aufnahmekriterien für die Mitgliedschaft von Lehrpersonal, Verwaltung und Schülerschaft festlegen (vgl. Meyer 1997: 72).

Unterschiedliche Erziehungsfunktionen von Schule und Familie

Was ursprünglich Aufgabe der Familie war, beispielsweise die Kinder in die Gesellschaft einzuführen und ihnen grundsätzliche Fertigkeiten in sozialen Kompetenzen und Leistungswillen mitzugeben, wird heute aus unterschiedlichen Gründen verstärkt zur Aufgabe der Schule. Der Hauptgrund liegt sicher in der Wandlung des Familienmodells, in dem der Vater Hauptsernährer der Familie war und die Mutter Hausfrau.

Die heutige Realität des Doppelverdienerhaushalts hat einen Rückgang der aktiven Erziehungszeit der Eltern zur Folge, zugleich verlängert sich die Zeit für Bildung, Betreuung und Erziehung in der Schule, insbesondere in der Ganztagsschule (vgl. Zwölfter Kinder- und Jugendbericht). Oftmals ist hier eine fehlende Erziehungskompetenz der Grund für ihre Versagen, die Kinder altersgemäß zu erziehen und für sie zu sorgen. Ein weiterer Grund liegt in einer Laissez-faire-Erziehung vieler Eltern und ihrer Tendenz, die eigene Erziehungsverantwortung an die Lehrer abzugeben.

„Der Ausbau ganztägiger Bildungs-, Betreuungs- und Erziehungsangebote für Kinder und Jugendliche im Schulalter kann trotz großer finanzieller Anstrengungen und ambitionierter Programme aus heutiger Sicht nur schrittweise erfolgen. Dabei ist offenkundig, dass der Ausbau ganztägiger Angebote nicht von der Schule allein getragen werden kann – und dies in der deutschen Tradition auch gar nicht sinnvoll wäre. Erforderlich ist vielmehr, die Kinder- und Jugendhilfe mit ihren Ressourcen und Kompetenzen mit einzubeziehen sowie andere öffentliche wie private Akteure systematisch zu berücksichtigen. Dies setzt die Bereitschaft voraus, dass sich alle beteiligten Akteure weiterentwickeln. Unabhängig davon, ob Schule diese zeitliche und konzeptionelle Ausweitung allein bewältigen könnte, dürfen ganztägige Angebote keine Verlängerung der bisherigen Unterrichtsschule sein. Notwendig ist ein inhaltlicher Umbau der Schule, der anderen Prinzipien und Zielen verpflichtet ist als die traditionelle, auf Unterricht und individuelle Leistung reduzierte Schule. Der Zielpunkt der Entwicklung darf nicht heißen: mehr Schule, sondern muss heißen: mehr Bildung. Grundidee eines ganztägigen Angebots ist demgegenüber die einer ‚Entschulung der Schule' im Sinne ihrer pädagogischen Reform. Nicht nur in Bezug auf die quantitative Seite, sondern auch in Bezug auf ihren inhaltlichen Beitrag zur Gestaltung ganztägiger Angebote ist deshalb die Kinder- und Jugendhilfe ein wichtiger Partner beim ‚Projekt Ganztagsschule'. Damit stellen sich Fragen der Kooperation von Jugendhilfe und Schule in einer neuen Form, die deutlich über bisherige Ansätze und Formen der Kooperation hinausgeht. Mit dem ‚Projekt Ganztagsschule' muss somit auch der Anspruch einer umfassenden Reform der Schule sowie der Kinder- und Jugendhilfe verbunden sein. Der Ausbau eines Systems öffentlicher Bildung, Betreuung und Erziehung sollte der individuellen Förderung aller Kinder und Jugendlichen verpflichtet und darauf angelegt sein, Bildung als einen Prozess umfassender Kompetenzentwicklung, an dem Kinder und Jugendliche in elementarer Weise als Ko-Produzenten beteiligt sind, zu fördern und herkunftsbedingte Benachteiligungen von Kindern und Jugendlichen zu überwinden. Leistungen und Angebote der unterschiedlichen Träger und Einrichtungen, der Schule wie der Kinder- und Jugendhilfe sowie weiterer, privater Akteure, sind durch institutionelle Kooperationen zu einem aufeinander abgestimmten Angebot weiterzuentwickeln" (Bundesministerium f. Familie, Senioren, Frauen und Jugend: 344).

Zweckfunktionale Erziehung in der Schule

In der Schule ist die *Funktionalität von Erziehung* eine andere als in der Familie: Während in der Familie emotionale und soziale Bedürfnisse, die unabhängig von Leistungsansprüchen der Gesellschaft stehen, Gehör und An-

Institutionelle und gesellschaftliche Rahmenbedingungen

nahme finden, hat die Schule den Bereich des „zweckfreien" Miteinanders entweder weitgehend ausgegrenzt oder in eine zweckfunktionale Perspektive gerückt. Es ist eine im familialen Alltag oft gegebene Situation, dass das interaktive Miteinander von Eltern und Kindern nicht auf ein erzieherisches Ziel ausgerichtet ist. Hier findet dann keine Zweckgebundenheit statt. Wird ein interaktives Miteinander zwischen Lehrer und Schüler jedoch vom Lehrer so arrangiert, dass es etwa die kommunikative Kompetenz des Schülers stärkt, dann ist dies ein zweckfunktionales Vorgehen. Dabei berücksichtigt die zweckgebundene, pädagogisch intendierte Aufnahme persönlicher Anliegen von Schülern in der Schule das Konzept der Lebensweltbezogenheit (vgl. Schulze 1993).

Die Voraussetzungen für den Aufbau von zwischenmenschlichen Beziehungen und persönlichen Bindungen in der Familie (vgl. Kapitel 7) bzw. in der Schule sind unterschiedlich:

Die Schule richtet als Institution der Erziehung ihre Kommunikationsprozesse in erster Linie auf die Aneignung von Wissen und Fertigkeiten aus und nicht auf die Gestaltung von dauerhaften, affektiven und sozialen Beziehungsstrukturen. Dies kann von den Lehrern nicht geleistet werden, da der Verbleib von Kindern und Jugendlichen auf einen begrenzten Zeitraum festgelegt ist. So besteht auf der einen Seite eine Konstanz des Lehrpersonals und auf der anderen Seite eine Fluktuation der Schüler: Schüler treten in die Schule ein, steigen – bei ausreichender Leistung – von Jahr zu Jahr in den Klassenstufen auf und beenden die Schule schließlich ganz. Das Verhältnis der Lehrer und Schüler ist daher, anders als das Verhältnis von Eltern und ihren Kindern, immer eine *befristete* und *formalisierte Beziehung*. Dies gilt auch für andere pädagogische und sozialpädagogische Institutionen von der Kinderkrippe bis zu den Einrichtungen der Erwachsenenpädagogik.

Kommunikationsprozesse in der Schule

Der Lehrer darf zudem nicht die persönliche Beziehung zu Schülern seinem Erziehungs- und Funktionsauftrag überordnen. So ist es ihm weder erlaubt, seine persönlichen Sympathien in der Leistungsbeurteilung mit zu berücksichtigen, noch ist es ihm gestattet, die einzelnen Schüler aufgrund seiner persönlichen Gefühle je verschieden zu behandeln.

Neutralität des Lehrers

Von ihm werden stattdessen Neutralität und die Bereitschaft verlangt, die Qualität seiner Beziehung zu den Schülern dem Auftrag der Institution Schule unterzuordnen.

Für die Schüler ergibt sich daraus eine soziale Beziehung zu den Lehrern, die vom Zweck her bestimmt wird, daher nur eine schwache Bindung ausmacht und die jederzeit abgebrochen werden kann. Dies liegt vor allem daran, dass sie einander nicht als ganze Personen, sondern in den jeweiligen Rollen als Schüler und Lehrer begegnen (siehe „Rolle" Kapitel 9).

Lehrer-Schüler-Beziehung als soziale Beziehung

Trotz dieser Einschränkung knüpfen die Heranwachsenden in der Schule, besonders dann, wenn es sich um eine Ganztagseinrichtung handelt, wichtige soziale Beziehungen zu Erwachsenen (den Lehrern) und Gleichaltrigen.

Da die Kommunikation im Unterricht selten spontan und unwillkürlich ist, ergeben sich durch deren Funktionalität Konsequenzen:

Lernen in sozialen Verbänden
- Das Lernen wird in sozialen Verbänden, den Klassen, realisiert. Es besteht nicht die Möglichkeit einer Wahl seiner Mitschüler, die räumlichen Gegebenheiten sind begrenzt, ein Lehrziel ist vorgegeben und das Verhältnis untereinander wird in der Schule normiert (vgl. Weiß 1971: 9ff.).

Unterrichtsstruktur muss sich den Lehrzielen anpassen
- Die Aufgabe, erfolgreiche Lernprozesse für die Schüler zu organisieren, erfordert eine Unterrichtsstruktur, die besondere Bedingungen erfüllen muss: Lernanlässe schaffen, Lernabläufe gliedern, Lernbeteiligung ermöglichen, Lernergebnisse festhalten und den Lerntransfer vorbereiten.

Instrumentalisierte Gesprächsstruktur im Unterricht
- Aus der dem Unterricht angemessenen und angepassten Kommunikation – das kann der Frontalunterricht sein, die Form des sokratischen Dialogs oder beratende Gespräche während der Freiarbeit – ergibt sich eine instrumentalisierte Gesprächsstruktur, die von den Lehrern anleitend gestaltet ist. Klaus-Jürgen Tillmann bezeichnet diese Struktur als „Zwangscharakter" (1982), weil sie sich nicht nach den individuellen Kommunikationsbedürfnissen der Schüler richtet, sondern nach bestimmten von vornherein festgelegten Regeln. In diese Regeln eingeschlossen sind außer den Kommunikationsregeln auch der zeitlich festgelegte Rahmen, in dem diese erfolgen, die Sitzordnung, die Themenvorgabe und das Lehrziel.

„Heimlicher Lehrplan"
Eines der impliziten Erziehungsziele der Schule liegt daher darin, dass Schüler die Ordnung und Kontrolle im Unterricht akzeptieren. Oftmals unausgesprochene Erziehungsziele der Schule – auch als „heimlicher Lehrplan" bezeichnet (vgl. Kapitel 11) – betreffen zudem das Lernen des sozialen Systems von Unterordnung und Dominanz und das Akzeptieren von Institutionen als berechtigte Ordnungsträger. Ebenfalls wird erzieherisch intendiert, dass nonkonformistisches Verhalten in und außerhalb der Schule einzuschränken ist und im Gegenteil Verhalten erwünscht wird, das zu Erfolgen und guter Leistung in der Schule führt. Schüler erlernen in einem solchen institutionellen Rahmen stets Dinge, welche die Institution nicht intendiert und die als Überlebenstechniken dienen, so genannte „classroom survival skills" (Mansel/ Hurrelmann 1991).

Wettbewerbs- und Konkurrenzorientierung beeinflussen die Kommunikation
- Eine weitere Konsequenz aus der Funktionalität der Kommunikation ist die Wettbewerbs- und Konkurrenzorientierung unter Schülern. Durch die Argumentation, dass nur durch gute Schulleistungen auch gute Lebenschancen zu erreichen sind, werden die Schüler in eine Rivalität zueinander gebracht, die für einige belastend sein kann. Der Wettbewerb und der Sieg der Besten entscheiden über berufliche Lebenschancen. Um den Wettbewerb zu ermöglichen, müssen Gratifikationen in Form von guten Noten verknappt werden. Schüler erfahren sich dabei in einer bestimmten Leistungsposition im Klassenverband und diese Position bestimmt auch ihre Rolle in der Klasse entscheidend mit. Hat ein Schüler eine der Randpositionen als „schlechter Schüler" inne, stellt sich gewöhnlich ein

Gruppendruck ein, diese Rolle beizubehalten. Solche Platzierungen können Auswirkungen auf die Persönlichkeitsentwicklung der Betroffenen haben. Akzeptanz bzw. Ablehnung durch eine Gruppe kann mit dem Verhalten zugleich auch das zukünftige Leistungsniveau des Betroffenen negativ beeinflussen (vgl. Höhn 1974). Man muss folglich davon ausgehen, dass Leistungen, das heißt Lernerfolge von Schülern, auch von ihrer Position innerhalb der Klasse abhängen.

- Solche Positionen hinreichend zu analysieren, ist geboten, weil ein Lehrer seine Erwartungen auch an der Rolle festmacht, die ein Schüler im Klassenverband „spielt". Dabei haben Courel und Kitus (vgl. Seiffge-Krenke 1981) auf vier besondere Problemfälle im Leistungsbereich hingewiesen: 1. auf den under-achiever, den hochbegabten Schulversager, 2. auf den over-achiever, einen Schüler, der mehr leistet, als es aufgrund seiner Begabung bzw. Intelligenz sowie seiner sozialen Herkunft oder anderer äußerer Bedingungen zu vermuten wäre, 3. auf den opportunity student, den Schüler, der sich völlig den schulischen Anforderungen anpasst und 4. auf den normal achiever, einen Schüler, der unauffällig die durchschnittlich zu erwartende Leistung bringt. *Rollenerwartungen an den Schüler*

- Um die negativen Nebenwirkungen einer solchen Beurteilungspraxis zu verringern, wäre es erforderlich, dass auch jeder gruppenorientierte – und sogar der fächerübergreifende – Unterricht schließlich darauf zielt, den Einzelnen in seiner persönlichen Leistung und nicht die Leistung der Gruppe insgesamt zu bewerten. Denn dort manifestieren sich Rollenverhalten und Rollenerwartungen. Wenn man diese gruppendynamischen Prozesse außer Acht ließe, könnten Lehrer übersehen, wie in einer gemeinsamen Projekt- oder Gruppenarbeit die Leistungsorientierung einzelner oft zur Entscheidung gegen eine faire Zusammenarbeit mit anderen Gruppenmitgliedern wird. *Einzelleistung vs. Gruppenleistung*

- Eine weitere Konsequenz der funktionalen Kommunikation in der Schule liegt in der Selbstwahrnehmung des Schülers: Bedürfnisse nach uneingeschränkter Akzeptanz und Annahme der eigenen Person bleiben oft unerfüllt, weil sie im normalen Schulalltag verdrängt werden. Solche Erfahrungen sind durch die Dauer, die Abhängigkeit von anderen und dem Verhältnis der Schüler untereinander sowie dem zu den Lehrern so prägend, dass sie zu Verhaltens- und Selbstwahrnehmungsdispositionen werden. Auch lernt der Einzelne früh, sich vor allem nach fremd gesetzten Leistungszielen auszurichten (vgl. Tillmann 1982) und eigene kreative Interessensziele zu vernachlässigen. *Selbstwahrnehmung und das Bedürfnis nach Akzeptanz*

Die Lehr- und Lerninhalte, mit denen sich Kinder und Jugendliche in der Schule und in der Vorbereitung auf den nächsten Unterrichtstag beschäftigen, sind vorgegeben. Dabei sind Schüler angehalten, die schulischen Leistungsvorgaben zu erfüllen. Eine völlige Eigengestaltung der Lehrinhalte durch die Schüler ist selten. Themen des Lebensbezugs, die Entdeckung des Alltags der Kinder, die *Schulische Leistungsvorgaben* wichtigen Erlebnisse der Kinder außerhalb der Schule, wie sie Célestin Freinet (1896-1966) mit in seine Reformpädagogik einbezieht, könnten auch mehr Selbstständigkeit in der Gestaltung des Unterrichts durch Schüler erwirken.

Leistungsbeurteilung und Persönlichkeitsentwicklung

Die im Lehrplan vorgegebenen Themen werden im Zusammenhang mit einer Leistungsbeurteilung gelernt. Die Leistungsbeurteilung nimmt den größten emotionalen Einfluss auf das Schülerleben, der sich im Ausdruck von Angst vor schlechten Noten oder im Gegensatz dazu im Stolz und in der Freude beim Bestehen einer schweren Klausur in die Familie fortsetzt. Daher hat die Schule keineswegs nur eine formende Wirkung auf den kognitiven Bereich der Schüler, sondern beeinflusst ganz unmittelbar auch die Bereiche der Emotionen, des Selbstbildes, der Motivation, der Kreativität, der sozialen Beziehungen zu Gleichaltrigen in und nach der Schule – und selbst die Situation in der Familie: Schule bestimmt die gesamte Persönlichkeitsentwicklung mit.

3 Institutionen als Wertevermittler

Historische Bedingtheit von Normen

Der Begründer geisteswissenschaftlichen Denkens Wilhelm Dilthey (1833-1911) hat sich gegen die Aufstellung allgemeingültiger Normen gewandt, da diese nur aus Sicht ihrer jeweiligen geschichtlichen Entstehung und der Situation des Einzelnen einen Bezug bekommen (vgl. Kapitel 4).

„Nur aus dem Ziel des Lebens kann das der Erziehung abgeleitet werden. Was der Mensch sei und was er wolle, erfährt er erst aus der Entwicklung seines Wesens durch die Jahrtausende und nie bis zum letzten Worte, nie in allgemein gültigen Begriffen, sondern immer nur in lebendigen Erfahrungen, welche aus der Tiefe seines ganzen Wesens entspringen" (Dilthey 1959: 57).

Schule als Vermittlerin von Werten?

Wertfreiheit wurde in der Erziehungswissenschaft auch in den 1970er Jahren durch Wolfgang Brezinka gefordert. So

„ist nur der deskriptive (beschreibende und interpretierende) Sprachgebrauch zulässig, während der präskriptive (vorschreibende) und der emotive (gefühlsansprechende) ausgeschlossen bleiben sollen" (Brezinka 1971: 59).

Das Disziplinproblem

Die heutige Wertediskussion betrifft vor allem die Frage nach der *Disziplin*. Sie gilt für viele Pädagogen als das notwendige und unverzichtbare Ordnungsprinzip im sozialen Umgang miteinander. Dabei stellt sich die Frage nach der „guten" Ordnung und nach dem „richtigen" Verhältnis zwischen Freiheit und Zwang. So sieht der Salem-Pädagoge Bernhard Bueb Disziplin als eine Form der notwendigen „Unterordnung" im Erzieher-Zögling-Verhältnis (vgl. Bueb, in: Pädagogik 1/07: 11). Das Ziel einer Erziehung soll der disziplinierte Mensch sein, der bereit ist, seine Begierden und Bedürfnisse zugunsten eines bestimmten Zwecks zu zügeln. Aus der von außen auferlegten Disziplinierung soll eine Persönlichkeit werden, die selbstverantwortlich die Regeln und Werte einer Gesellschaft verinnerlicht hat:

Institutionelle und gesellschaftliche Rahmenbedingungen 145

„Disziplin beginnt immer fremdbestimmt und sollte selbst bestimmt enden, aus Disziplin soll immer Selbstdisziplin werden" (ebd.).

Brezinkas Forderung auf den Verzicht von präskriptiven und emotiven Argumenten in der Wertediskussion bleibt heute eher unbeachtet. In der zurzeit geführten Wertediskussion wird stattdessen überlegt, *wie* die Vermittlung von Normen und Werte in der Schule möglich ist. Welche Normen und Werte es dabei jedoch sein sollen, die hier zu vermitteln sind, darin sind sich Pädagogen kaum einig. Weder die Schule noch die akademische Erziehungswissenschaft kann sich angesichts der Pluralität von Werten auf einen Wertekanon festlegen. Demzufolge wird im Zusammenhang mit Schule und Unterricht ständig eine Grundwertediskussion geführt, die in zweierlei Hinsicht Problembereiche aufweist. Es entstehen:

Welche Werte sind wichtig?

1. Probleme der Auswahl von Grundwerten und bei ihrer Argumentation und
2. Probleme des Übergangs von der Bestimmung der Grundwerte zu konkreten Entscheidungen. König (2000: 257) fragt daher:

„Besteht nicht die Gefahr, dass die Ansetzung von absolut gültigen Grundwerten zu einem starren Normensystem für die Erziehungspraxis führt (...)?"

Wenn man nun von formulierten Werten und Normen absieht, die schon im Religionsunterricht und im Ethikunterricht Gegenstand des schulischen Unterrichts geworden sind, kann man davon ausgehen, dass Schulerziehung immer Werte und Normen vermittelt, ob sie nun explizit sind oder nicht. Auch wenn pädagogische *Wertneutralität für den Fachunterricht* gefordert wird (Standop 2005: 69), kann Schule als ganze nicht wertneutral sein. Denn die Werteerziehung verläuft auch funktional über das Lernen am Vorbild der Lehrer, wenn diese mit ihren eigenen Wertvorstellungen auf die Schüler wirken.

Die Unmöglichkeit einer Wertneutralität von Schule

4 Bildung, Betreuung und Erziehung als Aufgabe außerschulischer Institutionen

Die gesellschaftliche Entwicklung, insbesondere im Bereich von Familien- und Arbeitsmodellen und die institutionelle Entwicklung – hier vor allem in der anwachsenden Notwendigkeit einer Kooperation von Schule und außerschulischen Einrichtungen –, werden im Zwölften Kinder- und Jugendbericht diskutiert. Dort wird darauf hingewiesen, dass eine deutliche Veränderung in der Gestaltung von Familienformen beobachten werden kann. Besonders auffällig ist die große Zahl der allein erziehenden Mütter, die in den neuen Bundesländern zur Zeit 26,7% aller Mütter ausmacht und in den alten Bundesländern 13,5%. Allein erziehend sind Väter in den neuen Bundesländern zu 4,2%, in den alten zu 2,6% (vgl. Bundeszentrale für politische Bildung

Bildung, Betreuung und Erziehung

2007). Unabhängig von persönlichen Berufswünschen hat sich die Arbeitsmarktsituation zudem so verändert, dass ein Normalarbeitsverhältnis mit dauerhafter Anstellung auf Vollzeit und mit steigendem Lohn nicht mehr der Regel entspricht. So genannte „prekäre" Arbeitsverhältnisse werden nun normal. Das führt zu einer existenziellen Unsicherheit der Arbeitnehmer und infolge dessenzu der Entscheidung gegen ein Hausfrauenmodell, weil beide Eltern nicht nur verdienen wollen, sondern auch müssen. Das bedeutet, dass auch Frauen weniger Familienzeit zur Verfügung steht und viele Aufgaben, wie Hausaufgabenbetreuung und Mittagessenzubereitung, von außerfamiliären Institutionen übernommen werden müssen.

Theoriebildung pädagogischer Institutionen

Auch viele erzieherische Aufgaben der Eltern werden von außerfamiliären Institutionen übernommen. Der Schulpädagoge Herwart Kemper schlägt vor, dass gerade im schulischen Bereich eine Theorie pädagogischer Institutionen entwickelt werden müsse, weil hier erzieherisches Handeln von den Lehrern gefordert wird. Denn in

„...der Schule wird (...) die (...) Tradierungsfunktion der Erziehung abgehoben von den Handlungszwängen des Erwachsenenlebens sowohl inhaltlich ergänzt als auch durch planmäßige Unterweisung und methodische Sacherschließung wirkungsvoller erfüllt" (Kemper 2001: 354).

Ziele der außerschulischen Institutionen

Die Ziele der Schule sind vielfältig und auf die Weiterführung, Erneuerung und Verbesserung von kulturellen und gesellschaftlichen Bedingungen ausgerichtet. Im Vergleich dazu haben die außerschulischen Institutionen eine spezifische Funktion: Sie wurden eingerichtet, um sozialen Notlagen zu begegnen und kulturelle Defizite oder erzieherische Mängel auszugleichen. Seit dem 19. Jahrhundert sind daher verschiedene Einrichtungen entstanden, welche den sozialen Folgen von Hunger, Erkrankung und Armut begegnen sollten. Sie waren konzeptionell auf eine familienergänzende Erziehung zur Entwicklungsförderung, Hygiene, Ordnung und Disziplin ausgerichtet. Erziehungsheime etwa sollten deviante (von der Verhaltensnorm abweichende) Kinder und Jugendliche gesellschaftlich eingliedern, wenn dieser Auftrag von den Familien nicht mehr erfüllt werden konnte. Den außerschulischen Erziehungsinstitutionen sind also von vornherein kompensatorische Funktionen und komplementäre Aufgaben zugewiesen worden.

Besonderheit außerschulischer Erziehungsarbeit

Die Theoriebildung außerschulischer Erziehungseinrichtungen hat sich seit den 1980er Jahren in der Bundesrepublik vor allem der Aufgabe gewidmet, die institutionelle und professionelle Besonderheit der außerschulischen Erziehungsarbeit in ihrer kompensatorischen bzw. komplementären Leistung für Schule und Familie zu begründen. Hier ist das Konzept einer lebensweltorientierten Sozialen Arbeit des Sozialpädagogen Hans Thiersch (vgl. ders. 2002) zu erwähnen, das im Achten Jugendbericht des Bundesministeriums für Jugend, Familie, Frauen und Gesundheit (1990) zum ersten Mal vorgestellt wurde. Lebensweltorientierung bedeutet dabei eine Abkehr von psychologisch-medizinisch geprägten Hilfe- und Therapieformen, die sich an

Institutionelle und gesellschaftliche Rahmenbedingungen

allgemeine Problemlagen richten und stattdessen eine Konzentration auf die individuellen, sozialen Probleme von Betroffenen und deren eigene Bewältigungskonzepte und Selbstdeutungen in ihrem je individuellen Alltag.

Die außerschulische Erziehungsarbeit der Kinder- und Jugendarbeit soll dabei entsprechend den wachsenden gesellschaftlichen Anforderungen an Erziehung strukturell wie inhaltlich ständig so ausgebaut werden, dass sie dem Bildungs- und Ausbildungssystem eng verbunden ist.

Die Aufgaben der Kinder- und Jugendhilfe sind im Achten Sozialgesetzbuch festgelegt. Hier finden wir auch definierte Aufgaben der Jugendhilfe im Zusammenhang mit Erziehung und Elternverantwortung. Der §1 SGB VIII betrifft das Recht auf Erziehung, die Elternverantwortung und die Aufgaben der Jugendhilfe:

Kinder- und Jugendhilfe

„(1) Jeder junge Mensch hat ein Recht auf Förderung seiner Entwicklung und auf Erziehung zu einer eigenverantwortlichen und gemeinschaftsfähigen Persönlichkeit

(2) Pflege und Erziehung der Kinder sind das natürliche Recht der Eltern und die zuvörderst ihnen obliegende Pflicht. Über ihre Betätigung wacht die staatliche Gemeinschaft.

(3) Jugendhilfe soll zur Verwirklichung des Rechts nach Absatz 1 insbesondere
1. junge Menschen in ihrer individuellen und sozialen Entwicklung fördern und dazu beitragen, Benachteiligungen zu vermeiden oder abzubauen,
2. Eltern und andere Erziehungsberechtigte bei der Erziehung beraten und unterstützen,
3. Kinder und Jugendliche vor Gefahren für ihr Wohl schützen,
4. dazu beitragen, positive Lebensbedingungen für junge Menschen und ihre Familien sowie eine kinder- und familienfreundliche Umwelt zu erhalten oder zu schaffen."

Die vier genannten Prinzipien werden in folgenden Regelungsblöcken umgesetzt: 1. in der vorschulischen Erziehung, 2. in der Familienberatung, 3. in den Hilfen zur Erziehung und 4. in den sogenannten anderen Aufgaben der Jugendhilfe, etwa die Inobhutnahme von Kindern und Jugendlichen und die Mitwirkung in gerichtlichen Verfahren.

5 Erziehung im frühen Kindesalter

Was die Kleinkindbetreuung und -pädagogik angeht, hatten die Bundesrepublik und die DDR verschiedene Voraussetzungen. In der Bundesrepublik knüpfte die Erziehung und Betreuung von Kleinkindern nach dem Krieg zum einen an das bürgerliche Familienmodell mit der Zuständigkeit der Mutter im Rahmen einer Hausfrauenehe an, zum anderen wurden bald Theorien der frühkindlichen Bindung – nach dem Psychoanalytiker Rene Spitz (1887-1974) und dem Bindungstheoretiker John Bowlby (1907-1990) – in die Vorstellung einer gesunden kindlichen Entwicklung aufgenommen.

Die Institutionen der Kleinkindbetreuung

„Anders als der Kindergarten, der im Zuge der Bildungsreform zum Elementarbereich und zur grundlegenden Stufe des gesamten Bildungssystems erklärt wurde (Deutscher Bildungsrat 1970), galt für das Kleinkind das Modell der ausschließlichen Familienerziehung als weithin getragener gesellschaftlicher Konsens. Der Deutsche Bildungsrat dekretierte in seinem ‚Strukturplan für das Bildungswesen', dass ein Kind während seiner ersten drei Lebensjahre in seiner Entwicklung am besten gefördert wird, wenn ihm seine Familie eine verständnisvolle und anregende Umwelt bietet" (Tietze 2001: 656).

Daher wurden Kinderkrippen in der BRD nur für Notfälle eingerichtet, etwa für alleinstehende berufstätige Mütter, die früher noch eine Ausnahme bildeten.

Unterschiedliche Entwicklung der frühkindlichen Erziehungsinstitutionen in der DDR und der BRD und ihre Folgen

In der DDR jedoch wurden seit den 1950er Jahren der Ausbau von Krippen, der ganztägige Kindergarten mit Mittagessen und das Hortangebot flächendeckend ausgebaut, um die Frauen in eine Berufstätigkeit einzugliedern.

Die verschiedenen Schwerpunkte der früheren DDR und der Bundesrepublik sind heute immer noch sichtbar. Das zeigt das bundesweit unterschiedlich organisierte Betreuungsangebot:

1. Kindergarten

In den neuen Bundesländern stehen 121 Kindergartenplätze für je 100 Kinder zur Verfügung, davon sind 98% Ganztagsplätze mit Mittagessen. Das bedeutet, dass jedem Kind zwischen drei und sechs Jahren ein Ganztagskindergartenplatz mit Mittagessen zur Verfügung steht.

In den alten Bundesländern ist es kompliziert: Es stehen 103 Plätze für 100 Kinder zur Verfügung. Davon werden aber nur 24% Ganztagsplätze mit Mittagessen angeboten. 49% der Kindergartenplätze sind zwar auch ganztags ausgerichtet, aber dort wird kein Mittagessen zubereitet. 22% der Plätze sind sogar nur vormittags ohne abschließendes gemeinsames Essen eingerichtet, 3% Vormittagsplätze dagegen haben ein Mittagessen (vgl. BMFSJF 2005: 324).

2. Kinderkrippen

2. Kinderkrippen stellen ein Angebot für Kinder bis drei Jahre dar. Der Anteil der Kinderkrippenplätze ist in Ost und West unterschiedlich:

A. In den alten Bundesländern sind nur drei Plätze für 100 Kinder
B. und in den neuen Bundesländern 37 Plätze für 100 Kinder vorhanden (vgl. Statistisches Bundesamt am 1. März 2007).

3. Hortplätze

3. Hortplätze sind Betreuungseinrichtungen für Kinder vom sechsten bis zum zehnten Lebensjahr, die sie nach der Schule bis zum Abend besuchen können, um dort zu essen, Hausaufgaben zu machen und gemeinsam zu spielen:

C. In den alten Bundesländern stehen sieben von 100 Kindern Hortplätze zur Verfügung
D. und in den neuen Bundesländern können 68 von 100 Kinder einen Platz bekommen (vgl. BMFSJF 2005: 321ff.).

Institutionelle und gesellschaftliche Rahmenbedingungen

Wie man sieht, ist in den neuen Bundesländern der Bedarf an Betreuungsplätzen abgedeckt, in den alten Bundesländern dagegen nicht. In den alten Bundesländern ist das Betreuungsangebot deutlich schlechter. Das Kindergartenangebot ist zwar ausreichend, aber die Plätze richten sich in ihren eingeschränkten Öffnungszeiten und Versorgungsleistungen nicht nach den realen Bedürfnissen der Kinder oder Eltern. Es fehlt im Westen vor allem an Krippenplätzen für die unter Dreijährigen und an Hortplätzen für die Schulkinder.

6 Sozialpädagogische Institutionen

Der Ansatz für die Hilfe für Jugendliche ist wichtig und notwendig, dennoch gibt es eine Einschränkung: Die außerschulischen Erziehungsinstitutionen übernehmen eine Stellung, die, anstatt die Familien oder die Schule in ihrem Erziehungsauftrag zu stärken, diese darin entlasten – oder gar aus ihm entlassen – und damit deren Erziehungsmängel möglicher Weise sogar zusätzlich stabilisieren. Das kann dann der Fall sein, wenn Schulverweigerer von den Familien und Schulen an außerschulische, sozialpädagogische Projekte weitergereicht werden, ohne sich gleichermaßen mit den schulorganisatorischen oder familialen Grundproblemen auseinanderzusetzen und diese zu verändern. Dabei werden dringende Revisionsanforderungen an die Schule, an das Bildungssystem überhaupt und an die Ordnung des familialen Zusammenlebens unbeachtet gelassen und stattdessen sozialpädagogische Hilfen oder Unterstützung von außen angefordert.

Gefahr der Stabilisierung von Erziehungsmängeln?

Insgesamt muss man die sozialpädagogische Leistung der außerschulischen Einrichtungen anerkennen. Familie und Lehrer bzw. Lehrerinnen fühlen sich oft überfordert in der anwachsenden Komplexität, die das kindliche und jugendliche Leben ausmacht. Sie verstehen diese oft nicht mehr. Ein Grund kann in der starken Segmentierung des kindlichen und jugendlichen Alltags liegen. Viele unterschiedliche Lebenszusammenhänge, Gruppen und Interessen beschäftigen die Kinder. Das bedingt, dass die Lebenswelten der Heranwachsenden zergliedert sind in Schulzeit, Familienzeit, Peers sowie Mitgliedschaften in Sport- und anderen Vereinen. Kinder und Jugendliche erfahren andere Orientierungs- und gesellschaftliche Integrationsprobleme als die erwachsene Generation. Die Pluralisierung von Werten, die Enttraditionalisierung von Lebensformen und die Ausbildung immer neuer Subkulturen können heute von den meisten Erwachsenen nicht vollständig verstanden werden. Daher wird ein professionelles sozialpädagogisches Personal immer wichtiger in der Vermittlung zwischen Kindern und Jugendlichen sowie den Eltern und Lehrern. Es bietet Hilfestellung für Jugendliche bei ihrer Identitätsfindung sowie den alltagspraktischen Orientierungs- und Integrationsproblemen der Heranwachsenden und außerdem

Außerschulische Institutionen helfen überforderten Eltern

Beratung und Schulung (z.B. durch Erziehungsprogramme, vgl. Kapitel 7) für die Erziehenden.

„Die pädagogische Qualität solcher Institutionen wird sich (...) in Zukunft vor allem danach bemessen, ob und inwieweit es ihnen über die pädagogische Nutzung des Verhältnisses von institutioneller Differenz und gesellschaftlicher Interdependenz gelingt zur Steigerung des Potenzials an (Selbst-)Reflexivität und Diskursivität in der nachwachsenden Generation zwecks Bewältigung der gesellschaftlichen Differenzerfahrung beizutragen" (Kemper 1997: 362-363).

Zweck sozialpädagogischer Institutionen

Die sozialpädagogischen Institutionen umfassen einen großen Teil der Einrichtungen, deren Zweck es ist, professionelle Dienstleistungen für junge und erwachsene Menschen und für Familien anzubieten. Der jeweilige Auftrag der Einrichtungen wird vom Kinder- und Jugendhilfegesetz (KJHG, auch SGB VIII genannt), dem Bundessozialhilfegesetz (BSHG) sowie dem Jugendgerichtsgesetz (JGG) geregelt.

„Er umfasst allgemein die Unterstützung, Sicherstellung oder Vertretung des elterlichen Erziehungsauftrages, konkret die Betreuung im Alltag, die Organisation von Beratungs-, Bildungs-, Qualifizierungs- und Erfahrungsangeboten und ggf. die Hilfe beim Übergang von der Schule in den Beruf wie auch die Betreuung der Kinder. Er kann im Einzelfall auch heilpädagogische und therapeutische Angebote umfassen" (Müller-Kohlenberg u.a. 2001: 580).

Die sozialpädagogischen Institutionen werden unterschieden

Bereiche sozialpädagogischer Institutionen

– nach ihrem Verhältnis zur Familie in familienersetzend bzw. familienergänzend: Es wird zunächst immer die familienergänzende (supplementäre) Form angestrebt. Erst in besonders aussichtslosen Fällen werden familienersetzende (stationäre) sozialpädagogische Institutionen in Anspruch genommen,
– nach der Lokalisierung in stationär, teilstationär und ambulant,
– nach ihrem Einzugsbereich in stadtteilorientiert, örtlich und regional bzw. überregional,
– bezogen auf die Nutzer in zielgruppenorientiert und offen für alle jungen Menschen sowie
– hinsichtlich ihrer Zugangsvoraussetzungen in niederschwellig, nach Indikation oder auf Grund eines Gerichtsbeschlusses (vgl. Müller-Kohlenberg 2001).

Beratungs- und Familienbildungsinstitutionen

Beratungs- und Familienbildungsinstitutionen helfen, die Erziehung in der Familie zu verbessern und Eltern darin zu unterstützen, ihre Erziehungsverantwortung erfolgreicher wahrnehmen zu können (vgl. § 16 KJHG).

Zu ihren Einrichtungen gehören Erziehungsberatungsstellen (§ 28 KJHG), Sozialberatungsstellen, Einrichtungen für psychosoziale Beratung (sozialpädagogische und therapeutische Aktivitäten) und Einrichtungen für Ehe-, Sexual- und Familienberatung sowie für Schwangerschafts- und Schwangerschaftskonfliktberatung.

Institutionelle und gesellschaftliche Rahmenbedingungen 151

- Familienunterstützende Erziehungshilfen sind entweder die ambulante Erziehungshilfe (der Erziehungsbeistand (§ 30)) und die Sozialpädagogische Familienhilfe (§ 31 KJHG)) oder die teilstationäre Erziehungshilfe, etwa in Tagesgruppen (§ 32 KJHG).
- Zu den lebensalterspezifischen Einrichtungen gehören der Kindergarten, die Kinderkrippe und der Hort. Als außerschulische Jugendarbeitseinrichtungen findet man die Jugendbildungsstätten, die Jugendfreizeitstätten und Jugendzentren sowie die Häuser der offenen Tür.
- Familienersetzende, stationäre sozialpädagogische Einrichtungen und Dienste sind etwa für Jugendliche die Heime und sonstige betreute Wohnformen oder die Anstalten des Jugendstrafvollzugs sowie die Jugendarrestanstalten, die allerdings in einem weiteren Gesetz, dem Jugendgerichtsgesetz (JGG), geregelt sind.

Müller-Alten weist darauf hin (vgl. 2001: 682), dass allen staatlich geregelten Sozialleistungen die Idee zu Grunde liege, einzelnen Bürgern in Bedarfs- oder Notlagen solidarische Hilfe zukommen zu lassen. Für die Jugendhilfe gehe es dabei um einen erzieherischen Bedarf, der bei einzelnen Familien durch Förderung und Unterstützung gedeckt werden soll.

„Die Jugendhilfe soll die Angleichung der Erziehungs- und Entwicklungsbedingungen durch Ausgleich eines strukturell oder individuell vorhandenen Defizits und die Befriedigung eines hieraus resultierenden Bedarfs an Förderung im Sinne von Betreuung, Bildung, Erziehung und Therapie bewirken" (ebd.).

Falls die Eltern diesen – durch das Familienrecht des Bürgerlichen Gesetzbuchs (BGB) konkretisierten – Erziehungspflichten nicht nachkommen, werden familienergänzende sozialpädagogische Maßnahmen notwendig (vgl. § 1 KJHG; wichtig ist auch § 1631b BGB).

7 Fazit

Um die Schule als System zu verstehen, wurden die institutionellen Bedingungen von Schule und ihr organisatorischer Charakter in ihrer strukturellen Dimension vorgestellt. Wie weit können etwa Kommunikationsprozesse, wie sie im Unterricht ablaufen, den individuellen Bedürfnissen von Schülern gerecht werden? Kann Schule ein Ersatz für fehlende familiale Betreuung sein?

Diese Fragen können nur dann beantwortet werden, wenn die Unterschiede zwischen familialer und schulischer Erziehung verstanden werden, damit auch die Komplexität der Einflüsse auf die schulische Leistung erfasst werden kann. Wenn folglich individuelle Probleme von Schülern weder von den Eltern noch von der Schule zu beheben sind, müssen darüber hinaus andere Hilfen erfolgen: außerschulische Einrichtungen müssen eingreifen. Die vielfältigen Möglichkeiten der Kooperation zwischen Elternhaus, Schule und Jugendhilfe waren Thema dieses Kapitels. Es wurden Bereiche und Einrichtungen der Jugendhilfe vorgestellt, die in ihrer Professionalität Eltern in ihrer Erziehungsaufgabe unterstützen und Schulen in ihrem Erziehungsauftrag entlasten.

Wiederholungsfragen

1. Erläutern Sie die Besonderheiten von Institutionen und Organisationen!
2. Was ist die Aufgabe der Schule als Institution und wie sehen die Organisationsstrukturen der Schule aus?
3. Welche besonderen Aspekte hat die Kommunikation in der Schule und vor allem im Unterricht?
4. Welche Position kann Schule bei der Vermittlung von Werten einnehmen?
5. Welche Forderung stellt Brezinka an die Wertediskussion?
6. Welche Aufgaben hat die Kinder- und Jugendhilfe allgemein und im besonderen Falle bei Erziehungsproblemen?
7. Welches sind die Institutionen der Kleinkindpädagogik?
8. Wie sieht das derzeitige Betreuungsangebot für Kinder in Deutschland aus?
9. In welche Bereiche werden sozialpädagogische Institutionen unterschieden und welche unterschiedlichen Angebote gibt es im Bereich der sozialpädagogischen Institutionen?

Reflexionsfragen

1. Welche Probleme ergeben sich aus der Funktionalität der Kommunikation im Unterricht für die Schüler?
2. Diskutieren Sie, ob es allgemeingültige Werte geben kann, die die Schule zu vermitteln hat?
3. Was unterscheidet den Erziehungsauftrag von Familie von dem von Schule oder von außerschulischen Institutionen?
4. Wie könnte eine Zusammenarbeit von Elternhaus, Schule und den außerschulischen Institutionen aussehen?

Institutionelle und gesellschaftliche Rahmenbedingungen

Empfehlungen zur weiteren Lektüre

Eine gute, leicht und lesbar geschriebene Einführung in das Thema Schulpädagogik, die insbesondere die Rolle der Institutionen und Organisationen verstehbar definiert, ist:

Meyer, Hilbert (1997): Schulpädagogik. Band 1: Für Anfänger. Berlin: Cornelsen.

Eine Einführung in die Grundlagen der Werteerziehung, die die schulische Praxisebene in die Darstellung mit einbezieht, ist:

Standop, Jutta (2005): Werte-Erziehung. Einführung in die wichtigsten Konzepte der Werteerziehung. Weinheim und Basel: Beltz.

Literatur zum Begriff Erziehung

Adler, Alfred (2001): Kindererziehung. Frankfurt: Fischer.
Adler, Alfred (1982): Psychotherapie und Erziehung. Ausgewählte Aufsätze. Band II: 1930-1932. Frankfurt a.M.: Fischer.
Adorno, Theodor W. (1973): Studien zum autoritären Charakter. Frankfurt am Main: Suhrkamp.
Adorno, Theodor W. (1970): Erziehung zur Mündigkeit. Vorträge und Gespräche mit Hellmut Becker 1959-1969. Frankfurt a.M.: Suhrkamp.
Ariès, Philippe (2003): Die Geschichte der Kindheit. München: dtv.
Baumrind, Diana (1991): The Influence of parenting style on adolescent and substance. In: Journal of Early Adolescence 1991, 11 (1), 56-95.
Benner, Dietrich (1986): Johann Friedrich Herbart: Systematische Pädagogik, Stuttgart: Klett-Cotta.
Benz, Wolfgang (2005a): Potsdam 1945. Besatzungsherrschaft und Neuaufbau im Vier-Zonen-Deutschland. München: dtv.
Benz, Wolfgang (2005b): Deutschland 1945-1949. Heft 259. Bonn: Bundeszentrale für politische Bildung.
Brezinka, Wolfgang (1971): Von der Pädagogik zur Erziehungswissenschaft. Eine Einführung in die Metatheorie der Erziehung. Weinheim: Beltz.
Bueb, Bernhard (2006): Lob der Disziplin. München: List.
Bueb, Bernhard (2007): Zur Wiederentdeckung der Disziplin. In: Pädagogik, 1, S. 11-14.
Bundesministerium für Familie, Senioren, Jugend und Frauen (2005) (hrsg. von Cornelißen, Waltraud): Gender Datenreport. 1. Datenreport zur Gleichstellung von Frauen und Männer in der Bundesrepublik Deutschland. BMFSJF in Zusammenarbeit mit DJI, München.
Bundeszentrale für politische Bildung: Die soziale Situation in Deutschland. http://www.bpb.de/wissen/1D1AW4„0,Kinder_nach Familienstand der Eltern. html. Am 14. Mai 2007

Bussmann, Kai-D. (2003): Gewaltfreie Erziehung. Eine Bilanz nach Einführung des Rechts auf gewaltfreie Erziehung. BMFSFJ und BMJ.
Campe, Joachim Heinrich (Hrsg.) (1785): Allgemeine Revision des gesamten Schul- und Erziehungswesens von einer Gesellschaft praktischer Erziehung. Bd. 2, Liebe + Triebe. Hamburg: Bohn Verlag.
Comenius, Johann Amos (1970): Böhmische Didaktik. Paderborn: Ferdinand Schöningh.
De Mause, Lloyd (1980): Hört ihr die Kinder weinen. Eine psychogenetische Geschichte der Kindheit. Frankfurt a.M.: Suhrkamp.
Deegener, Günther/Hurrelmann, Klaus (2002): Kritische Stellungnahme zum Triple P. http://www.kinderschutzbund-bayern.de/triplep. pdf.
Dienelt, Karl (1999): Pädagogische Anthropologie. Eine Wissenschaftstheorie. Köln/Weimar: Böhlau Verlag.
Dilthey, Wilhelm (1994): Gesammelte Schriften. Bd. 6: Abhandlungen zur Poetik, Ethik und Pädagogik. Die geistige Welt. Göttingen: Vandenhoeck & Ruprecht.
Dinkmeyer Sr. Don/McKay Gary D./Dinkmeyer; James S./Dinkmeyer Jr., Don/McKay, Joyce L. (2004): Step. Das Elternbuch. Die ersten 6 Jahre. Hrsg. v. Trudi Kühn, Roxana Petcov. Weinheim und Basel: Beltz Taschenbuch.
Domke, Horst (1991): Erziehungsmethoden. Aspekte und Formen des Methodischen in der Erziehung. Donauwörth: Auer.
Dreikurs, Rudolf/Soltz, Vicki (2004): Kinder fordern uns heraus. Stuttgart: Klett-Cotta.
Drinck, Barbara (2005): Vatertheorien. Geschichte und Perspektive. Opladen: Verlag Barbara Budrich.
Durkheim, Emile (1994): Erziehung und Soziologie. Berlin: Cornelsen Verlag.
Eibl-Eibesfeldt, Irenäus (1984): Die Biologie des menschlichen Verhaltens. Grundriß der Humanethologie. München: Piper.
Film: François Truffaut: Der Wolfsjunge von 1969.
Fingerle, Karlheinz (1993): Schule. In: Lenzen, Dieter (Hrsg.): Pädagogische Grundbegriffe. Band 2. Reinbek bei Hamburg: Rowohlt. S. 1326-1331.
Gardner, Howard (1999): Kreative Intelligenz. Was wir mit Mozart, Freud, Woolf und Gandhi gemeinsam haben. Frankfurt a.M.: Campus.
Gehlen, Arnold (1995): Der Mensch. Wiesbaden: UTB.
Gehlen, Arnold (2004): Der Mensch: Seine Natur und seine Stellung in der Welt. Wiebelsheim: AULA-Verlag.
Geißler, Erich E. (2007): Erziehung. Ein Lehrbuch. Würzburg: Dietrich Verlag.
Gordon, Thomas (2001): Die neue Familienkonferenz. Sonderausgabe. Kinder erziehen ohne zu strafen. Hamburg: Hoffmann und Campe.
Graumann, Carl Friedrich/ Heckhausen, Heinz/Hofer, Manfred (1985): Pädagogische Psychologie III Sozialisation. Weinheim/Basel: Fischer.
Haarer, Johanna (1936/1995): Unsere kleinen Kinder. München: Europa Lehrmittelverlag.
Hassenstein, Bernhard (1972): Biologische Kybernetik. Eine elementare Einführung. Jena: Fischer.
Heckhausen, Heinz (1974): Motivationsanalysen. Anspruchsniveau, Motivmessung, Aufgabenattraktivität und Mißerfolg, Spielen, Frühentwicklung leistungsmotivierten Verhaltens. Berlin und Heidelberg: Springer.
Heiland, Helmut (1982): Friedrich Fröbel. Reinbek bei Hamburg: Rowohlt.

Institutionelle und gesellschaftliche Rahmenbedingungen 155

Heiland, Helmut (2003): Maria Montessori. Reinbek bei Hamburg: Rowohlt.
Herbart, Johann Friedrich (1964): Sämtliche Werke. Band 9. Otto Flügel und Theodor Fritsch, Langensalza: Scienta Verlag.
Herbart, Johann Friedrich (1835): Umriß pädagogischer Vorlesung. Ohne Verlag.
Hermann, Ulrich: Die Pädagogik der Philanthropen. In: Scheuerl, Hans (Hrsg.): Klassiker der Pädagogik I. München: Verlag C.H. Beck, S. 135-155.
Höhn, Elfriede (1976): Der schlechte Schüler. Sozialpsychologische Untersuchungen über das Bild des Schulversagers. München: Piper.
Honkanen-Schobert, Paula (2002): Starke Kinder brauchen Starke Eltern. Der Elternkurs des Deutschen Kinderschutzbundes. Stuttgart: Urana.
Horkheimer, Max/Fromm, Erich/Marcuse, Herbert (1987): Studien über Autorität und Familie. Forschungsberichte aus dem Institut für Sozialforschung. Göttingen: Zu Klampen.
Hurrelmann, Klaus (2002): Einführung in die Sozialisationstheorie. Weinheim und Basel: Beltz.
Jobst, Solvejg (1998): Eine Analyse von Konstitutionsbedingungen der Persönlichkeitsentwicklung Jugendlicher in den Schulen der BRD und DDR. Unveröffentlichte Magisterarbeit im Fach Soziologie an der Universität Leipzig.
Juul, Jesper (2005): Das kompetente Kind. Auf dem Weg zu einer neuen Wertgrundlage für die ganze Familie. Reinbek bei Hamburg: Rowohlt.
Kant, Immanuel (1803/1984): Über Pädagogik. Hrsg. von Hermann Holstein. 5. Aufl. Bochum: Kamp, (Kamps pädagogische Taschenbücher; 5: Historische Pädagogik).
Kemper, Herwart (1997): Schule und Schultheorie. In: Zeitschrift für Pädagogik, 36, S. 77-106.
Kemper, Herwart (2001): Theorie pädagogischer Institutionen. In: Roth, Leo: Pädagogik. Handbuch für Studium und Praxis. München: Oldenbourg, S. 353-364.
Key, Ellen (1902/1992): Das Jahrhundert des Kindes. Studien. Weinheim und Basel: Beltz.
König, Eckard (2001): Werte und Normen in der Erziehung. In: Roth, Leo: Pädagogik. Handbuch für Studium und Praxis. München: Oldenbourg, S. 255-265.
Krais, Beate/Gebauer, Gunter (2002): Habitus. Bielefeld: Transkript Verlag.
Lange, Wichard (Hrsg.) (1966): Friedrich Fröbels gesammelte pädagogische Schriften. 1. Abteilung. Bd. 1 u. 2. Bissendorf: Biblio Verlag.
Lewin, Kurt/Weiss Lewin, Gertrud (1953): Die Lösung sozialer Konflikte. Bad Nauheim: Christian Verlag.
Lexikon der Pädagogik (1972). „Reformpädagogik", Dritter Band. Herausgegeben von Heinrich Rombach. Freiburg, Basel, Wien: Herder, S. 397-399.
Locke, John (1966): Gedanken über Erziehung. Bad Heilbrunn: Klinkhardt.
Lorenz, Konrad (1978): Vergleichende Verhaltensforschung oder Grundlage der Ethologie, Wien und New York: Springer.
Malson, Lucien/Itard, Jean M.G./Mannoni, Octave (2001): Die wilden Kinder. Frankfurt a.M.: Suhrkamp.
Mann, Erika (1986): Zehn Millionen Kinder, Die Erziehung der Jugend im Dritten Reich. Hamburg: Ellermann Verlag.
Mansel, Jürgen/Hurrelmann, Klaus (1991): Alltagsstreß bei Jugendlichen. Eine Untersuchung über Lebenschancen, Lebensrisiken und soziale Befindlichkeiten im Statusübergang. Weinheim und München: Juventa.

Markie-Dadds, Carol/Sanders, Matthew R./Turner, Karen M.T. (2003): Das Triple P Elternarbeitsbuch. Der Ratgeber zur positiven Erziehung mit praktischen Übungen. Münster: Verlag für Psychotherapie.
Meyer, Hilbert (1997): Schulpädagogik. Band 1: Für Anfänger. Berlin: Cornelsen.
Milgram, Stanley (1997): Das Milgram Experiment. Zur Gehorsamsbereitschaft gegenüber Autorität. Reinbek bei Hamburg: Rowohlt.
Miller, Alice (1983): Am Anfang war Erziehung. Frankfurt a.M.: Suhrkamp.
Mitscherlich, Alexander (1996): Auf dem Weg zur vaterlosen Gesellschaft. Ideen zur Sozialpsychologie. München und Zürich: Piper.
Müller-Alten, Lutz (2001): Sozialpädagogik und Heimerziehung. In: Roth, Leo: Pädagogik. Handbuch für Studium und Praxis. München: Oldenbourg, S. 682-703.
Müller-Kohlenberg, Hildegard; Münstermann, Klaus (2001): Sozialpädagogische Institutionen. In: Roth, Leo: Pädagogik. Handbuch für Studium und Praxis. München: Oldenbourg, S. 580-590.
Neidhardt, Friedhelm (Hrsg.) (1975): Frühkindliche Sozialisation. Theorien und Analysen. Stuttgart: Enke Verlag.
Neill, Alexander Sutherland (1970): Theorie und Praxis der antiautoritären Erziehung. Das Beispiel Summerhill. Reinbek bei Hamburg: Rowohlt.
Oelkers, Jürgen (2001a): Einführung in die Theorie der Erziehung. Weinheim und Basel: Beltz.
Oelkers, Jürgen (2001b): Theorien der Erziehung – Erziehung als historisches und aktuelles Problem. In: Roth, Leo (Hrsg.): Pädagogik. Handbuch für Studium und Praxis. München: Oldenbourg, S. 266-277.
Oelkers, Jürgen (2002): Das Glück der Erziehung? Vortrag auf der Internationalen pädagogischen Werktagung „... auf dass Kindheit Glücke: Aufwachsen in einer unsicheren Welt" am 18. Juli 2002 an der Universität Salzburg.
Portmann, Adolf (1985): Biologie und Geist. Frankfurt a.M.: Suhrkamp.
Ramm, Thilo (1990): Die Bildungsverfassung. In: Anweiler, Oskar u.a. (Hrsg.): Vergleich von Bildung und Erziehung in der Bundesrepublik Deutschland und in der Deutschen Demokratischen Republik. Köln: Verlag Wissenschaft und Politik, S. 34-56.
Rang, Martin (1991): Jean Jacques Rousseau (1712-1778). In: Scheuerl, Hans (Hrsg.): Klassiker der Pädagogik I. München: Verlag C.H. Beck, S. 116-134.
Rang, Martin (1992): Einleitung. In: Rousseau, Jean-Jacques: Emile oder Über die Erziehung. Stuttgart: Reclam, S. 5-105.
Reich, Wilhelm (1989): Charakteranalyse. Köln: Kiepenheuer & Witsch.
Richter, Horst-Eberhard (1968): Eltern, Kind und Neurose. Reinbek bei Hamburg: Rowohlt.
Richter, Horst-Eberhard (1970): Patient Familie. Entstehung, Struktur und Therapie von Konflikten in Ehe und Familie. Reinbek bei Hamburg: Rowohlt.
Rolfus, Hermann/Pfister, Adolph (Hrsg.) (1867): Real-Encyclopädie des Erziehungs- und Unterrichtswesen nach katholischen Principien. Unter Mitwirkung von geistlichen und weltlichen Schulmännern für Geistliche, Volksschullehrer, Eltern und Erzieher. Erster und dritter Band. Mainz: Florian Kupferberg.
Roth, Heinrich (Hrsg.) (1976): Begabung und Lernen. Stuttgart: Klett.
Roth, Heinrich (1966a): Pädagogische Anthropologie. Band I: Bildsamkeit und Bestimmung. Hannover: Schroedel.
Roth, Heinrich (1966b): Pädagogische Psychologie des Lehren und Lernens. Hannover: Schroedel.

Rousseau, Jean-Jacques (1992): Emile oder Über die Erziehung. Stuttgart: Reclam.
Rutschky, Katharina (1997): Schwarze Pädagogik. Quellen zur Naturgeschichte der bürgerlichen Erziehung. Berlin: Ullstein.
Salzmann, Christian Gotthilf (1891): Ameisenbüchlein oder Anweisung zu einer vernünftigen Erziehung der Erzieher. Leipzig: Reclam.
Salzmann, Christian Gotthilf (1910): Konrad Kiefer oder Anweisungen zu einer vernünftigen Erziehung der Kinder. Von Dr. Wimmers überarbeitete Fassung. Paderborn: Ferdinand Schöningh.
Seiffge-Krenke, Inge (1981): Soziales Verhalten in der Schulklasse. In: Twellmann, Walter (Hrsg.): Handbuch für Schule und Unterricht. Bd.3, Düsseldorf: Schwann, S. 329-379.
Schäfers, Bernhard (1995): Grundbegriffe der Soziologie. Opladen: Leske + Budrich.
Scheibe, Wolfgang (1999): Die reformpädagogische Bewegung. Weinheim und Basel: Beltz Verlag.
Schleiermacher, Friedrich (1966): Pädagogische Schriften. Die Vorlesungen aus dem Jahre 1826. Hrsg. von Wilhelm Flitner. 1. Band. Düsseldorf und München: Helmut Küpper vormals Georg Bondi.
Scholtz, Harald (1985): Erziehung und Unterricht unterm Hakenkreuz. Göttingen: Vandenhoeck & Ruprecht.
Schulze, Theodor (1993): Schule vor dem Horizont einer Geschichte des Lernens. In: Die Deutsche Schule, Band 85, Heft 4, 1993, S. 420-436.
Standop, Jutta (2005): Werte-Erziehung. Einführung in die wichtigsten Konzepte der Werteerziehung. Weinheim und Basel: Beltz.
Statistisches Bundesamt: Pressemitteilung vom 1. März 2007: http://www.destatis.de/presse/deutsch/pm2007/p0850082.htm vom 13. Mai 2007.
Tausch, Reinhard/ Tausch, Anne-Marie (1971): Erziehungspsychologie. Begegnung von Person zu Person. Göttingen: Hogrefe.
Thiersch, Hans (2002): Positionsbestimmungen der Sozialen Arbeit. Weinheim, München: Juventa.
Tietze, Wolfgang (2001): Familienerziehung und Kleinkindpädagogik. In: Roth, Leo: Pädagogik. Handbuch für Studium und Praxis. München: Oldenbourg.
Tillmann, Klaus-Jürgen (1982): Unterricht als soziales Erfahrungsfeld. Soziales Lernen in der Institution Schule. Frankfurt a.M.: Fischer.
Tillman, Klaus-Jürgen (Hrsg.) (1993): Schultheorien. Hamburg: Bergmann und Helbig.
Tinbergen, Nikolaas/Koehler, Otto (1952): Instinktlehre. Stuttgart: Parey.
Trapp, Ernst Christian (1977/1780): Versuch einer Pädagogik. Paderborn: Schöningh.
Trapp, Ernst Christian (1964): Vom Unterrichten überhaupt. Heidelberg: Quelle & Meyer.
Tschöpe-Scheffler (Hrsg.) (2006): Konzepte der Elternbildung – eine kritische Übersicht. 2. Ausgabe. Leverkusen: Verlag Barbara Budrich.
Tschöpe-Scheffler, Sigrid (2005): Fünf Säulen der Erziehung. Wege zu einem entwicklungsfördernden Miteinander von Erwachsenen und Kindern. Mainz: Grünewald-Verlag.
Waterkamp, Dietmar (1990): Erziehung in der Schule. In: Anweiler, Oskar u.a. (Hrsg.): Vergleich von Bildung und Erziehung in der Bundesrepublik Deutschland und in der Deutschen Demokratischen Republik. Köln: Verlag Wissenschaft und Politik: S. 261-281.

Weber, Erich (1986): Erziehungsstile. Donauwörth: Auer.
Weber, Erich (2003): Pädagogik. Pädagogische Anthropologie – phylogenetische (bio- und kulturrevolutionäre) Voraussetzungen der Erziehung. Donauwörth: Auer.
Weiß, Carl (1971): Pädagogische Soziologie. Bd. 4: Soziologie und Sozialpsychologie der Schulklasse. Bad Heilbrunn: Klinkhardt.
Zwölfter Kinder- und Jugendbericht. Bundesministerium für Familie, Senioren, Frauen und Jugend. http://www.bmfsfj.de/doku/kjb/data/zusammenfassung.html am 13. Mai 2007

III. Sozialisation

Solvejg Jobst

Kapitel 9: Der Sozialisationsprozess: Begriffsbestimmung und theoretische Ansätze

1 Was meint Sozialisation?

Innerhalb der Sozialwissenschaften besteht heute ein grundlegender Konsens darüber, was allgemein unter Sozialisation zu verstehen ist. Sozialisation meint den Prozess

Sozialisation als Persönlichkeitsentwicklung

„...der Entstehung und Entwicklung der menschlichen Persönlichkeit in Abhängigkeit von und in Auseinandersetzung mit den sozialen und den dinglich-materiellen Lebensbedingungen ..., die zu einem bestimmten Zeitpunkt der historischen Entwicklung einer Gesellschaft existieren. Sozialisation bezeichnet den Prozeß, in dessen Verlauf sich der mit einer biologischen Ausstattung versehene menschliche Organismus zu einer sozial handlungsfähigen Persönlichkeit bildet, die sich über den Lebenslauf hinweg in Auseinandersetzung mit den Lebensbedingungen weiter entwickelt" (Hurrelmann 1990: 14).

Im Prozess der Sozialisation entwickelt sich fortlaufend die Persönlichkeit, die Hurrelmann (1990: 14) konkretisiert als „das einem Menschen spezifische organisierte Gefüge von Merkmalen, Eigenschaften, Einstellungen und Handlungskompetenzen...". Diese Begriffsbestimmung von Sozialisation, die sich in einer ähnlichen Formulierung das erste Mal im „Handbuch der Sozialisationsforschung" von 1980 (Geulen/Hurrelmann) findet, greift die alte Idee vom Menschen als einem sozialen Wesen auf und positioniert sich in Abgrenzung zu folgenden zwei Auffassungen von der menschlichen Entwicklung:

- erstens von einem Verständnis, das die Persönlichkeitsentwicklung als „Reifung" begreift, d.h. als Entfaltung der menschlichen Entwicklung nach einem inneren Plan;
- zweitens von der Auffassung, dass der Mensch vollständig durch die Umwelteinflüsse determiniert wird.

Die Sozialisationsforschung verweist darauf, dass es zum Verständnis sozialer Handlungen, Einstellungen und Eigenschaften der Persönlichkeit von grundlegender Bedeutung ist, diese in ihrem Entstehungskontext zu betrachten. Dabei sieht sie den Menschen nicht als *tabula rasa*, auf der die Umwelt ihre Eindrücke hinterlässt, sondern der Mensch erscheint als aktives Subjekt, das sich produktiv mit der ihm umgebenen Realität auseinandersetzt. Wir sprechen in diesem Zusammenhang auch vom „Modell der produktiven Realitätsverarbeitung" (Hurrelmann 1990: 62ff.).

Modell der produktiven Realitätsverarbeitung

Sozialisation – ein lebenslanger Prozess

Der lebenslange Sozialisationsprozess kann in folgende Phasen unterteilt werden (vgl. Tillmann 2004: 21; unter entwicklungspsychologischen Gesichtspunkten vgl. Oerter/Montada 2002: 129ff.):

- Säuglingszeit im Alter von 0 bis 1 Jahr;
- frühe Kindheit im Alter von 2 bis 4 Jahren: neben der Familie (vgl. Kapitel 10), bildet in dieser Phase die Kindertagesstätte eine zentrale Sozialisationsinstanz;
- Kindheit im Alter von 5 bis 12 Jahren: eine wichtige Sozialisationsinstanz verkörpern die Schule (vgl. Kapitel 11), aber auch die Medien;
- Jugend ab 13 Jahre: wichtige Sozialisationsinstanzen im Jugendalter sind die Schule, die Gleichaltrigengruppe (peer-group) oder die Medien. Der Übergang ins Erwachsenenalter lässt sich heute zeitlich nicht genau bestimmen, so dass man von einem „Ausfransen" der Jugendphase spricht (vgl. Kapitel 12);
- das Erwachsenenalter bis 65 Jahre: ein zentrales Sozialisationsfeld bildet hier der Beruf;
- das Alter ab 65 Jahre: vom bisherigen Alter der Pensionierung bis zum Tod.

Biografische Verknüpfung der Phasen

Den Gegenstand der Sozialisationsforschung bilden nicht nur die Erfahrungsfelder der jeweils relevanten Sozialisationsinstanzen, sondern die biografische Verknüpfung der Phasen im Lebensverlauf eines Menschen. Es wird also untersucht, inwieweit Erlebnisse in den frühen Lebensabschnitten den späteren Biografieverlauf bestimmen. So kann angenommen werden, dass die soziale Herkunft erheblichen Einfluss auf den Bildungsweg hat, dass der Bildungsabschluss die berufliche Laufbahn bestimmt und diese die Familiengründung.

Die aufgelisteten Phasen verkörpern nun keine unveränderbaren Phänomene, sondern ihre Existenz und Charakteristik ist kulturell und historisch variabel. So sind auch die biologischen Eigenschaften „alt-jung" genauso wie „weiblich-männlich" oder „dick-dünn" keine Merkmale der Persönlichkeit an sich, sondern je nach historisch-sozialem Kontext fließen diese Kategorien in die Ontogenese, d.h. in die Entwicklung des Einzelnen ein.

> Der Lebenslaufforscher Kohli (1991: 310) verweist auf die soziale Konstruktion der Lebensalter und spricht von einer „historischen Institutionalisierung" bzw. „Verzeitlichung" des Lebenslaufs während der letzten zwei Jahrhunderte. Infolge des Strukturwandels der Erwerbsarbeit (steigende Arbeitslosenzahl, zunehmend prekäre Beschäftigungsverhältnisse, Abnahme der Vollzeitarbeit) ist gegenwärtig eine Umkehrung des Prozesses zu beobachten, den Kohli (1991: 312) als „De-institutionalisierung des Lebenslaufs" bezeichnet.

Sozialisationsprozess: Begriffsbestimmung und theoretische Ansätze 163

Die Auseinandersetzung des Einzelnen mit der Umwelt, in deren Verlauf sich die Persönlichkeit entfaltet, ist ein komplexer Prozess, bei dem nicht nur die unmittelbar erfahrbaren Lebensbereiche von Bedeutung sind, sondern auch die Einbettung dieser Erfahrungsbereiche in größere Zusammenhänge. Zur Systematisierung der Vielschichtigkeit der Mensch-Umwelt-Beziehung existiert in der Sozialisationsforschung eine Reihe von Modellen, die zwischen verschiedenen Analyseebenen des Sozialisationsprozesses unterscheiden (Rolff 1967: 18f.; Bronfenbrenner 1976: 203; Geulen/Hurrelmann 1980: 64; vgl. Tillmann 2004: 16f.). Eine international weit anerkannte und angewandte Systematik (z.B. in der internationalen Civic Education Studie von 2002) verkörpert das Modell der „Ökologie der menschlichen Entwicklung" von Urie Bronfenbrenner. Bronfenbrenner begreift die Wechselwirkung zwischen Mensch und Umwelt als eine ineinandergeschachtelte Anordnung konzentrischer Strukturen, wobei er diese Strukturen als Mikro-, Meso-, Exo- und Makrosysteme bezeichnet.

Wechselwirkung zwischen Mensch und Umwelt

„Die Ökologie der menschlichen Entwicklung befasst sich mit der fortschreitenden gegenseitigen Anpassung zwischen dem aktiven, sich entwickelnden Menschen und den wechselnden Eigenschaften seiner unmittelbaren Lebensbereiche. Dieser Prozess wird fortlaufend von den Beziehungen dieser Lebensbereiche untereinander und von den größeren Kontexten beeinflusst, in die sie eingebettet sind. Man muß sich die Umwelt aus ökologischer Perspektive topologisch als eine ineinandergeschachtelte Anordnung konzentrischer, jeweils von der nächsten umschlossener Strukturen vorstellen. Diese Strukturen werden als Mikro-, Meso-, Exo- und Makrosysteme bezeichnet. ...
Menschliche Entwicklung ist der Prozeß, durch den die sich entwickelnde Person erweiterte, differenziertere und verläßlichere Vorstellungen über ihre Umwelt erwirbt. Dabei wird sie zu Aktivitäten und Tätigkeiten motiviert und befähigt, die es ihr ermöglichen, die Eigenschaften ihrer Umwelt zu erkennen und zu erhalten oder auf nach Form und Inhalt ähnlich komplexem oder komplexerem Niveau umzubilden" (Bronfenbrenner 1989: 37ff.).

Urie Bronfenbrenner: „Ökologie der menschlichen Entwicklung"

Ein *Mikrosystem* verkörpert ein Muster an Tätigkeiten, Rollen und zwischenmenschlichen Beziehungen, die die Person in einem gegebenen Lebensbereich z.B. in der Schule, in der Universität oder am Arbeitsplatz erlebt (Bronfenbrenner 1989: 38). Unter einem *Mesosystem* versteht Bronfenbrenner (1989: 41) „die Wechselbeziehungen zwischen den Lebensbereichen, an denen sich die entwickelnde Person aktiv beteiligt". Aus der Perspektive eines Kindes verkörpert beispielsweise die Beziehung zwischen Elternhaus und Schule ein *Mesosystem*. Als *Exosystem* bezeichnet Bronfenbrenner (1989: 42) ein oder mehrere Lebensbereiche, „an denen sich die entwickelnde Person nicht selbst beteiligt, in denen aber Ereignisse stattfinden, die beeinflussen, was in ihrem Lebensbereich geschieht". Aus der Perspektive eines Kindes wären dies zum Beispiel der Arbeitsplatz der Eltern oder die Klassen der älteren Geschwister. Das *Makrosystem* bezieht sich letztendlich „auf die grundsätzliche formale und inhaltliche Ähnlichkeit der Systeme niedrigerer Ordnung (Mikro-, Meso- und Exosystem), die in der Subkultur oder der ganzen Kultur bestehen oder bestehen können, einschließlich der ihnen zugrunde liegenden Weltanschauungen und Ideologien" (Bronfenbrenner 1989: 42).

Sozialisationstheoretische Ansätze und ihre Quellen

Eine makrosystemische Analyse würde sich also nicht auf spezifische Kontexte, die eine konkrete Person erfährt, beziehen, sondern auf allgemeine Prototypen der Kultur, die das Muster der Aktivitäten bestimmen.

Im Laufe der Wissenschaftsgeschichte haben sich je nach Menschenbild und Forschungsinteresse unterschiedliche Auffassungen und Theorien darüber gebildet, wie der wechselseitige komplexe Prozess zwischen Persönlichkeitsentfaltung und gesellschaftlicher Entwicklung theoretisch erfasst und reflektiert werden kann (vgl. Nunner-Winkler 2004: 132; Geulen 1980). Die heutige Sozialisationsforschung bezieht ihr grundlagentheoretisches Repertoire insbesondere aus Theorien, die in den beiden Wissenschaftsdisziplinen Soziologie und Psychologie verwurzelt sind. Diese Referenzquellen begründen sich im Anspruch der Sozialisationsforschung, die Persönlichkeitsentwicklung umfassend als einen Mehrebenenprozess in den Blick zu nehmen. In der Auseinandersetzung mit der Realität sind sowohl die innerpsychischen Prozesse als auch der Mikrobereich sozialer Interaktionen sowie Institutionen und historisch gesellschaftliche Strukturen von Bedeutung (Anspruch an Sozialisationstheorien vgl. Tillmann 2004: 29ff.). Im Folgenden wollen wir drei verschiedene sozialisationstheoretische Perspektiven kennen lernen: Die erste begreift Sozialisation als Verinnerlichung von Normen zum Bestandserhalt der Gesellschaft, die zweite Sichtweise legt das Augenmerk auf den Mikrokosmos der sozialen Interaktionen und sieht die Sozialisation als ständiges Aushandeln von Bedeutung im Interaktionsprozess, die dritte Theorietradition sieht Sozialisation als soziale Praxis in einer Gesellschaft, die von Klasseninteressen, Herrschaft und sozialem Wandel geprägt ist.

2 Sozialisation aus struktur-funktionalistischer Sicht

Émile Durkheim und der Zusammenhalt der Gesellschaft

Für die Entwicklung sozialisationstheoretischer Konzepte spielt Émile Durkheim (1858-1917) eine einflussreiche Rolle.

> *Émile Durkheim* wurde am 15. April 1858 in Épinal in Lothringen geboren. Er studierte an der École Normale Supérieure in Paris Philosophie. Ab 1887 arbeitete er als Professor für Pädagogik und Sozialwissenschaft an der Universität in Bordeaux und ab 1902 an der Universität Sorbonne in Paris, wo er Vorlesungen für Lehramtstudierende zum Verhältnis von Erziehung und Gesellschaft hielt. 1906 bekam er einen Lehrstuhl für Soziologie und Pädagogik. Am 15. November 1917 starb Durkheim in Paris.

Er ging davon aus, dass weniger der äußere Zwang (Gesetze, Polizei) oder ein am Markt orientiertes Nützlichkeitsdenken die Gesellschaft stabilisieren,

Sozialisationsprozess: Begriffsbestimmung und theoretische Ansätze

sondern eine Gesellschaft nur dann funktionieren kann, wenn genügend innerer Zusammenhalt bzw. Solidarität bestehen.

In seinem Buch „Über die Teilung der sozialen Arbeit" von 1893 (frz.: *De la division du travail social*) unterscheidet Durkheim mit Blick auf die Menschheitsgeschichte (Phylogenese) zwei Formen von Solidarität, die mit zwei Gesellschaftsformationen korrespondieren.

Die segmentierten, wenig ausdifferenzierten Gesellschaften basieren auf der mechanischen Solidarität und die daraus hervorgegangene arbeitsteilige Industriegesellschaft benötigt eine organische Solidarität. Während in der segmentierten Gesellschaft die Menschen einem Kollektiv angehören, das die Welt in gleicher Weise deutet und die Gesellschaft aufgrund gemeinsamer Überzeugungen und Gefühle (Pflichterfüllung und Akzeptanz des Vorgegebenen) zusammengehalten wird, kommt es mit der voranschreitenden Arbeitsteilung zu einer wachsenden gesellschaftlichen Differenzierung, zu heterogeneren Verhaltensweisen und Lebensformen, was eine Kooperation auf der Basis gemeinschaftlicher und bewusst gestalteter Regelungen erfordert. Ein solches Kollektivbewusstsein fehlt jedoch in der neuen arbeitsteiligen Gesellschaft – diese ist vielmehr von Anomie (mangelnde soziale Ordnung) geprägt.

Mechanische und organische Solidarität

Durkheim unterscheidet folgende Formen von Anomie:

Die Anomie

– einige bereichern sich auf Kosten anderer, es wird nicht kooperiert, was zu Konflikten führt;
– es existieren zu viele Regeln, die spontane Solidaritätsverbindungen behindern;
– überflüssige Aktivitäten, die für das Ganze keine Funktion haben.

Wenn keine Regeln bestehen, an denen sich alle orientieren können, führt dies zu einer verstärkten Selbstmordrate.

Im gleichnamigen Buch (frz. *„Le suicide"* von 1897) differenziert Durkheim drei Formen von Selbstmord:

– egoistischer Selbstmord: Der Mensch sieht im Leben keinen Sinn mehr.
– altruistischer Selbstmord: Der Sinn liegt außerhalb des eigentlichen Lebens.
– anomischer Selbstmord: Der Mensch leidet unter der Unklarheit über moralische Normen.

Zur Überwindung dieser Krisenerscheinung, d.h. zur Entwicklung eines neuen Kollektivbewusstseins betont Durkheim die Einführung einer Morallehre ins Erziehungssystem sowie die soziologische Bildung der Erzieher bzw. der Lehrer. Diesen Schritt von einer analytischen Gesellschaftsanalyse hin zu einer normativ wünschenswerten Empfehlung für die pädagogische Praxis vollführt Durkheim, indem er die Begriffe Sozialisation und Erziehung in einen Zusammenhang setzt. Er spricht von der Erziehung als einer „methodischen Sozialisation".

Morallehre als Pädagogische Konsequenz

Erziehung als methodische Sozialisation

„Statt daß die Erziehung das Individuum und sein Interesse als einziges und hauptsächliches Ziel hat, ist sie vor allem das Mittel, mit dem die Gesellschaft immer wieder die Bedingungen ihrer eigenen Existenz erneuert. Die Gesellschaft kann nur leben, wenn unter ihren Mitgliedern ein genügender Zusammenhalt besteht. Die Erziehung erhält und verstärkt diesen Zusammenhalt, indem sie von vornherein in der Seele des Kindes die wesentlichen Ähnlichkeiten fixiert, die das gesellschaftliche Leben voraussetzt. Aber ohne eine gewisse Vielfalt wäre andererseits jede Zusammenarbeit unmöglich. Die Erziehung sichert die Fortdauer dieser notwendigen Vielfalt, indem sie sich selbst vervielfältigt und spezialisiert. Sie besteht also unter der einen wie anderen Ansicht aus einer methodischen Sozialisation der jungen Generation" (Durkheim 1973: 46).

... und ihre Implikationen

Die „methodische Sozialisation" impliziert die Entwicklung von drei Elementen:

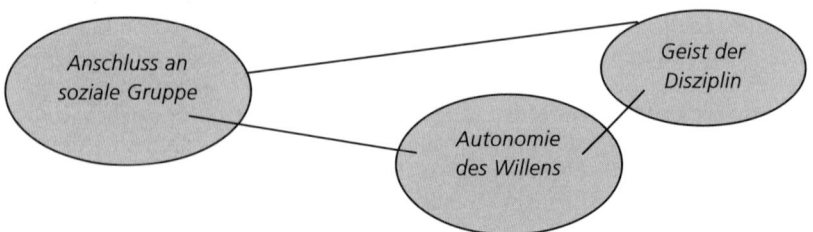

Die Gewöhnung an gesellschaftliche Regeln (Geist der Disziplin) und die Entfaltung altruistischer Haltungen (Gruppenanschluss) sind nach Durkheim untrennbar verbunden mit der Autonomie des Menschen. Autonomie meint dabei die Einsicht in gesellschaftliche Zusammenhänge, die Einsicht in die Notwendigkeit einer Kooperation sowie die Achtung von Regeln, die Zusammenleben ermöglichen.

„Um moralisch zu handeln, genügt es nicht mehr, die Disziplin zu respektieren und an eine Gruppe angeschlossen zu sein; wir müssen und auch, indem wir uns der Regel fügen oder uns einem Kollektivideal weihen, der Gründe unseres Handeln bewusst sein" (Durkheim 1973: 165).

Talcott Parsons und der Strukturfunktionalismus

In Rückgriff auf Durkheims Annahme von der Gesellschaft als einem ganzheitlichen Wesen trug der US-amerikanische Soziologe Talcott Parsons (1902-1979) wesentlich zur Entwicklung des Strukturfunktionalismus bei (vgl. Korte 2004: 69ff.; Hurrelmann 1990: 41ff.; Tillmann 2004). Für Parsons konstituiert sich die Gesellschaft über die Wechselseitigkeit von vier hierarchisch angeordneten Systemtypen: Das kulturelle System (*cultural system*) besteht aus in Institutionen verkörperten Werten einer Kultur, wie der Sprache, Kunstwerken, Supermärkten, Straßen etc. (Parsons/Shill 1951: 159ff.).

Unter sozialem System (*social system*) sind die sozialen Beziehungen zwischen zwei oder mehreren Handelnden und der wechselseitigen Orientierung zwischen ihnen zu verstehen.

Das Persönlichkeitssystem (*personality system*) basiert auf individuellen Dispositionen der Person, die sie von anderen unterscheidet und dadurch ihre Identität gewinnt, wie z.b. das Streben nach bestimmten allgemeinen Zielen (Parsons/Shill 1951: 110ff.). Unterhalb des personalen Systems liegt das System des Organismus, also die physischen und biologischen Bedürfnisse des Menschen.

Diese Subsysteme bzw. vertikal geordneten Systemebenen stehen miteinander in Verbindung und konstituieren so die Gesamtgesellschaft als funktionale Einheit. Die Vermittlung zwischen dem Kultur- und Sozialsystem erfolgt über die Institutionalisierung kultureller Muster, die Werte einer Kultur sind fest in den sozialen Beziehungen verankert. Die Verbindung zwischen dem kulturellen und dem personalen System erfolgt über die Internalisierung kultureller Muster in die Persönlichkeit, wobei die Person die kulturellen Muster im Hinblick auf ihre Ziele konkretisiert und die Persönlichkeit dabei Teil der Kultur wird. Zwischen Sozial- und Persönlichkeitssystem vermittelt die Sozialisation. Die Verbindung zwischen dem personalen und dem organischen System erfolgt über den Mechanismus des Lernens als Konditionierung des Verhaltensorganismus durch die Person (vgl. Münch 2004: 59ff.; Hurrelmann 1990: 40ff.; Tillmann 2004: 116ff.).

Vermittlung zwischen dem Kultur- und Sozialsystem

Konzentrieren wir uns etwas näher auf die Sozialisation. Parsons versteht hierunter einen Prozess, bei dem die Bedürfnisse der Person in Einklang mit den Normen des sozialen Systems gebracht werden. Mit diesem Gedanken bezieht sich Parsons (1997: 23ff.) auf Freud, der mit der Kategorie des „Über-Ichs" betont, dass die Persönlichkeit durch soziale Verhaltenserwartungen geprägt wird.

Soziale Rolle

Den Übergang von den gesellschaftlichen Normen in die Persönlichkeit verdeutlicht Parsons mit dem Konzept der sozialen Rolle. Eine soziale Rolle bezeichnet ein Set an normativen Verhaltenserwartungen, an denen sich die Person in sozialen Interaktionen orientiert. Sozialisation meint also den Erwerb derjenigen Orientierungen, die für ein Rollenhandeln, d.h. für eine soziale Interaktion erforderlich sind. Ausgehend von der Sozialisation in der Familie erlernt das Kind allmählich im Sozialsystem Schule und dann später im Beruf immer ausdifferenziertere Rollen.

Zur Systematisierung der unterschiedlichen Rollenanforderungen entwickelt Parsons das Konzept der *pattern variables*. Gemeint sind damit folgende fünf Gegensatzpaare, die die Verhaltensorientierung in den verschiedenen Sozialisationsfeldern beschreiben (vgl. Tillmann 2004: 124).

„pattern variables"

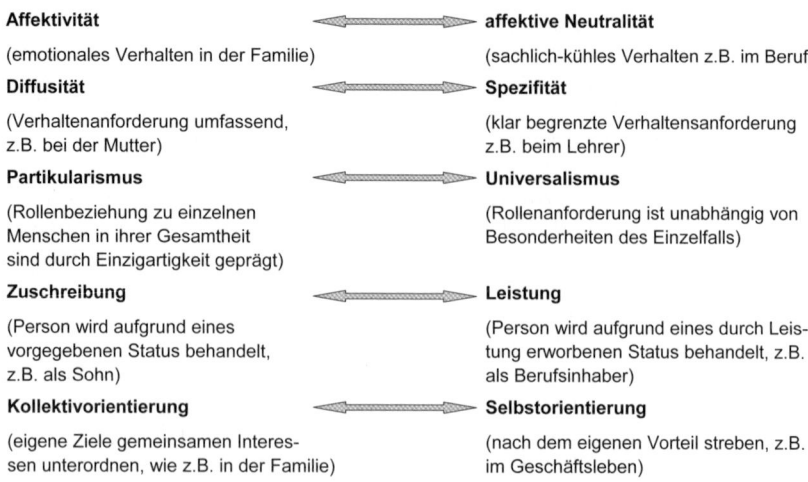

Anhand der Mustervariablen kann der Bezugsrahmen des unterschiedlichen Rollenhandelns idealtypisch dargestellt werden. Zum Beispiel ist der normative Orientierungsrahmen des Lehrerhandelns idealtypisch zu kennzeichnen als affektiv, neutral, spezifisch, universalistisch, leistungsbezogen und kollektivorientiert.

Kritik an Parsons

Parsons versucht, die verschiedenen Ebenen des Sozialisationsprozesses (Subjekt, Interaktion, Institution, Gesamtgesellschaft) miteinander zu verbinden. Problematisch ist jedoch sein größtenteils passives Bild vom Menschen, denn dieser erscheint als jemand, der gesellschaftlich notwendige Rollen lediglich zur Stabilisierung des Gesamtsystems verinnerlicht. Die Möglichkeit, zu den Rollenerwartungen eine kritische Distanz aufzubauen oder das Interesse am gesellschaftlichen Wandel spielt im Strukturfunktionalismus eine untergeordnete Rolle.

3 Sozialisation aus der Sicht des Symbolischen Interaktionismus

Im Unterschied zu Parsons betonen die Vertreter des Symbolischen Interaktionismus (auch Chicagoer Schule genannt) die interpretative Dimension des Rollenhandelns.

George Herbert Mead und die Grundlagen der Identität

Der Begründer dieser Theorierichtung George Herbert Mead (1863-1931), dessen Überlegungen im Buch „Geist, Identität und Gesellschaft" („*Mind, Self and Society*", herausgegeben 1934) nachzulesen sind, geht davon aus, dass sich der Mensch in der sozialen Interaktion mit anderen immer doppelt sieht und auf dieser Basis seine Identität entwickelt – er nimmt sich

Sozialisationsprozess: Begriffsbestimmung und theoretische Ansätze

für sich selbst wahr und er nimmt sich in den Augen der anderen wahr. Das „*Self*" (in der dt. Ausgabe als „Identität" bezeichnet) besteht aus der wechselseitigen Bezogenheit zweier autonomer Größen: der sozialen Komponente des „*Me*" (in der dt. Ausgabe als „ICH" bezeichnet) und der psychischen Komponente des „*I*" (in der dt. Ausgabe als „ich" bezeichnet). Das „*I*" verkörpert etwas Spontanes und Kreatives, während das „*Me*" die Vorstellung verkörpert, die der andere von mir hat. Zum Beispiel könnte das „*I*" beim Lesen von komischen Textstellen in der Bibliothek loslachen, jedoch ruft das „*Me*" die Haltung des „verallgemeinerten Anderen", das Nicht-Lachen-Dürfen hervor. Der Dialog zwischen beiden entscheidet über die letztendliche Handlung (Mead 1973: 177ff.).

„Die organisierte Gemeinschaft oder gesellschaftliche Gruppe, die dem Einzelnen seine einheitliche Identität gibt, kann »der (das) verallgemeinerte Andere« genannt werden. Die Haltung dieses verallgemeinerten Anderen ist die der ganzen Gemeinschaft. So ist zum Beispiel bei einer gesellschaftlichen Gruppe wie einer Spielmannschaft eben dieses Team der verallgemeinerte Andere, insoweit es – als organisierter Prozeß oder gesellschaftliche Tätigkeit – in die Erfahrung jedes einzelnen Mitgliedes eintritt...

Und nur dadurch, dass einzelne Individuen die Haltung oder die Haltungen des verallgemeinerten Anderen gegenüber sich selbst einnehmen, ist ein logisches Universum möglich, jenes System gemeinsamer oder gesellschaftlicher Bedeutungen, das jeder Gedanke als seinen Kontext voraussetzt" (Mead 1973: 196f.).

Grundlegend für die Entwicklung der Persönlichkeit sind soziale Interaktionen, in denen der Mensch in die Rolle des anderen schlüpft (Rollenübernahme/*role-taking*) und diese Rolle ausgestaltet (*role-making*). Voraussetzung für unser Selbst ist also das Sich-hinein-Versetzen in die Haltung des Interaktionspartners und sich mit den Augen der anderen zu sehen. „Wir müssen andere sein, um wir selbst sein zu können" (Mead 1973: 327). Nach Mead entwickelt sich die Fähigkeit zur Perspektivübernahme (Empathie) und die darauf basierende Identität des Menschen in drei Stadien (Mead 1973: 192ff.). *role-making und role-taking*

Im ersten Stadium wird die Übernahme der Haltung anderer durch (Rollen-)Spiel eingeübt (*play*). Dies erfolgt weder organisiert noch nach festgelegten Regeln, sondern das Kind spielt verschiedene Rollen, die für es bedeutsam sind (z.B. Hund oder Pirat).

Im zweiten Stadium übernimmt das Kind nicht nur die Haltung eines Einzelnen anderen, sondern es organisiert sein Handeln unter Berücksichtigung der verschiedenen Rollen innerhalb einer Gruppe (*game*). Bevor ein Kind einen Pass schießt, antizipiert es, wie sein Mitspieler darauf reagiert. Es muss also in der Lage sein, sich in die Rolle des Werfers und des Fängers hineinzuversetzen.

Im dritten Stadium macht der junge Mensch die Haltung einer größeren sozialen Gruppe zum Moment seines Selbst, womit die Haltung eines „verallgemeinerten Anderen" situationsspezifisch (z.B. das geschlechtsspezifische Verhalten „stark sein") hervorgerufen wird.

Herbert Blumer und die Symbolische Interaktion

Herbert Blumer (1900-1987), ein Schüler von Mead, prägte den Begriff „Symbolische Interaktion" und fasst die Theorie des Symbolischen Interaktionismus in drei Grundprämissen zusammen (Blumer 1973: 81).

- Menschen handeln gegenüber Dingen (auch Menschen, Institutionen) auf der Grundlage der Bedeutungen, die diese Dinge für sie besitzen.
- Die Bedeutung der Dinge entsteht durch soziale Interaktion.
- Diese Bedeutungen werden durch einen interpretativen Prozess gehandhabt und verändert.

Stärken und Schwächen des interaktionistischen Ansatzes

Ein wesentlicher Vorteil des symbolisch-interaktionistischen Konzepts besteht darin, die Bedeutung der sozialen Beziehungen und den kreativen selbstreflexiven Umgang des Einzelnen mit ihnen zum Gegenstand der Betrachtung zu machen. Im Anschluss hieran existiert eine Vielzahl empirischer Studien, die die Sozialisationsinstanzen aus der Perspektive der Teilnehmer untersuchen. Hierzu zählt z.B. die Forschung von Erving Goffman (1922-1982), der mit seinen ethnografischen Analysen zur weiteren Ausdifferenzierung des Identitätsbegriffs und zum Verständnis von Stigmatisierungsprozessen beigetragen hat (vgl. Kapitel 12).

Der interaktionistische Ansatz kann jedoch wegen seines ausschließlich mikrosystemischen Blicks kritisiert werden, da dieser die gesellschaftlichen Makrostrukturen, so z.B. auch Herrschafts- und Machtbeziehung, systematisch ausblendet.

Jürgen Habermas und die Grundqualifikationen des Rollenhandelns

Eine für die sozialisationstheoretische Diskussion bedeutsame Weiterentwicklung des Rollenkonzepts lieferte Jürgen Habermas.

> *Jürgen Habermas* wurde am 18. Juni 1929 in Düsseldorf geboren. Er studierte an den Universitäten Göttingen, Zürich und Bonn Philosophie, Psychologie, Deutsche Literatur und Ökonomie. Anschließend arbeitete er als freier Journalist, bis er 1956 zur Mitarbeit am wieder eröffneten Institut für Sozialforschung in Frankfurt am Main eingeladen wurde. Hier kommt er in Kontakt mit der empirischen Sozialforschung und einer kritischen Gesellschaftstheorie. 1964-1971 arbeitete er als Professur für Philosophie und Soziologie an der Universität Frankfurt/Main, wechselte dann als Direktor des Max-Planck-Instituts zur Erforschung der Lebensbedingungen der wissenschaftlich-technischen Welt nach Starnberg und wirkte 1983-1994 als Professor für Philosophie (Schwerpunkt Sozial- und Geschichtsphilosophie) in Frankfurt am Main.

In kritischer Auseinandersetzung mit dem struktur-funktionalistischen und symbolisch-interaktionistischen Rollenkonzept identifiziert er fünf (wünschenswerte) Grundqualifikationen des interaktionistischen Rollenhandelns (Habermas 1968/1973): Neben der Sprachkompetenz und der Fähigkeit, sich in andere hineinzuversetzen (Empathie), sollten die Interaktionsteilnehmer über die Fähigkeit verfügen, a) eine Interaktion auch dann fortzusetzen, wenn die eigenen Bedürfnisse dabei nur im geringen Ausmaß befriedigt werden (Frustrationstoleranz), b) Unklarheiten und Ambivalenzen in der Rollenerwartung zu ertragen und dabei handlungsfähig zu bleiben (Ambiguitätstoleranz) sowie c), die abverlangte Rolle zu reflektieren und ihr gegenüber eine kritische Distanz einzunehmen (Rollendistanz). Mit diesen Grundqualifikationen kritisiert Habermas das Rollenverständnis von Parsons in dreierlei Hinsicht. Erstens verweist er darauf, dass Rollenerwartungen und Bedürfnisdispositionen nicht deckungsgleich sind und deshalb zur Aufrechterhaltung der Interaktion eine Frustrationstoleranz wichtig ist. Zweitens besteht auch zwischen den Rollendefinitionen und dem tatsächlichen Handeln keine Deckungsgleichheit, da Rollen immer interpretationsbedürftig sind. Die Akteure müssen demzufolge über eine Ambiguitätstoleranz verfügen. Drittens kann nicht davon ausgegangen werden, dass die gesellschaftlich gültigen Normen mit den subjektiv übernommenen Werten übereinstimmen, denn die Subjekte sind grundlegend zu einer reflexiven (Eigen)bewertung der Rolle in der Lage, sie können eine Rollendistanz aufbauen.

Anhand dieser Grundqualifikationen wird es möglich, die in einer Gesellschaft vorfindbare Interaktionsbeziehungen kritisch danach zu befragen, inwieweit sie zu deren Entwicklung beitragen. Habermas „normative Sozialisationstheorie" (Brumlik 1983: 240) verbindet sich mit einem emanzipatorischen Erkenntnisinteresse, welches die gesellschaftliche Dimension von Herrschaft problematisiert und damit die interaktionistische Perspektive um einen entscheidenden ideologiekritischen Aspekt erweitert.

4   Sozialisation in historisch-materialistischer Sicht

Die ideologiekritische Analyse der gesellschaftlichen Verhältnisse verkörpert ein zentrales Anliegen der historisch-materialistischen Theorie von Karl Marx (1818-1883) und Friedrich Engels (1820-1895), deren grundlegende Annahmen wie folgt zusammengefasst werden können (vgl. Korte 2004: 25ff.; Tillmann 2004: 162ff.).

Karl Marx und Friedrich Engels und die materialistische Sozialisationstheorie

Erstens: Die Geschichte wird von Menschen gemacht. Zur wesentlichen Gattungseigenschaft des Menschen gehört, dass er durch seine Tätigkeit Geschichte konstituiert.

Die Geschichte

„Die Geschichte tut nichts, sie besitzt keinen ungeheuren Reichtum, sie kämpft keine Kämpfe! Es ist vielmehr der Mensch, der wirkliche lebendige Mensch, der das alles tut, besitzt und kämpft" (Marx & Engels MEW 2 1969: 98).

Im Unterschied zum Strukturfunktionalismus existiert also keine Gesellschaft, die gegenüber den Einzelnen (Rollen)ansprüche erheben kann, sondern:

"Der Mensch macht seine Lebenstätigkeit selbst zum Gegenstand seines Wollens und seines Bewusstseins. Er hat bewusste Lebenstätigkeit" (Marx 1981: 516).

Der Bezug zum „anderen"

Zweitens: Dieses Selbstbewusstsein ergibt sich aus einem doppelten Umweltbezug des Menschen – zum einen als Auseinandersetzung mit der gegenständlichen Natur in der Arbeit und zum zweiten in der sozialen Beziehung mit anderen Menschen. Ähnlich wie Mead betont auch Marx die Perspektivübernahme als wesentliches Gattungsmerkmal des Menschen:

„Da er weder mit einem Spiegel auf die Welt kommt, noch als Fichtescher Philosoph: Ich bin ich, bespiegelt sich der Mensch zuerst in einem anderen Menschen" (Marx 1988: 67).

Über Mead hinaus ist jedoch auch das Verhältnis der Menschen zur sachlich-gegenständlichen Umwelt von Bedeutung (vgl. Ottomeyer 1980; Tillmann 2004: 159ff.).

Alexej Leontjew und die menschliche Tätigkeit

In der materialistischen Entwicklungstheorie erhält die gegenständliche Tätigkeit vor allem eine elementare Bedeutung (vgl. Kirchhöfer 2004; IMSF 1986). In Anknüpfung an Lew Wygotski (1896-1934), dem Begründer der kulturhistorischen Schule und im Anschluss an Marx beschreibt Alexej Leontjew (1903-1978) die Tätigkeit als Bindeglied zwischen dem Individuum und der Umwelt, wobei er zwei Strukturen der menschlichen Tätigkeit unterscheidet: die instrumentale Struktur (Werkzeugstruktur) und die soziale Struktur, d.h. die Einbettung der Tätigkeit in ein System der Wechselbeziehungen mit anderen Menschen (weiterführend vgl. Leontjew 1982: 97; Kirchhöfer 2004: 53f.).

Die Gesellschaftsanalyse

Drittens: Die materialistische Theorie betrachtet die Tätigkeit nicht nur auf der Mikroebene, sondern verbindet diese mit einer Gesellschaftsanalyse. Marx geht davon aus, dass die Produktionsweise die jeweilige Gesellschaftsformation bestimmt. Die Produktionsweise resultiert aus dem Verhältnis zwischen den Produktivkräften und den Produktionsverhältnissen. Die Produktivkräfte sind zum einen die Produktionsmittel (Werkzeuge, Maschinen, Kapital, Boden) und zum anderen die menschliche Arbeitskraft. Die Produktionsverhältnisse kennzeichnen die ökonomischen und sozialen Beziehungen der Menschen untereinander (die Form der Arbeitsteilung, die Verteilung der Produkte), die aus den Eigentumsverhältnissen an Produktionsmitteln erwachsen.

Klassengesellschaft

Die kapitalistische Gesellschaft wird als Klassengesellschaft gesehen, in der sich zwei soziale Klassen antagonistisch gegenüberstehen. Die herrschende Klasse (die Kapitalisten bzw. Bourgeoisie) ist Eigentümerin an Produktionsmitteln, während die beherrschte Klasse (die lohnabhängige Bevölkerung bzw. das Proletariat) über ihre Arbeitskraft verfügt, die sie gezwungen ist, zu verkaufen. Dazwischen befindet sich eine Mittelklasse (Handwerker, Landwirte), die zwar über die Produktionsmittel verfügen, jedoch auf ihre eigene Arbeitskraft angewiesen sind (Marx 1988 MEW 23: 784).

Sozialisationsprozess: Begriffsbestimmung und theoretische Ansätze

Die Menschheitsgeschichte begreifen Marx und Engels als eine Geschichte von Klassenkämpfen, wobei die Konflikte zwischen den Klassen zur Revolution führen, die unterdrückte Klasse an die Macht bringen und es zur Etablierung einer neuen Produktionsweise kommt. Insgesamt unterscheiden sie folgende Gesellschaftsformationen: klassenlose Urgemeinschaft ohne Klassen, Sklavenhaltergesellschaft mit den Sklaven und Sklavenhaltern, die Feudalgesellschaft mit dem Adel und Klerus sowie Bürgern und Leibeigenen, die bürgerliche Gesellschaft mit der Bourgeoisie und dem Proletariat und schließlich den klassenlosen Kommunismus, der die eigentliche Geschichte der Menschheit beginnen lässt. *Gesellschaftsformationen und Klassenkämpfe*

„Erst in der Gemeinschaft (mit Anderen hat jedes) Individuum die Mittel, seine Anlagen nach allen Seiten hin auszubilden; erst in er Gemeinschaft wird also die persönliche Freiheit möglich. In den bisherigen Surrogaten der Gemeinschaft, im Staat usw. existierte die persönliche Freiheit nur für die in den Verhältnissen der herrschenden Klasse entwickelten Individuen und nur, insofern sie Individuen dieser Klasse waren. Die scheinbare Gemeinschaft, zu der sich bisher die Individuen vereinigten, verselbständigte sich stets ihnen gegenüber und war zugleich, da sie eine Vereinigung einer Klasse gegenüber einer andern war, für die beherrschte Klasse nicht nur eine ganz illusorische Gemeinschaft, sondern auch eine neue Fessel. In der wirklichen Gemeinschaft erlangen die Individuen in und durch ihre Assoziation zugleich ihre Freiheit" (Marx & Engels 1983: 74).

Die Herrschaft im entwickelten Kapitalismus beruht nun weniger auf Zwang und offener Gewalt, sondern mehr auf Einwilligung und Zustimmung der Lohnabhängigen. Das emanzipatorische Erkenntnisinteresse der Sozialisationsforschung besteht nun darin, zu untersuchen, ob „die Integration in das von Widersprüchen geprägte kapitalistische System gelingt (ob also ‚falsches' Bewusstsein erzeugt werden kann) oder ob die abhängig Beschäftigten ihre Lagen und ihre Interessen erkennen (also zu ‚richtigem' Bewusstsein kommen)" (Tillmann 2004: 169). *Richtiges und falsches Bewusstsein*

Pierre Bourdieu (1930-2002), den wir bereits mit seiner Kritik am Humankapitalansatz kennen gelernt haben (vgl. Kapitel 3), knüpft u. a. an die Klassentheorie von Marx an, wobei er die Dominanz der ökonomischen Kriterien (Besitz an Produktionsmittel) relativiert. Er verweist darauf, dass heute das ökonomische Kapital (materieller Besitz an Geld, Eigentum) allein noch keine Machtposition garantiert, sondern dass neben dem ökonomischen vor allem das kulturelle Kapital als „fundamentales Prinzip der Herrschaft" weltweit wirkt (Bourdieu 2001: 167f.). Zur Erinnerung: das kulturelle Kapital kann in drei Formen existieren: Zum einen als verinnerlichter, inkorporierter Zustand, womit dauerhafte Handlungsdispositionen, wie z. B. die Benutzung von Maschinen oder der Genuss eines Gemäldes gemeint sind, zweitens als objektivierter Zustand d. h. in Form von symbolischen Gütern wie Bücher oder Bilder. Schließlich existiert das kulturelle Kapital im institutionalisierten Zustand, womit v.a. schulische Titel bezeichnet werden (Bourdieu 1983). Als eine dritte Kapitalform benennt Bourdieu das soziale Kapital. Dies verkör- *Pierre Bourdieu und die verschiedenen Kapitalsorten* pert all jene Ressourcen, die auf der Zugehörigkeit zu einer Gruppe beruhen (siehe Kapitel 3).

Das ökonomische, kulturelle und soziale Kapital kann als symbolisches Kapital fungieren, sobald es allgemeine Anerkennung erlangt. Beim symbolischen Kapital handelt es sich um eine übergeordnete Kapitalsorte. Da die Anerkennung des Kapitals als wertvoll „entsprechend den von ihm selbst durchgesetzten Wahrnehmungskategorien" (Bourdieu 1992: 149) geschieht, bildet das symbolische Kapital die Grundlage symbolischer Macht – einer Macht, die einer bestimmten Perspektive absoluten Wert zu verleihen.

Habitus

Ein weiterer zentraler Begriff bei Bourdieu ist der des Habitus. Dieser bezeichnet ein System von dauerhaften Dispositionen, das alle vorhergehenden Erfahrungen integriert und als Wahrnehmungs-, Interpretations- und Orientierungshintergrund für Handlungen wirkt (Bourdieu 1993: 98). Der Habitus verkörpert also erstens ein Produkt der Vergangenheit, er wirkt als „strukturierte Struktur" bzw. als „*opus operatum*" (Bourdieu 1982: 281ff.). Bourdieu spricht auch davon, dass es sich beim Habitus um einverleibte Muster des Sozialen handelt, die eingeschrieben sind in die „Falten des Körpers, die Gesten, die Sprechweisen..." (Bourdieu 1982: 38). Zweitens wirkt der Habitus handlungsgenerierend, d.h. aufgrund des Habitus ist der Mensch in der Lage, neue Verhaltensweisen hervorzubringen. Bourdieu (1982: 279ff.) bezeichnet diese zweite Seite des Habitus als „strukturierende Struktur" bzw. als „*modus operandi*".

Habitus und kulturelles Kapital

Der Habitus steht in enger Verbindung mit dem inkorporierten kulturellen Kapital, denn, wie wir bereits gesehen haben, verkörpert das inkorporierte kulturelle Kapital einen festen Bestandteil der Person, den Habitus (Bourdieu 2001: 114). In dieser Verbindung zwischen Habitus und kulturellem Kapital kommen nicht nur Bourdieus handlungstheoretische Annahmen, sondern auch seine Gesellschaftstheorie zum Ausdruck, die er als Theorie der Klassengesellschaft entwickelt. Er verwendet dabei das Konstrukt des sozialen Raums, mit dem er die sozialen Positionen der Akteure und deren Relationen zueinander visualisiert. Die Verteilung der Positionen im Raum entspricht der Verteilung von ökonomischem, sozialem und kulturellem Kapital im Raum (Bourdieu 1982, 1983). Der Besitz an Kapitalien (so auch der Habitus einer Person, also deren inkorporiertes kulturelles Kapital) gibt also Auskunft über die Position des Akteurs im sozialen Raum und dessen Zugehörigkeit zu einer bestimmten Klasse.

Klassenstruktur nach Bourdieu

Ähnlich wie Marx und Engels unterscheidet auch Bourdieu drei Klassen, wobei er neben dem ökonomischen Kapital vor allem das kulturelle Kapital (Habitus) als ein wesentliches Unterscheidungsmerkmal einführt. Die herrschende Klasse (Bourgeoisie) ist bestrebt, durch Distinktion Abstand zu den Lebensformen anderer sozialer Gruppen zu wahren. Sie unterteilt sich in zwei Fraktionen: in diejenigen, deren Reproduktion vom ökonomischen Kapital abhängt und in diejenigen, deren Reproduktion vom kulturellen Kapital

Sozialisationsprozess: Begriffsbestimmung und theoretische Ansätze 175

abhängt. Die mittlere Klasse (Kleinbürgertum) ist ständig bemüht, sich der oberen Schicht kulturell anzupassen (Prätention, Habitus des Strebens). Die eine Fraktion – die alte Mittelklasse (Handwerker) – reproduziert sich über ökonomisches Kapital. Die Reproduktion der zweiten Fraktion – der neuen Mittelklasse (Dienstleistungsberufe) – läuft über das kulturelle Kapital. In der unteren Klasse (Arbeiterklasse) dominiert Kampf um die Existenz, die den Lebensstil prägt (Habitus der Notwendigkeit).

Sozialisation analysiert Bourdieu als Habitualisierung (vgl. Baumgart 2004: 199) und macht damit darauf aufmerksam, dass das Handeln der Akteure, ihr gesamter Lebensstil und die Entwicklung ihrer Persönlichkeit von der jeweiligen Position im sozialen Raum bestimmt sind. *Sozialisation als Habitualisierung*

Das Habitus-Konzept unterscheidet sich dabei vom Konzept der sozialen Rolle. Während jede Person nur einen Habitus haben kann, geht die Rollentheorie in ihrer Grundprämisse davon aus, dass jede Person verschiedene Rollen einnimmt. Im Unterschied zum Rollenkonzept handelt die Person im Habitus-Konzept nicht in verschiedenen Rollen, sondern sie agiert als Einheit aufgrund einer inkorporierten Struktur, aufgrund von all dem, was sie unter ganz bestimmten Existenzbedingungen in der Vergangenheit erlebt hat.

Ein Vorteil der klassentheoretischen Ansätze besteht darin, dass sie die Gesellschaft nicht als statisches Konstrukt begreifen, das über eine gemeinsam geteilte Internalisierung allgemeingültiger Werte und Normen stabilisiert wird, sondern dass sie Konflikt und Wandel als zentrale Merkmale der Gegenwartsgesellschaft in ihre Analysen einbeziehen. Hierdurch unterscheiden sie sich wesentlich vom Strukturfunktionalismus. Darüber hinaus richten sie den Blick – anders als der symbolische Interaktionismus – nicht (ausschließlich) auf die Mikroebene sozialer Interaktionen, sondern sehen diese Beziehungen eingebettet in gesellschaftliche Herrschaft und Machtstrukturen. Die konflikttheoretische Perspektive verweist also darauf, dass Sozialisation auch immer etwas mit Unterdrückung, Machtbeziehungen, sozialer Ausgrenzung, aber auch mit Emanzipation und dem Einklagen von Rechten zu tun hat. Jedoch ist es den klassentheoretischen Konzepten bisher nur in Ansätzen gelungen (vgl. z.B. Willis 1982), ihre makrotheoretischen Überlegungen mit solchen handlungstheoretischen Annahmen zu verknüpfen, die das kreative Moment sozialer Handlungen und Interaktionen hervorheben. *Kritik am klassentheoretischen Ansatz*

5 Fazit

Das Ziel dieses Kapitels war es, den Sozialisationsbegriff einzuführen. Die dabei vorgestellten sozialisationstheoretischen Ansätze sollten zeigen, welche unterschiedlichen Möglichkeiten bestehen, die Wechselwirkung zwischen Mensch und Gesellschaft besser zu verstehen. Die beiden folgenden

Kapitel exemplifizieren diese Perspektiven in zwei pädagogisch besonders relevanten Sozialisationsfeldern, der Familie und der Schule.

Wiederholungsfragen

1. Was meint Sozialisation, welche Phasen und Ebenen können dabei unterschieden werden?
2. Was meint Durkheim mit organischer und mechanischer Solidarität und warum spricht er von einer „Methodischen Sozialisation".
3. Wie beschreibt Parsons die Gesellschaft und welche Rolle spielt dabei die Sozialisation?
4. Was versteht Parsons unter einer sozialen Rolle?
5. Parsons arbeitet fünf Gegensatzpaare von Verhaltensorientierungen heraus – die so genannten *pattern variables*. Was wäre ein Beispiel für jede Verhaltensorientierung?
6. Wie bestimmt Mead die Beziehung zwischen „*I*" und „*Me*"? Welche Beispiele können angeführt werden, um diese Beziehung zu veranschaulichen?
7. Was sind nach Habermas die Grundqualifikationen des interaktionistischen Rollenhandelns?
8. Was sind grundlegende Annahmen der historisch-materialistischen Theorie?
9. Was versteht Bourdieu unter Habitus und in welchem Zusammenhang stehen der Habitus einer Person und ihre Position im sozialen Raum?

Reflexionsfragen

1. Durkheim und Parsons gehen davon aus, dass die Gesellschaft als eigenständiges Wesen außerhalb des Menschen existiert. Dennoch besteht zwischen beiden ein wesentlicher Unterschied. Welcher ist das?
2. Welche Kritik äußert Habermas an der traditionellen Rollentheorie von Parsons?
3. Inwieweit hat Sozialisation etwas mit Macht, Unterdrückung und Emanzipation zu tun?
4. Inwieweit unterscheidet sich die Aneignung von kulturellem, sozialem und ökonomischem Kapital? Welche Beispiele können dies veranschaulichen?

Sozialisationsprozess: Begriffsbestimmung und theoretische Ansätze

Empfehlung zur weiteren Lektüre:

Einen ausführlichen Überblick zu verschiedenen Sozialisationstheorien geben:

Baumgart, Franzjörg (2004): Theorien der Sozialisation. Bad Heilbrunn: Klinkhardt.
Geulen, Dieter (2002): Sozialisationstheoretische Ansätze. In Krüger, Heinz-Hermann/Grunert, Cathleen (Hrsg.): Handbuch Kindheits- und Jugendforschung. Opladen: Leske + Budrich, S. 83-97.
Hurrelmann, Klaus (2006): Einführung in die Sozialisationstheorie. Weinheim, Basel: Beltz (9. Auflage).
Tillmann, Klaus-Jürgen (2004): Sozialisationstheorien. Reinbek bei Hamburg: Rowohlt (13. Auflage).

Ein Überblick über Theorieansätze und Forschungsfelder findet sich in:

Hurrelmann, Klaus/Ulich, Dieter (1991): Neues Handbuch der Sozialisationsforschung. Weinheim, Basel: Beltz (4. Auflage).

Kapitel 10: Sozialisationsfeld: Familie

1 Wann sprechen wir von Familie?

Definition von Familie

Von Familie sprechen wir dann, wenn mindestens zwei Generationen in einer Lebensgemeinschaft zusammenleben, d.h. wenn eine gemeinsam praktizierte Eltern-Kind-Beziehung besteht. Aus der Perspektive des Kindes handelt es sich dabei um die „Herkunftsfamilie" und aus Sicht der Eltern um die „Eigenfamilie". Leben zwei Generationen in einer Familie, bezeichnet man dies in Abgrenzung zur Mehrgenerationen-Familie als „Kernfamilie". Die wissenschaftliche Begriffsbestimmung von Familie beschränkt sich damit nicht auf Ehepartner mit Kind, auf heterosexuelle Elternpaare, auf die biologische Elternschaft oder auf die Anwesenheit von zwei Erwachsenen (vgl. z.B. Neidhardt 1980: 281, Böhnisch/Lenz 1999: 28, Nave-Herz 2001: 21; Cheal 2002).

Kriterien eines interdisziplinären Familienbegriffes

Im Handbuch der Familienforschung (Nave-Herz/Markefka 1989), das die Forschungsergebnisse verschiedener Wissenschaftsdisziplinen dokumentiert, präzisiert Nave-Herz (1989: 3ff.) den interdisziplinären Familienbegriff durch vier Kriterien. In Anlehnung an René König (1906-1992) (1974) ist die Familie zunächst durch ihre „biologisch-soziale Doppelnatur" gekennzeichnet. Das heißt, dass sie in allen Gesellschaften in erster Linie zwei kulturell variable Funktionen erfüllt: die Reproduktions- und die Sozialisationsfunktion. Die Familienmitglieder verbindet zweitens ein besonderes Kooperations- und Solidaritätsverhältnis, welches in seinem Bedingungsgefüge ebenfalls historisch und kulturell variiert, zum Beispiel auf emotionaler Zuneigung, auf einem Vertrag und/oder auf Existenzsicherung beruht. Konstitutiv für die Familie ist drittens die Generations-, nicht aber die Geschlechtsdifferenzierung. Als viertes Kriterium nennt Nave-Herz die öffentliche Bekundung einer Familie auf Dauer vor Zeugen, was gewöhnlich durch eine Eheschließungszeremonie erfolgt. Allerdings relativiert sie diese definitorische Bestimmung von Familie, indem sie auf die wachsende Bedeutung familialer Lebensformen ohne Trauschein verweist. Hier zeigt sich, dass das Familienleben und die Vorstellung von Familie mit dem historischen, politischen, kulturellen und wirtschaftlichen Kontext variieren und dass die Kriterien eines wissenschaftlichen Familienbegriffs einer stetigen Überprüfung an den sozialen Lebensverhältnissen verlangen.

Sozialisationsfeld: Familie

Die Frage, welche Funktionen Familien zur Stabilisierung der Gesellschaft erfüllen, basiert auf dem strukturfunktionalistischen Paradigma, dessen prominentesten Vertreter Talcott Parsons wir bereits im Kapitel 9 kennen gelernt haben. Nach Parsons (1997: 77f.) übernimmt die Familie wesentliche Funktionen zur Erhaltung des Gesamtsystems, indem sie zur Internalisierung gesellschaftlich notwendiger Rollen, wie z.b. der Geschlechterrollen beiträgt.

Funktionen von Familie nach Parsons

Geschlechtsrollen verkörpern ein Set an Verhaltenserwartungen und Normen, die in einer Kultur mit männlich oder weiblich in Verbindung gebracht werden. Für Parsons (1997: 76f.) tendiert die weibliche Rolle dazu, stärker expressiv und die männliche Rolle stärker instrumental zu sein. Die expressiven Tätigkeiten der Frau erfüllen eine interne Funktion, indem sie den Zusammenhalt der Familienmitglieder garantieren (Harmonie und Solidarität). Die instrumentale Funktion bezieht sich auf die Beziehung der familialen Kleingruppe (bei Parsons die eheliche Kernfamilie) zur äußeren Situation.

Die damit verbundene Annahme einer bipolaren Geschlechtlichkeit wird heute zunehmend in Frage gestellt. In ihrem Buch „Das Unbehagen der Geschlechter" (2003) meint die feministische Theoretikerin Judith Butler, dass das Geschlecht lediglich eine soziale Konstruktion darstelle. Die auch in feministischen Bewegungen verbreitete Vorstellung von der Differenz der zwei Geschlechter sei deshalb abzulehnen, da sie nicht nur die patriarchalische Kultur festigt, sondern auch die klassenspezifischen oder ethnischen Differenzen zwischen den Frauen verdeckt. Carol Hagemann-White prägte in diesem Zusammenhang den Begriff der Null-Hypothese, die besagt, dass keine vorgeschriebene Zweigeschlechtlichkeit existiert (Hagemann-White 1984, 1988).

Familie und Geschlechtlichkeit

Neben den bereits erwähnten Funktionen der Sozialisation und Reproduktion verweist Schneewind (1999: 23) in Anlehnung an die Soziologen Goode (1967: 19) und Neidhardt (1970) auf drei weitere Funktionen von Familie. Die Familie trägt zur physischen und psychischen Bedürfnisbefriedigung (z.B. Ernährung) des Individuums bei und schafft dabei die Voraussetzung zur Teilnahme am gesellschaftlichen Produktionsprozess (Existenzsicherungsfunktion/Produktionsfunktion). Damit verbunden hat die Familie auch eine Regenerationsfunktion, d.h. sie fungiert als Ort der Kräfteerneuerung und Selbstverwirklichung und trägt so zur Wiederherstellung der Produktivkräfte bei. Schließlich legt die Familie Grundlagen für die Bildungs- und Berufsinteressen und schafft somit einen gesellschaftlichen Bestand an konkurrenzfähigen Arbeitskräften, die im hierarchischen System der Gesellschaft einen bestimmten Status innehaben.

Funktionen von Familie nach Schneewind

In deutlichem Unterschied zum strukturfunktionalistischen Ansatz betonen die Vertreter der Frankfurter Schule – auch Kritische Theorie genannt (siehe Kapitel 4) – die herrschaftsstabilisierende Funktion von Familie. Am Institut für Sozialforschung veröffentlichten Max Horkheimer (1895-1973),

Das Familienbild der Frankfurter Schule

Erich Fromm (1900-1980) und Herbert Marcuse (1898-1979) im Jahr 1936 eine umfangreiche empirische Arbeit mit dem Titel Studien über Autorität und Familie. Darin zeigt Horkheimer in seinem Aufsatz „Theoretische Entwürfe über Autorität und Familie", wie die bürgerliche Familie zur Aufrechterhaltung von Dominanz und kapitalistischer Herrschaft autoritäre Charaktertypen produziert.

„Infolge der scheinbaren Natürlichkeit der väterlichen Macht, die aus der doppelten Wurzel seiner ökonomischen Position und seiner juristisch sekundierten psychischen Stärke hervorgeht, bildet die Erziehung in der Kleinfamilie eine ausgezeichnete Schule für das spezifisch autoritäre Verhalten in dieser Gesellschaft. ... Die geistige Welt, in die das Kind in Folge dieser Abhängigkeit hineinwächst, wie auch die Phantasie, durch welche es die wirkliche beseelt, seine Träume und Wünsche, seine Vorstellungen und Urteile sind vom Gedanken an die Macht von Menschen über Menschen, des Oben und Unten, des Befehlens und Gehorchens beherrscht. ... Die Notwendigkeit einer auf natürlichen, zufälligen, irrationalen Prinzipien beruhenden Hierarchie und Spaltung der Menschheit wird dem Kinde so vertraut und selbstverständlich, daß es auch Erde und Universum, selbst das Jenseits nur unter diesem Aspekt zu erfahren vermag" (Horkheimer 1986: 213; 396).

Die Unterordnung unter die Autorität des Vaters setzt sich in den apersonalen Autoritätsverhältnissen außerhalb der Familie fort. Diese bestehen zum Beispiel darin, vorhandene Existenzbedingungen, wie die Differenz zwischen arm und reich als naturgegeben hinzunehmen (Horkheimer 1986: 390).

> Das Institut für Sozialforschung wurde 1924 offiziell an der Frankfurter Universität gegründet und bot ein Podium für die damals von der etablierten Soziologie verpönte marxistische gesellschaftskritische Forschung. Bekannt geworden ist die Forschergruppe, die mit der Machtergreifung der Nationalsozialisten 1933 größtenteils nach New York emigrierte, unter den Namen Kritische Theorie oder Frankfurter Schule. Weitere Vertreter sind Theodor W. Adorno (1903-1969), Friedrich Pollock (1894-1970), Leo Löwenthal (1900-1993), Jürgen Habermas und Oskar Negt (vgl. Wiggershaus 2001).

2 Zum Wandel der Familie

Trennung von Wohnwelt und Erwerbsarbeit

Den Begriff Familie findet man im deutschen Sprachgebrauch erst gegen Ende des 18. Jahrhunderts, während das gemeinschaftliche Zusammenleben in der Zeit davor als Hausgemeinschaft bezeichnet wird (vgl. Rosenbaum 1982: 30). Im Hausverband lebten nicht nur die Familie im heutigen engeren Sinne, sondern der Hausherr, Kinder, Gesinde, Verwandte und Bekannte, die eine Konsumtions- und Produktionsgemeinschaft bildeten. Mit der von England ausgehenden Industriellen Revolution – der Entwicklung von Arbeitsmaschinen und der damit einhergehenden Umwandlung handwerklich betriebener Manufaktur zur Fabrikproduktion – kam es zu einer Aussonderung des Produktionsbereichs aus der Hausgemeinschaft. Diese Trennung von Wohnwelt und Erwerbsarbeit bildete die entscheidende strukturelle Grundlage für die Konstituierung moderner Familienformen.

Durch die Trennung von Wohn- und Arbeitsort bzw., wie die feministische Forschung betont, von bezahlter Lohnarbeit und unbezahlter Reproduktionsarbeit kristallisierten sich im Laufe des 19. Jahrhunderts zwei Prototypen der modernen Familie heraus: die bürgerliche und die proletarische Familie (Rosenbaum 1982: 476). Obwohl die Arbeiterfamilien zahlenmäßig überwogen, stieg die Dominanz eines vom Bürgertum entworfenen Familienideals, das u.a. „als Legitimierung des sozialen und politischen Führungsanspruchs, insbesondere auch gegenüber dem Adel" fungierte (Rosenbaum 1982: 308). Es sind drei Merkmale, die das bürgerliche Familienmodell kennzeichnen (vgl. Rosenbaum 1982: 262; Böhnisch/Lenz 1999: 16ff.): a) die Polarisierung der Geschlechterrollen, b) die Emotionalisierung der Gattenbeziehung und c) die Emotionalisierung der Elternschaft.

Die bürgerliche Familie als neues Familienleitbild

Die Eigenschaften der Geschlechter mit dem Mann als „aktiv und rational veranlagt, was ihn für produktive Tätigkeiten auszeichne" und der Frau als „passiv und emotional und von daher zu personenbezogenen Dienstleistungen in der Familie prädestiniert" (Böhnisch/Lenz 1999: 17) wurden als natürlich propagiert und die Frau dem Mann grundsätzlich nachgeordnet. Das zentrale Motiv für das Zusammenleben sollten nicht mehr ökonomische Erwägungen, sondern die Ehe auf Basis der Liebe sein. Diese sollte ihre Vollkommenheit in einer emotionalen Eltern-Kind-Beziehung finden, was dazu führte, dass die Kindererziehung, die bislang nebenher ablief, zur Hauptaufgabe der Mutter wurde. Die Kinder rückten somit als erziehungs- und bildungsfähige Wesen in den Mittelpunkt des Aufgabenbereiches der Frau.

Familie und Geschlechterverhältnis

> Eng verbunden mit der Entwicklung der modernen Familie ist die Entstehung von Kindheit als eigenständiger Lebensphase im Leben eines Menschen. Philippe Ariès (1914-1984) charakterisiert in seinem Buch „Geschichte der Kindheit" eine wachsende Kontrolle der Erwachsenen über das Kind: „das einstmals freie Kind wird in den Rahmen einer zunehmend strengeren Disziplin gepreßt" (Ariès 1978: 562). Die kleinen Erwachsenen wurden zunehmend von der Erwachsenenwelt getrennt, ihre Lebenswelt wurde verschult und fernliegenden Zwecken unterworfen. Eine konträre Sicht hierzu hat Lloyd de Mause. In seinem Buch „Hört ihr die Kinder weinen. Eine psychogenetische Geschichte der Kindheit" (1977) interpretiert er die frühe Kindheitsgeschichte als einen „Alptraum", da die Kinder im Unterschied zu heute Schlägen, Mord, Missbrauch und Verstoßung ausgesetzt gewesen seien (vgl. Negt 1997: 51ff.).

Uniformisierung familialer Lebensformen

Die Realisierung des bürgerlichen Ideals familialen Zusammenlebens blieb jedoch gebunden an finanzielle, räumliche, aber auch zeitliche Ressourcen, über die insbesondere die pauperisierten (in die Armut gedrängten) proletarischen Familien nicht verfügten (z.B. enger Wohnraum, Existenznöte, Ausbreitung von Krankheiten und hohe Kindersterblichkeit, langer Arbeitstag, Kinderarbeit, Arbeit der Frauen). Erst als sich nach dem Zweiten Weltkrieg die Lebensbedingungen stark verbesserten, kam es zu einer weiten Realisierung des bürgerlichen Familienmodells, zu einer historisch einmaligen „Uniformisierung" familialer Lebensformen (vgl. Nave-Herz 2000: 29).

Ausdifferenzierung gemeinschaftlicher Lebensformen

Die Vorstellung von Familie als Ehegattenfamilie mit dem Vater als Versorger und der Mutter als Hausfrau befindet sich seit mehreren Jahrzehnten im Wandel. Nach dem „kurzen Glück des goldenen Zeitalters der Normalfamilie" (Hradil 1992) kommt es zu einer Ausdifferenzierung gemeinschaftlicher Lebensformen. Der Mann ist nicht mehr der alleinige Ernährer der Familie, denn immer mehr Frauen beteiligen sich an Bildungsmöglichkeiten und am Berufsleben, die Geburt eines Kindes ist kein Schicksalsakt mehr, sondern aufgrund von Empfängnisverhütung ein „verantworteter Akt" (Kaufmann 1997: 11), die Abtreibung wurde legalisiert, traditionelle Wertvorstellungen und Orientierungen vor allem auch in der Kinderziehung haben an Selbstverständlichkeit verloren und beschleunigt durch die Sexindustrie hat eine Entkopplung von Sex und Liebe stattgefunden.

Einige Daten:
Die „Pille" bringt die Westberliner Schering AG 1961 auf den Markt. Im Volksmund hieß sie die „Anti-Babypille". In der DDR wurde die Pille als „Wunschkindpille" 1965 – produziert im VEB Jenapharm – eingeführt. Nachdem die Pille in den 70er Jahren eine weite Verbreitung fand, setzte der sog. Pillenknick ein. In der BRD halbierte sich die Geburtenrate, in der DDR nahm sie Anfang der 1970er Jahre ebenfalls stark ab, stabilisierte sich dann aber aufgrund sozialpolitischer Maßnahmen.

Die DDR verabschiedete 1972 ein „Gesetz über die Unterbrechung der Schwangerschaft", nach dem der Schwangerschaftsabbruch, innerhalb der ersten drei Monate erlaubt ist. Mit der Änderung des §218 bleibt in Deutschland seit 1995 die Abtreibung in den ersten drei Monaten straffrei.

Ulrich Beck und die reflexive Moderne

Wie wir im Zusammenhang mit der Definition von Familie bereits gesehen haben, existieren heute eine Reihe von Familienformen nebeneinander. Man spricht in diesem Zusammenhang auch von einer Pluralisierung gemeinsamer Lebensformen, die als Ausdruck einer umfassenden Individualisierung der Lebenszusammenhänge in der „reflexiven" bzw. „zweiten" Moderne interpretiert wird (Beck 1993).

Sozialisationsfeld: Familie

> Der erste Modernisierungsschub unserer Gesellschaft vollzog sich mit der Entwicklung von einer Agrar- zu einer kapitalistischen Industriegesellschaft, bei der es zu einer massiven Entwurzelung des Menschen kam. Der zweite Modernisierungsschub vollzieht sich seit der zweiten Hälfte des 20. Jahrhunderts als eine Entwicklung von einer Industrie- zur Risikogesellschaft. Risikogesellschaften sind „Gesellschaften, die zunächst verdeckt, dann immer offensichtlicher mit den Herausforderungen der selbstgeschaffenen Selbstvernichtungsmöglichkeiten allen Lebens auf dieser Erde konfrontiert sind, nenne ich Risikogesellschaften" (Beck 1986: 109).

Die Individualisierung beinhaltet einen dreifachen Prozess (Beck 1986: 206):

- eine Freisetzung aus traditionellen Bindungen, Herrschafts- und Versorgungszusammenhängen,
- eine Entzauberung, d.h. einen Verlust traditioneller Sicherheiten (z.B. Handlungsweisen, Glauben) sowie
- eine Kontroll- u. Reintegration – eine neue Art der sozialen Einbindung und Standardisierung, z.B. institutionelle Anforderungen durch Verlängerung und Ausbreitung schulischer Bildung.

Individualisierung als gesellschaftliches Phänomen

Individualisierung ist nicht zu verwechseln mit freier autonomer Entscheidung und meint auch nicht Vereinzelung, sondern bezieht sich auf die Tatsache, dass Menschen heute zunehmend zu Entscheidungen und zur Selbstgestaltung gezwungen sind: die Normalbiografie verwandelt sich in eine Bastelbiografie (Beck/Beck-Gernsheim 1990).

Im Kontext dieser individualisierten Entscheidungszusammenhänge kommt es keinesfalls zu einem Bedeutungsverlust von Familie. Jugendstudien, wie zum Beispiel die Shell-Jugendstudie (2006) belegen, dass die überwiegende Mehrheit der jungen Leute ein Leben in Partnerschaft mit Kindern als ein zentrales Ziel ihrer Lebensplanung sieht. Allerdings sind gemeinsame Lebensentwürfe mit Kindern heute schwieriger zu realisieren und eine Familiengründung ist mit einer Reihe von Benachteiligungen und besonderen Belastungssituationen verbunden, wie z.B. die Koordinationsschwierigkeiten bei der Vereinbarung zwischen Familie und Beruf oder die wachsenden finanziellen Kosten für Kinder (vgl. Modellrechnung im Familienbericht der Bundesregierung BMFSFJ 1995: 290ff.). Im Hinblick auf die Verarmung von Bevölkerungsschichten in Deutschland zeigt das DJI-Familiensurvey „Leben neben der Wohlstandgesellschaft" (Bien/Wiedmacher 2004: 234ff.), dass hiervon insbesondere Familien mit drei und mehr Kindern, Alleinerziehende schon mit nur einem Kind, aber auch ausländische Familien und Haushalte in Ostdeutschland betroffen sind.

Familiengründung als Armutsrisiko?

> Welche Konsequenzen resultieren aus der Armut für die kindliche Entwicklung? Der 2. Armuts- und Reichtumsbericht der Bundesregierung (BMAS 2006: 82f.) verweist auf die Ausgrenzung von „armen" Kindern infolge eines nicht vorhandenen ökonomischen Kapitals zur Befriedigung kultureller und sozialer Bedürfnisse. Diese Kinder zeigen häufiger als andere Kinder gesundheitliche Probleme, Auffälligkeiten im Spiel- und Sprachverhalten oder nehmen nur gering am Gruppengeschehen teil. Der Bericht verdeutlicht auch, dass Einkommensarmut nicht zwangsläufig zu eingeschränkten Entwicklungschancen führen muss, sondern dass „ein gutes Familienklima, ein fördernder Erziehungsstil der Eltern, eine positive Eltern-Kind-Beziehung, ein förderndes Umfeld sowie das Vorhandensein möglichst stabiler familiärer und sozialer Netzwerke" die prekären Lebensverhältnisse abfedern können (vgl. auch Walper 2004).

Strukturelle Rücksichtslosigkeit gegenüber Familien

Die Ignoranz gesellschaftlicher Instanzen wie Politik und Wirtschaft gegenüber den Erfordernissen familialer Lebensformen und die mit der Individualisierung einhergehende Konstruktion der Elternschaft als einer privaten Angelegenheit konstituieren eine „strukturelle Rücksichtslosigkeit gegenüber Familien" (Kaufmann 1994: 169ff., 1997: 12). Diese kanalisiert die oben beschriebene Pluralisierung, wobei zunehmend eine Polarisierung der Bevölkerung in einen „Familien-Sektor" und einen wachsenden „Nicht-Familien-Sektor" zu beobachten ist (vgl. Strohmeier 1993, Huinink 1993: 15).

3 Familie und kindliche Entwicklung

In Abgrenzung zu eher institutionalisierten Sozialisationsfeldern (z.B. die Schule) sprechen wir von der familialen Sozialisation als primärer Sozialisation.

Beziehungssystem der Familie als Ort primärer Sozialisation

„Die primäre Sozialisation ist die erste Phase, durch die der Mensch in seiner Kindheit zum Mitglied der Gesellschaft wird. ... Jeder Mensch wird in eine objektive Gesellschaftsstruktur hineingeboren, innerhalb derer er auf jene ‚signifikanten Anderen' trifft, denen seine Sozialisation anvertraut ist. ... Sie [die primäre Sozialisation] findet unter Bedingungen statt, die mit Gefühl beladen sind, und es gibt sogar triftige Gründe dafür anzunehmen, daß ohne solche Gefühlsbindung an die signifikanten Anderen ein Lernprozeß schwierig, wenn nicht unmöglich wäre.

[Das] Kind übernimmt die Rollen und Einstellungen der signifikanten Anderen, das heißt: es internalisiert sie und macht sie sich zu eigen. Durch seine Identifikation mit signifikanten Anderen wird es fähig, sich als sich selbst und mit sich selbst zu identifizieren, seine eigene subjektiv kohärente und plausible Identität zu gewinnen" (Berger/Luckmann 1994: 141f.).

„Die primäre Sozialisation endet damit, dass sich die Vorstellung des generalisierten Anderen – und alles, was damit zusammenhängt – im Bewusstsein der Person angesiedelt hat. Ist dieser Punkt erreicht, so ist der Mensch ein nützliches Mitglied der Gesellschaft und subjektiv im Besitz eines Selbst und einer Welt. Seine Internalisierung von Gesellschaft,

Sozialisationsfeld: Familie

Identität und Wirklichkeit gilt jedoch nicht ein für allemal. Sozialisation ist niemals total und niemals zu Ende (Berger/Luckmann 1994: 148).

Verschiedene Wissenschaftsdisziplinen wie die (Familien-)Soziologie, die (Familien-)Psychologie und neuerdings auch die Neurobiologie und Kognitionsforschung teilen die Erkenntnis, dass die spezifische interaktive Ausgestaltung des familialen Lebens starken Einfluss auf die emotionale, soziale und kognitive Entwicklung des Kindes hat. Von wesentlicher Bedeutung ist dabei, dass der Mensch im Familiensystem als ganze Person in Beziehungen mit einem hohen Maß an diffuser Affektivität teilnimmt (Parsons 1997: 78). Beispielsweise betont Piaget, dessen Theorie der kognitiven Entwicklung wir noch ausführlicher kennen lernen, das Gefühl als eine wesentliche Grundlage der frühkindlichen Intelligenzentwicklung.

„Ohne Gefühl würde kein Interesse bestehen, kein Bedürfnis, keine Motivierung; und folgerichtig würden sich Fragen und Probleme überhaupt nicht stellen, und es gäbe keine Intelligenz" (Piaget 1962: 192ff.).

Jean Piaget wurde am 9. August 1896 in Neuchâtel (Neuenburg/Schweiz) geboren. Er studierte an der naturwissenschaftlichen Fakultät der Universität Neuchâtel und schloss sein Studium mit der Promotion in Zoologie ab. Anschließend absolvierte Piaget ein Studium an der psychologischen Fakultät der Universität Zürich. Von 1929-1954 arbeitete er als Professor für Psychologie an der Universität Genf und wurde Gründer des „Centre International d'Epistémologie" in Genf, das er bis zu seinem Tode am 16. September 1980 leitete.

Um die Besonderheit des familialen Beziehungssystems gegenüber anderen sozialen Interaktionssystemen hervorzuheben, führt Schneewind (1999: 24f.) folgende vier Kriterien ein:

Familiales Bezugssystem

- Abgrenzung (raumzeitliche Distanz zu anderen Personen);
- Privatheit (Existenz eines abgegrenzten Lebensraums);
- Nähe (physische, geistige und emotionale Intimität) sowie
- Dauerhaftigkeit (längerfristiger Zeitrahmen von wechselseitigen Verpflichtungen und Zielorientierungen).

Das Kind nimmt als aktiver Gestalter an diesen alltäglichen Interaktionsbeziehungen der Familie teil und entwickelt als „realitätsverarbeitendes Subjekt" (vgl. Kapitel 9) in ständiger Auseinandersetzung mit der inneren und äußeren Welt seine Persönlichkeit. Es gilt demzufolge nicht als etwas Unfertiges, als etwas Defizitäres, sondern als Gestalter seiner eigenen Lebenswelt (z.B. Wilk/Bacher 1994; Bründel/Hurrelmann 1994: 41). Bereits 1937 betonte der Schweizer Psychologe Jean Piaget (1896-1980) im Kontrast zu den klassischen Lerntheorien (Reiz-Reaktions-Lernen und Instrumentelles Lernen), die von einer Außensteuerung des Menschen ausgehen (Überblick zu den Lerntheorien vgl. Edelmann 1993: 61-192), dass das Kind als ein aktiver Konstrukteur

Das Kind als aktiver Konstrukteur seiner Umwelt

seiner eigenen Umwelt zu betrachten ist. Seine Aufmerksamkeit gilt insbesondere dem Denken als der höchsten Form der Auseinandersetzung des Einzelnen mit der Umwelt. Er geht davon aus, dass sich die geistige Entwicklung in folgenden vier aufeinander aufbauenden Hauptstadien vollzieht (Oerter/Montada 2002: 418ff.; Tillmann 2004: 89ff.):

Entwicklung des kindlichen Denkens nach Jean Piaget

Sensumotorische Phase (Geburt bis 2 Jahre): Der Säugling festigt und erweitert seine angeborenen Reflexe und Sinneswahrnehmungen (z.b. Saugen, Greifen). Er wiederholt die Handlungen, die zu angenehmen Effekten führen und bildet so Gewohnheiten und Handlungsschemata aus, er lernt, dass eine Handlungsweise immer zum gleichen Ergebnis führt (Zweck-Mittel-Differenzierung), koordiniert verschiedene Handlungsmuster und wendet sie auf neue Situationen an, und er entdeckt neue Handlungsschemata durch Experimentieren. Zwischen dem sechsten und achten Monat begreifen Kinder, dass ein Gegenstand oder eine Person auch dann noch da ist, wenn sie ihn oder sie nicht mehr sehen. Sie verfügen nun über eine innere Repräsentation dieses Gegenstandes und erwarten, dass dieser permanent existiert (Objektpermanenz). Spätestens in der Mitte des zweiten Lebensjahres kann das Kind die Ergebnisse seiner Handlung antizipieren, womit der Übergang von der Sensumotorik zu Vorstellungen, zum Denken vollzogen ist.

Prä-operationale Phase (ca. 2-7 Jahre): In dieser Phase denkt das Kind gegenständlich konkret. Beispielsweise behauptet ein dreijähriges Kind steif und fest: „Die See ist da, damit die Schiffe fahren können". Es erklärt also die Naturgegebenheiten aus ihrem Zweck, so als wären es menschliche Handlungen. Neben dieser „finalistischen" Erklärung unterscheidet Piaget die „artifizialistischen" (Deuten der Natur, als wäre sie vom Menschen geschaffen) und die „animistischen" Erklärungen (Deuten der unbelebten Natur, als wäre sie belebt). Bei allen drei Generalisierungen geht das Kind egozentrisch vor, d.h. es glaubt, seine Sichtweise sei die einzig mögliche und es ist noch nicht in der Lage, die Perspektive anderer einzunehmen. Die egozentrische Weltsicht wird erst allmählich durch die Entwicklung der Fähigkeit zur Perspektiv- und Rollenübernahme überwunden.

Phase des konkreten Operierens (ca. 7-12 Jahre): Das Kind geht mit konkreten Gegenständen logisch richtig um und kann Perspektiven von anderen übernehmen. Es ist jedoch noch nicht in der Lage, über die konkrete Realität hinaus zu abstrahieren.

Phase des formalen Operierens (ca. 13 Jahre und älter): Das Kind denkt nach Regeln und Gesetzen, d.h. es erkennt hinter den Einzelfällen allgemeine Gesetze. Während das Kind in der vorherigen Phase auf gegebene Informationen beschränkt ist, geht das formale Operieren über diese hinaus. Das Kind denkt deduktiv.

Äquilibration als Entwicklungsmotor

Die Frage, warum sich das Kind entwickelt, beantwortet Piaget mit dem Konzept der Äquilibration, d.h. mit dem Suchen und Finden eines Gleichgewichtszustandes. Zwei zentrale Handlungen des Kindes sind dabei von Bedeu-

Sozialisationsfeld: Familie

tung: die Akkommodation und Assimilation. Assimilation meint das Anwenden von Konzepten auf einen Gegenstand. Von Akkommodation wird dann gesprochen, wenn dabei die Denkstrukturen der Wirklichkeit angepasst werden.

Piagets brachte der kognitiven Entwicklungspsychologie nicht nur grundlegende Erkenntnisse, sondern sein Stufenkonzept beeinflusste die Forschung auf weiteren Gebieten. Lawrence Kohlberg (1927-1987) nahm seine Theorie der kognitiven Entwicklung zur Grundlage, um den Erwerb der Geschlechtsidentität (Kohlberg 1974) und die moralische Entwicklung (Kohlberg/Turiel 1978) zu erklären.

Die Entwicklung der Geschlechtsidentität beschreibt Kohlberg (1974: 351ff.) wie folgt: Mit zwei bis drei Jahren, also zu Beginn der prä-operationalen Phase können sich die Kinder selbst als Junge oder Mädchen benennen. In der Auseinandersetzung mit der sozialen Umwelt merken sie, dass diese aus Männern und Frauen besteht, die jeweils unterschiedliche Eigenschaften aufweisen. Vierjährige können dann das Geschlecht aufgrund physischer Merkmale (Haarlänge, Kleidung, Körpergröße) zuordnen, wobei sie der Auffassung sind, dass das Geschlecht sich ändert, wenn die Merkmale sich ändern. Zu diesem Zeitpunkt hat das Kind noch keine Vorstellung von der Konstanz von Gegenständen (vgl. Experiment Wasserglas) und somit auch noch nicht von der Unveränderbarkeit des Geschlechts. In diesem Kontext geht Kohlberg von transkulturellen Stereotypen aus – „männlich" ist verbunden mit stark, kompetent und aggressiv, während „weiblich" für freundlich und fürsorglich steht. Erst beim Verlassen der prä-operationalen Phase beginnt das Kind zwischen 5 und 7 Jahren eine stabile Geschlechtsidentität zu bilden, denn erst jetzt in der Phase des konkreten Operierens, kommt es zur Einsicht, dass eine Masse konstant bleibt, auch wenn sie die Gestalt ändert. Es sucht aktiv nach geschlechtsbezogenen Informationen und ist der Überzeugung, dass das eigene Geschlecht das Bessere sei (Kohlberg 1974: 382). Erst dieses kognitive Urteil „Ich bin ein Junge bzw. Mädchen" bildet die Grundlage zur gezielten Übernahme geschlechtstypischer Modelle.

Erwerb der Geschlechtsidentität nach Lawrence Kohlberg

Dass das Kind im präoperationalen Stadium noch keine Vorstellungen von der Konstanz von Gegenständen hat, lässt sich am Experiment mit dem Wasserglas verdeutlichen: Vor dem Kind stehen zwei Glasbehälter, ein volles Wasserglas A und ein leeres Wasserglas B, das schmaler und länglicher ist als A. Das Wasser wird aus dem Behälter A komplett in B umgegossen und steht somit in B höher als zuvor in A. Das Kind wird nun antworten, dass mehr Wasser in B enthalten sei, als zuvor in A war. Es hat also kein Verständnis darüber, dass gewisse Eigenschaften eines Objekts erhalten bleiben (→Erhaltung des Volumens), auch wenn es sein Aussehen ändert (→Wasser in ein höheres Gefäß gefüllt).

Ein zentraler Kritikpunkt an Piaget und Kohlberg besteht darin, dass ihre entwicklungstheoretische Perspektive die Bedeutung sozialer Faktoren zwar anerkennt, bei der Ausformulierung des Stadienkonzepts allerdings vernachlässigt (Kritik im Überblick bei Oerter/Montada 2002: 441). Gerade mit Blick auf die Geschlechtsidentität haben wir bereits gesehen, dass diese in alltäglichen Interaktionen ständig hergestellt wird (*doing-gender*) und es sich dabei vor allem um eine soziale Konstruktion handelt.

Familiale Lebenslagen, soziale Milieus und Bildungserfolg

Die Entwicklungsmöglichkeiten des Kindes gestalten sich in Abhängigkeit von der Ausstattung der Familien mit kulturellem, ökonomischem und sozialem Kapital (vgl. Bourdieu im Kapitel 9) sowie den darauf aufbauenden familienpolitischen Unterstützungsmaßnahmen. Der Bildungserfolg und das Leistungsvermögen der Schüler werden nicht erst in der Schule erzeugt, sondern von Dispositionen und Fähigkeiten mitbestimmt, die das Kind im Interaktionskontext seiner Familie lernt. Die unterschiedlichen sozialen Erfahrungen des Kindes im Elternhaus beeinflussen seine Einstellung zur Schule und zu ihren Bildungsgütern (Bourdieu 2001, DiMaggio/Mohr 1985, Coleman 1988), seine Fähigkeit zum Perspektivwechsel (Bertram 1978), die Entwicklung von Problemlösungsstrategien (Weiss 1982), von Sprachmustern (Oevermann 1972; Bernstein 1973) sowie seine Leistungsmotivation (Heckhausen 1974; Trudewind 1975) (vgl. Grundmann, Huinink/Krappmann 1994: 77).

Von der Schichtspezifischen ...

Die schichtspezifische Sozialisationsforschung formulierte zur Erklärung der gesellschaftlichen Einflussnahme auf die Persönlichkeitsentwicklung die sog. „Zirkelthese" (Hurrelmann 1990; Rolff 1980; Bertram 1981). Diese besagt, dass die Eltern aufgrund der schichtspezifischen Arbeitsbedingungen ihres Berufs bestimmte Charakterzüge besitzen, die sie an ihre Kinder weitervermitteln, sozusagen „sozial vererben". Die Sozialisation der Schule, die stärker auf die Sozialcharaktere der Mittel- und Oberschicht ausgerichtet ist, führt dazu, dass es Kinder aus der unteren Schicht besonders schwer haben, gute Schulergebnisse und höhere Schulabschlüsse zu erreichen. Sie landen letztendlich auf den untersten Berufspositionen genauso wie ihre Eltern vor ihnen.

... zur milieuspezifischen Sozialisationsforschung

Ohne diese gesellschaftliche Dimension der Persönlichkeitsentwicklung zu bezweifeln, kann die schichtspezifische Sozialisationsthese wegen ihres einseitigen Fokus auf die Berufsposition (des Vaters) kritisiert werden (vgl. Hurrelmann 1990: 112). Die neuere Forschung ist deshalb dazu übergegangen, die komplexe soziale Lebenslage, die sozialen und materiellen Lebensbedingungen einer Gruppe von Menschen (Hradil 2001) zu berücksichtigen. Insbesondere die milieuspezifische Sozialisationsforschung untersucht das Bildungsverständnis von Familien in unterschiedlichen sozio-strukturellen Bedingungen, wobei sie nicht von einem Mangel an Bildung ausgeht, sondern davon, dass in Familien unterschiedlicher Milieus genauso wie in Gleichaltrigengruppen (vgl. Kapitel 12) erfahrungsbezogene Bildungsinhalte und Strategien vermittelt werden, die mit den Anforderungen der Schule unterschiedlich zusammentreffen.

Sozialisationsfeld: Familie

„Von entscheidender Bedeutung ist jedoch, dass auch in den außerschulischen Lebensbereichen Bildungsprozesse bereits stattfinden, die über ihre eigene Rationalität und Ziele verfügen. Mit anderen Worten: Nicht der Mangel an Bildung, sondern die qualitativ ganz andere Bildung, die benachteiligte Milieus erfahren und praktizieren, leistet den Versuchen einer kompensatorischen – und kolonialisierenden – Erziehung so zähe Widerstände. Gegenüber der kultursoziologisch oft zu reduktionistisch verfahrenden sozialstrukturellen Sozialisationsforschung gilt es also, den Gedanken ernst zu nehmen, dass Bildung und Wissen immer schon in soziale Praktiken eingebettet sind. Wissensbestände und Bildungsziele lassen sich eben nicht jenseits von konkreten sozialen Kontexten formulieren, d.h. standardisieren und dann vermitteln" (Grundmann/Groh-Samberg/Bittlingmayer/Bauer 2003: 40).

4 Fazit

Die dargelegten unterschiedlichen Perspektiven auf Familie verdeutlichen, dass einerseits die familialen Interaktionsbeziehungen einem historischen Wandel unterliegen und dass andererseits diese Beziehungsformen die Entwicklung des Kindes wesentlich beeinflussen. Von Bedeutung ist dabei nicht nur die Einwirkung des Familiensystems auf das Kind, sondern auch das Zusammenspiel dieser Einwirkungen mit den Anforderungen weiterer Sozialisationsinstanzen. Die Wechselwirkung verschiedener Sozialisationsfaktoren im Sozialisationsfeld Schule ist Hauptgegenstand des folgenden Kapitels.

Wiederholungsfragen

1. „Es gibt keine Lebensform, die für alle die richtige und beste ist .... Die Familie von heute ist weder besser noch schlechter als die Familie früherer Zeiten: sie ist anders, weil die Umstände anders sind." (Durkheim in der Vorlesung zur Familiensoziologie „Einführung in die Familiensoziologie")
   Durkheim betonte in seiner Vorlesung zur Familiensoziologie, die er vor Lehramtsstudierenden hielt, den historischen Charakter von Familie. Wann spricht man in der heutigen Familienforschung von Familie und wie ist der Wandel der Familie zu charakterisieren?
2. Welche Funktionen hat die Familie?
3. Was besagt die von der feministischen Theorie formulierte Null Hypothese?
4. Wodurch lässt sich das bürgerliche Familienideal kennzeichnen?
5. Was versteht Beck unter Risikogesellschaft und was meint Individualisierung der Lebenszusammenhänge?
6. Was kennzeichnet das „Beziehungsnetzwerk" Familie?

7. Welche Stadien der kognitiven Entwicklung unterscheidet Piaget und was meint Äquilibration?
8. Inwiefern ist Piagets Konzept zu kritisieren?
9. Was besagt die Zirkelthese der schichtspezifischen Sozialisationsforschung?

Reflexionsfragen

1. Wie ist die weit verbreitete Auffassung „Familie ist eine Privatsache" zu bewerten?
2. Wie müsste die Gesellschaft verändert werden, damit die familialen Lebensformen eine bessere Realisierungschance haben?
3. In den USA zum Beispiel müssen Eltern ihre Kinder nicht in die Schule schicken, sondern können sie selbst unterrichten. Was wären Vor- und Nachteile eines solchen *Home-Schooling*?
4. Die Forschung spricht heute von „milieuspezifischen Bildungsstrategien". Das heißt, es existiert eine außerschulische Bildung, die gegenüber der schulischen Bildung nicht als minderwertig zu kategorisieren ist.
   a. Argumentieren Sie vor diesem Hintergrund, warum das Konzept der kompensatorischen Erziehung der 70er Jahre, das die Defizite der unteren Klassen ausgleichen sollte, nicht den versprochenen Erfolg zeigt.
   b. Wie müsste eine Schule aussehen, die obige Erkenntnis ernst nimmt und sich als Schule für alle versteht?

Empfehlung zur weiteren Lektüre

Einen Überblick über neuere Forschungen zur Kindheit geben:

Bründel, Heidrun/Hurrelmann, Klaus (1996): Einführung in die Kindheitsforschung. Weinheim, Basel: Beltz Verlag.

Eine ausführliche Darstellung zu Piaget und Kohlberg findet sich in:

Oerter, Rolf/Montada, Leo (Hrsg.) (2002): Entwicklungspsychologie. Weinheim: Beltz Verlag.
Tillmann, Klaus-Jürgen (2004): Sozialisationstheorien. Reinbek bei Hamburg: Rowohlt. (S. 89-103).

Gender Forschung

Gildemeister, Regine (1992): Die soziale Konstruktion von Geschlechtlichkeit. In: Ostner, Ilona/ Lichtblau, Klaus (Hrsg.): Feministische Vernunftkritik. Ansätze und Traditionen. Frankfurt a.M.: Campus-Verlag, S. 220-239.

Hagemann-White, Carol (1988). Wir werden nicht zweigeschlechtlich geboren. In: Hagemann-White, Carol/ Rerrich, Maria, S. (Hrsg.): Frauen Männer Bilder. Bielefeld. S. 224-235.

Untersuchungen zur Lage von Familien sind Bestandteil in zahlreichen Umfragen, von denen im Folgenden einige aufgelistet sind.

Internationale Umfragen
Seit 1985 wird jährlich die Studie des International Social Survey Program (ISSP) zur Einstellung zur Familie durchgeführt.

Seit 1973 finden jährlich Umfragen des Eurobarometers statt, die seit 1993 Fragen zur Partnerschaft und Kindererziehung erhalten.

Nationale Berichte zur Lage der Familie findet sich seit 1968 in den bisher 7 Familienberichten der Bundesrepublik Deutschland oder in der Reihe DJI-Familiensurvey (Deutschen Jugendinstituts: DJI).

Zum Phänomen der Individualisierung ist folgendes Buch zu empfehlen:

Ebers, Nicola (1995): „Individualisierung": Georg Simmel – Norbert Elias – Ulrich Beck. Würzburg: Königshausen & Neumann.

Kapitel 11: Sozialisationsfeld: Schule

1 Die Schule als Ort der „sekundären Sozialisation"

In unserer Gesellschaft vollzieht sich die Sozialisation nicht nur innerhalb primärer Sozialisationsinstanzen, wie die der Familie, sondern in einem großen Ausmaß innerhalb formalisierter institutionalisierter Kontexte. Diese sind in Anlehnung an Peter L. Berger und Thomas Luckmann für die Prozesse der „sekundären Sozialisation" verantwortlich.

„Sekundäre Sozialisation ist die Internalisierung institutionaler oder in Institutionalisierung gründender ‚Subwelten'. Ihre Reichweite und ihre Eigenart werden daher von der Art und dem Grade der Differenziertheit der Arbeitsteiligkeit und der entsprechenden gesellschaftlichen Verteilung von Wissen bestimmt. Was wir hier (...) meinen, ist die gesellschaftliche Verteilung von ‚Spezialwissen', das heißt Wissen, das als Ergebnis der Arbeitsteiligkeit entsteht und dessen ‚Träger' institutionell bestimmt sind. Wir können sagen, daß sekundäre Sozialisation – lassen wir einmal ihre anderen Dimensionen beiseite – der Erwerb von rollenspezifischem Wissen ist, wobei die Rollen direkt oder indirekt von der Arbeitsteilung herkommen. Die sekundäre Sozialisation ist durch eine fundamentale Schwierigkeit bestimmt, da sie immer einen vorhergegangenen Prozeß der Primärsozialisation voraussetzt, muß sie mit einem schon geprägten Selbst und einer schon internalisierten Welt rechnen. Subjektive Wirklichkeit kann sie nicht ex nihilo aufbauen. Damit ergibt sich ein Problem, weil nämlich bereits internalisierte Wirklichkeit die Neigung hat, haften zu bleiben. Welche neuen Inhalte auch zu internalisieren sind, irgendwie muß die schon vorhandene Wirklichkeit überlagert werden. So kommt es zum Problem der Verschränkung von ursprünglichen und hinzukommenden Internalisierungen" (Berger/Luckmann 1994: 148f.).

Allgemeine Schulpflicht
Einen zentralen Ort dieser institutionalisierten Sozialisation verkörpert die Schule, die sich im Zuge der Industrialisierung seit dem 18. Jahrhundert und der modernen Nationalstaatenbildung von einer Eliten- zu einer Masseneinrichtung entwickelte. Wesentlichen Anteil an der Expansion dieser gesellschaftlich organisierten Bildungs- und Erziehungsinstanz hatte die Einführung der allgemeinen Schulpflicht.

> Für das Deutsche Reich wurde die Schulpflicht mit der Reichsverfassung im Jahre 1919 gesetzlich verankert, wobei dieser verfassungsrechtlichen Absicherung zahlreiche Versuche vorausgingen. So beispielsweise die „Verordnung, daß die Eltern ihre Kinder zur Schule, und die Prediger Catechisations, halten sollen", die 1717 Friedrich Wilhelm I für das Königreich Preußen erließ (Leschinsky/Roeder 1983: 75).
>
> Im Teil 3 § 26 des Sächsischen Schulgesetzes von 2004 heißt es wie folgt: Die Schulpflicht besteht für alle Kinder und Jugendlichen, die im Freistaat Sachsen ihren Wohnsitz oder gewöhnlichen Aufenthalt oder ihre Ausbildungs- und Arbeitsstätte haben.
>
> (2) Die Schulpflicht erstreckt sich auf den regelmäßigen Besuch des Unterrichts und der übrigen verbindlichen Veranstaltungen der Schule ...
>
> Mit dem § 31 wird die Verantwortung für die Erfüllung der Schulpflicht festgelegt. Dort heißt es:
>
> (1) Die Eltern haben den Schulpflichtigen anzumelden und dafür zu sorgen, dass der Schüler an Veranstaltungen nach § 26 Abs. 2 teilnimmt. Sie sind verpflichtet, den Schüler für die Teilnahme an den Schulveranstaltungen zweckentsprechend auszustatten und den zur Durchführung der Schulgesundheitspflege erlassenen Anordnungen nachzukommen.

Heimlicher Lehrplan

Neben der geplanten Erziehung, die sich vor allem in den offiziellen Lehrplänen oder öffentlichen Schulzielen manifestiert, finden wir in der Schule einen hohen Anteil an unbewussten, impliziten Einwirkungen auf die Schülerpersönlichkeit. Zur Kennzeichnung dieser versteckten Prozesse, die die Verhaltensweisen, Einstellungen und Werte der jungen Leute beeinflussen, sprechen wir vom heimlichen Lehrplan bzw. *hidden curriculum*. Diesen prägen beispielsweise die jeweiligen Besonderheiten der alltäglichen Interaktionen zwischen Lehrer und Schüler oder den spezifischen Modus der schulischen Leistungsbewertung. Inspiriert von angloamerikanischen Forschungsarbeiten (Zinnecker 1975) wurde der heimliche Lehrplan seit den 1970er Jahren ein wichtiger Untersuchungsgegenstand der empirischen Schulforschung in Deutschland (z.B. Tillmann 1976; Fend u.a. 1973; Hurrelmann 1971). Der verengte Blick auf das Lernen in der Schule, der lediglich auf Aspekte des offiziellen Lehrstoffs fokussierte, wurde im Hinblick auf den kontinuierlichen Einfluss institutioneller Eigenheiten von Schule auf die Persönlichkeitsentwicklung geweitet und man wandte sich der Frage zu, „mit Hilfe welcher Mechanismen eine Gesellschaft dafür sorgt, daß die Charaktermuster, die zu ihrem Fortbestand notwendig sind, der folgenden Generation eingeprägt und eingeschliffen werden" (Zinnecker 1975: 186). Die Schule wurde nun stärker als bisher als zentraler Sozialisationsort betrachtet, „an dem die zeitgenössischen Sozialcharaktere maßgeblich geformt werden" (Zinnecker 1975: 186).

> Die 1976 veröffentlichte Studie von Tillmann „Unterricht als soziales Erfahrungsfeld. Soziales Lernen in der Institution Schule" verdeutlicht die Diskrepanz zwischen den offiziellen auf Demokratie hin ausgerichteten Zielen von Schule und ihren realen Ergebnissen, denn bei Betrachtung des schulischen Erfahrungsraumes zeigt sich, dass die hierarchischen Kommunikationsbeziehungen in der Schule zu einer Konformitäts-, Leistungs- und Konkurrenzorientierung bei den Schülern führen, womit der heimliche Lehrplan in der Schule zu einer systemkonformen Sozialisation beiträgt. „Es werden sowohl kapital-konforme Arbeitstugenden als auch ... politisch loyale Verhaltensweisen eingeübt" (vgl. Tillmann 1976: 104).

Wir werden im Folgenden zwei grundsätzlich verschiedene Ansätze thematisieren, die die schulische Sozialisation im Blickwinkel des heimlichen Lehrplans konkretisieren. Das strukturfunktionalistische Konzept schulischer Sozialisation, das im Wesentlichen Talcott Parsons begründete, sieht die schulische Sozialisation als Entwicklung von Werten, Fähigkeiten und Einstellungen, die den Heranwachsenden auf die Erfordernisse der Erwachsenengesellschaft vorbereitet. Der konflikttheoretische Ansatz problematisiert diese systemstabilisierende Sicht und betrachtet die Sozialisation in der Schule als Prozess, der zur Reproduktion sozialer Ungleichheiten, bestehender Hierarchien und Herrschaftsverhältnisse beiträgt. Als zentrale Vertreter dieser Richtung werden wir auf die Theorie von Pierre Bourdieu und Jean-Claude Passeron eingehen.

2 Theoretische Perspektiven auf den heimlichen Lehrplan

Die Schulklasse als soziales System

Der für die europäische Sozialwissenschaft einflussreiche US-amerikanische Soziologe Talcott Parsons, dessen sozialisationstheoretische (strukturfunktionalistische) Überlegungen bereits Kapitel 9 thematisierte, veröffentlichte 1959 einen Aufsatz mit dem Titel „Die Schulklasse als soziales System". Darin bestimmt er am Beispiel der amerikanischen Grundschule (6. bis 8. Klassenstufe) die zentrale Sozialisationsfunktion der Schulklasse als „die Entwicklung von Bereitschaften und Fähigkeiten der Individuen als wesentliche Voraussetzung ihrer späteren Rollenerfüllung" (Parsons 1997: 162). Die Bereitschaft spezifiziert Parsons (1997: 162) weiter als „Bereitschaft zur Verwirklichung der allgemeinen Werte der Gesellschaft" und als „Bereitschaft zur Erfüllung eines spezifischen Rollentyps innerhalb der Struktur der Gesellschaft". Wie konkretisiert er nun die Beziehung zwischen der Persönlichkeitsentwicklung und der gesellschaftlichen Makroebene?

Rolle der Schulleistungen

Das wesentliche Verbindungsglied sieht Parsons in der Differenzierung der Schüler nach ihren Schulleistungen, wobei sich die Lehrer bei der Leistungsdifferenzierung an allgemeinen Klassifizierungskriterien orientieren.

Sozialisationsfeld: Schule

Diese lassen es nicht zu, die Schüler in ihren Befindlichkeiten und Eigenheiten zu berücksichtigen.

„Die Schule ist die erste Sozialisationsinstanz in der Erfahrung des Kindes, die eine Statusdifferenzierung auf nichtbiologischer Basis institutionalisiert. Darüber hinaus handelt es sich dabei nicht um einen askriptiven, sondern um einen erworbenen Status, der durch unterschiedliche Erfüllung der vom Lehrer gestellten Aufgaben ‚verdient' wird. ... Er [der Lehrer] ist nicht berechtigt, den Unterschied zwischen guten und schlechten Schülern einfach deshalb zu unterdrücken, weil es zu schwer für Klein-Hänschen wäre, nicht zur besseren Gruppe zu gehören" (Parsons 1997: 166f.).

Im Unterschied zu den partikularistischen Orientierungen der Eltern in Bezug auf ihre Kinder (vgl. Abschnitt 10) verfügt der Lehrer aufgrund der Größe der Schulklasse aber vor allem wegen der Leistungsbewertung über geringe Möglichkeiten, seine Handlungen an der „ganzen" Person des Schülers zu orientieren (Parsons 1997: 170). Indem die Schüler erfahren, dass ihre Leistung nach für alle gleichermaßen geltenden Maßstäben bewertet wird, dass der Lehrer austauschbar ist oder dass zu ihm keine partikularistischen Bindungen möglich sind, lernen sie, die in der Gesellschaft geltenden Normen und Werte der „Unabhängigkeit" (selbst zu handeln und dafür Verantwortung zu übernehmen), der „Leistungsorientierung", der „Universalität" und der „Spezifität" (Rationalität bei der Zielverfolgung) (vgl. Dreeben 1980: 59f.) (siehe die *pattern variables*, vgl. Kapitel 9).

„Mehr als bei der Eltern-Kind-Beziehung muß das Kind in der Schule seine Beziehung zu der Rolle der Lehrerin statt zu ihrer individuellen Persönlichkeit verinnerlichen. ... Das Kind überschreitet die familienbestimmte zugunsten einer unabhängigeren Identifizierung und beginnt, einen differenzierten Status innerhalb des neuen Systems einzunehmen" (Parsons 1997: 181).

Der persönliche Status resultiert dabei erstens aus der erreichten Position in der formellen Schulklasse (über Leistung) und zweitens aus der informellen Struktur der Gleichaltrigengruppe (*peer-group*). Die Gleichaltrigengruppe sieht Parsons (1997: 173) als „ein Übungsfeld der Unabhängigkeit von der Erwachsenenkontrolle" sowie als „Quelle von Anerkennung und Zustimmung". Die Freundschaftsbeziehungen in der *peer-group* ermöglichen es, die Spannungen abzufedern, die sich aus der selektiven Leistungsbewertung ergeben. Parsons (1997: 182) spricht hier von „querlaufenden Solidaritätsbeziehungen", wobei er sich neben der *peer-group* auf die Beobachtungen bezieht, dass a) die Lehrer ihre Schüler auch in leistungsunabhängigen Bereichen schätzen und dass b) die Lehrerschaft und die Eltern darüber übereinstimmen, „daß es fair ist, unterschiedliche Belohnungen für verschiedene Leistungsniveaus zu verteilen, solange eine faire Offenheit der Chancen besteht, und daß es ebenso fair ist, wenn diese Belohnung zu Chancen höherer Ordnung für die Erfolgreichen führt" (Parsons 1997: 179f.).

Querlaufende Solidaritätsbeziehungen

Schule als Allokationsinstanz

Für Parsons sorgt die Statusdifferenzierung in der Schulklasse nicht nur für eine Verinnerlichung gesellschaftlicher Werte und Normen durch die Heranwachsenden, sondern gleichzeitig für eine Zuweisung (Allokation) zu späteren beruflichen und sozialen Positionen. Im Hinblick auf das gesellschaftliche Gesamtsystem erfolgt eine „Selektion und Verteilung der menschlichen Ressourcen entsprechend dem Rollensystem der Erwachsenen" (Parsons 1997: 179).

Zentrale Funktionen von Schule

Mit den Begriffen Sozialisation und Allokation sind zwei zentrale Funktionen von Schule benannt, ohne deren Berücksichtigung die sozialen Prozesse in der Schule nicht hinreichend verstanden werden können. In Weiterentwicklung des struktur-funktionalistischen Ansatzes hat in Deutschland vor allem Helmut Fend (1981; 2006) den gesellschaftlichen Funktionszusammenhang von schulischer Sozialisation systematisiert. In seiner „Neuen Theorie der Schule" (2006: 51) identifiziert er folgende vier gesellschaftlichen Funktionen des Bildungssystems:

– Enkulturationsfunktion (gegenüber der Kultur);
– Qualifikationsfunktion (gegenüber der Wirtschaft);
– Allokationsfunktion (gegenüber der Sozialstruktur);
– Integrationsfunktion (gegenüber dem politischen System).

Die Enkulturationsfunktion bezieht sich auf „die Reproduktion grundlegender kultureller Fertigkeiten und kultureller Verständnisformen der Welt und der Person" (Fend 2006: 49), also z.B. auf die Vermittlung der in einer Kultur gesprochenen Sprache oder dominanten Wertorientierungen. Diese Funktion entspricht weitestgehend der Sozialisationsfunktion bei Parsons. Ähnlich wie Parsons nennt Fend auch die Allokations- bzw. Selektionsfunktion, also die Aufgabe von Schule, z.B. über Prüfungen „die Verteilung auf zukünftige Berufslaufbahnen und Berufe vorzunehmen" (Fend 2006: 50). Die Schule garantiert die innere Kohäsion der Gesellschaft weiterhin dadurch, dass sie z.B. durch politische Bildung zur „Zustimmung zum politischen Regelsystem" und zur „Stärkung des Vertrauens in seine Träger" beiträgt (Integrations-, Legitimationsfunktion) (Fend 2006: 50). Fend ergänzt Parsons Konzept um die Dimension der „Vermittlung von Fertigkeiten und Kenntnissen ..., die zur Ausübung „konkreter" Arbeit erforderlich sind" (Qualifikationsfunktion) (Fend 2006: 50).

Die Funktionen aus der Sicht des Individualismus

Die gesellschaftliche Funktionsleistung der Schule entspricht den individuellen Handlungs- und Entwicklungsmöglichkeiten. So beinhaltet die Enkulturation die „Chance zu Autonomie der Person im Denken und Handeln", die Qualifikationsfunktion ermöglicht eine „selbstständige berufliche Lebensführung", die Allokationsfunktion entspricht der Möglichkeit, „den beruflichen Aufstieg und die berufliche Stellung durch eigene Lebensanstrengung und schulische Leistungen in die Hand zu nehmen", und die Integrationsfunktion gestattet „die soziale Identitätsbildung, Identifikation und soziale Bindung als Grundlage für soziale Verantwortung" (Fend 2006: 53).

Im Unterschied zu Parsons geht Fend jedoch nicht von einer a priori konformen und systemstabilisierenden Sozialisation aus, sondern versucht, die Handlungsfähigkeit des Einzelnen stärker in seine Theorie der Schule zu integrieren. Dies geschieht mit Rekurs auf die Theorie der Rationalen Entscheidung (*Rational Choice*-Theorie).

Sozialisation und „Rational Choice"

„Die untere Ebene [d.h. die Handlungsebene] tut also nicht nur das, was von der ‚oberen' verlangt wird, sondern sie passt dies an die jeweiligen Handlungsbedingungen kosten- und präferenzenkonform an" (Fend 2006: 181).

Überlegungen, die die schulische Sozialisation stärker im Kontext sozialer Macht und Herrschaftsbeziehungen betrachten, interpretieren diese individuellen Präferenzen, von denen im Zitat die Rede ist, selbst als Ausdruck einer spezifischen Gruppenzugehörigkeit, die es im unterschiedlichen Ausmaß gestattet, im schulischen Kontext und in der späteren Arbeitswelt „gewinnerzielend" zu agieren.

Analysen, denen eine marxistische Theorie vom Funktionieren der kapitalistischen Gesellschaft als Klassengesellschaft zugrunde liegt (vgl. Kapitel 9), stellen die herrschaftslegitimierende Funktion schulischer Sozialisation an den Beginn ihrer Überlegungen. Die Analysen konzentrieren sich dabei

Schule und Herrschaft

- auf die Korrespondenz zwischen den Anforderungen in der Schule und denen der Arbeitswelt (z.B. Bowles/Gintis 1976);
- auf den ideologischen Gehalt von Unterrichtsinhalten (z.B. Apple 1999) oder
- auf die habituell verankerte Mittelschichtsorientierung von Schule und die dabei reproduzierte soziale Ungleichheit (z.B. Bourdieu 2001).

Am Beispiel der 200jährigen US-amerikanischen Schulgeschichte entwickelten Bowles und Gintis (1976: 131) die These der „strukturellen Korrespondenz" zwischen den Sozialbeziehungen in der Schule und denen in der Produktionssphäre. Diese sichert nicht nur die Arbeitsdisziplin der späteren Arbeitnehmer, sondern hilft auch, persönliche Eigenschaften, Formen der Selbstdarstellung, das Selbst-Image und Identifikationen mit der sozialen Klasse zu entwickeln, die für die spätere Arbeitstätigkeit bedeutsam sind. Zwar konnte auch im deutschen Kontext eine Übereinstimmung bestimmter Interaktionsmerkmale in der Schule und in der Arbeitswelt wie Konkurrenz- und Konformitätsorientierung festgestellt werden (Tillmann 1976, Fend u.a. 1973), jedoch wirkt die Reproduktionsthese zu deterministisch und simplifizierend (vgl. Giroux 1989), es fehlen handlungstheoretische Annahmen (Strike 1989) und v.a. der Vermittlungsaspekt bleibt zu unreflektiert (Baethge 1995).

Bowles und Gintis: Schooling in Capitalist America

Inwieweit erkennen die Lehrer den Ideologiegehalt ihrer Handlungen und gehen produktiv damit um?

Bourdieu und Passeron veröffentlichten in den 1970er Jahren ein Buch unter dem Titel „Grundlagen einer Theorie der symbolischen Gewalt". Darin analysieren sie die Schule als die zentrale Institution, die zum Erhalt des Be-

Die Illusion der Chancengleichheit

stehenden soziale Ungleichheitsrelationen und damit Herrschaft reproduziert. Jede pädagogische Aktion prägt eine doppelte Willkür – eine kulturelle Willkür und eine willkürliche Gewalt (Bourdieu/Passeron 1973: 13ff.). Die kulturelle Willkür äußert sich darin, dass eine willkürliche Auslese dessen erfolgt, was beim Lernenden als objektiv bedeutsam, als die wertvolle Kultur verinnerlicht werden soll. Die damit verbundene kulturelle Reproduktion ermöglicht dem Einzelnen die Teilhabe an einer gemeinsamen Sinnwelt.

„Die Individuen verdanken der Schule vor allem eine ganze Menge von Gemeinplätzen, und diese sind nicht nur gemeinsame Sprache und Rede, sondern auch Terrains der Begegnung und Verständigung, gemeinsame Probleme und gemeinsame Arten und Weisen, diese gemeinsamen Probleme zu behandeln" (Bourdieu 2001: 87).

Schule als Ort symbolischer Gewalt

Dieser kulturellen Vermittlung wohnt gleichsam eine willkürliche Gewalt inne. Sie besteht darin, dass eine dominante Gruppe über das in der Gesellschaft anerkannte Kapital (symbolisches Kapital, vgl. Kapitel 3 und 9) verfügt, das sie befähigt, ihre Weltsicht, ihre Kultur zu reproduzieren und zum Maßstab aller zu erheben. Jede pädagogische Aktion ist damit symbolische Gewalt, da mit ihr bestimmte Weltsichten, Selbstverständlichkeiten, kurz die Kultur der dominanten Gruppe als die wertvolle reproduziert werden.

Schule und soziale Reproduktion

Vor diesem Hintergrund können die unterschiedlichen Leistungserfolge in der Schule nicht (wie in der strukturfunktionalistischen Sicht) auf individuelle Leistungsanstrengung oder gar Begabung zurückgeführt werden, sondern auf das klassenspezifisch verteilte kulturelle Kapital in den Herkunftsfamilien der Schüler (Kapitel 9). Das heißt, die Aneignung des in der Schule Verlangten setzt die Instrumente der Aneignung voraus – so zum Beispiel eine bestimmte sprachliche Ausdrucksweise oder ein hohen Grad an Bildungsaspiration. Mit dieser Überlegung enttarnen Bourdieu und Passeron u.a. in ihrem Buch „Die Illusion der Chancengleichheit" (1971) das Prinzip der formalen Gleichheit, auf das Parsons seine Überlegungen aufbaut, nicht nur als Fiktion, sondern als ein Instrument zur Reproduktion sozialer Ungleichheit.

„Die formale Gleichheit, die die pädagogische Praxis bestimmt, dient in Wirklichkeit als Verschleierung und Rechtfertigung der Gleichgültigkeit gegenüber der wirklichen Ungleichheit in Bezug auf den Unterricht und der im Unterricht vermittelten oder, genauer gesagt, verlangten Kultur" (Bourdieu 2001: 39).

Relative Autonomie

Zur Kennzeichnung dieser herrschaftslegitimierenden Einbettung von Schule benutzen Bourdieu und Passeron (1973: 87) den Begriff der relativen Autonomie. Diese „Abhängigkeit durch Unabhängigkeit" oder dieser „Mantel der Neutralität" gestatten nicht nur, den Interessen der dominanten Gruppe besonders effektiv zu entsprechen, sondern die öffentliche Proklamation, dass alle den gleichen Zugang zu Bildung haben, beeinflusst das Selbstbild der Schüler. Das Versagen in der Schule wird der eigenen Person zugeschrieben und es kommt zur Verinnerlichung der Legitimität der eigenen Unzulänglichkeit und des davon abgeleiteten rechtmäßigen Ausschlusses. Es kommt zur Selbstexklusion als dem effektivsten Mittel der Exklusion.

Bourdieus und Passerons Überlegungen haben keineswegs an Aktualität verloren, denn zahlreiche Studien zum Schulerfolg und Bildungsverlauf von Kindern und Jugendlichen bestätigen kontinuierlich die konservative bzw. sozial-konservierende Funktion von Schule (z.B. PISA-Studien; Krais 1996; Vester 2004; Bellenberg/Hovestadt/Klemm 2004, zur Beziehung Exklusion und Schule, vgl. Littlewood 1999).

3 Konsequenzen für den Lehrer

Zur Erfüllung dieser Reproduktionsfunktion verkörpert der Lehrer eine Schlüsselfigur. Dabei zeigen empirische Untersuchungen, dass die Lehrer ihren Unterricht und die Bewertung der Schülerleistungen tatsächlich an den oberen „bildungsnahen" sozialen Milieus ausrichten (z.B. Ditton 1992: 192ff.; Gomolla/Radtke 2002) und dass die Praxis der Notengebung keine objektive Angelegenheit, sondern einen sozialen Konstruktionsprozess verkörpert (Terhart 2000, 2001, Kalthoff 1997).

Die Stellung des Lehrers

„Der Klassencharakter der gegenwärtigen Gesellschaft vermittelt sich deshalb über die Schule, weil die Lehrer soziale Leitbilder vertreten, die den Interessen einer privilegierten ökonomischen und politischen Machtelite dienen" (Combe 1973: 210).

Auf die zentrale Rolle einer aktiven Konstruktionsarbeit der Lehrer bei der alltäglichen Bewertung der Schülerleistung verweist der Pygmalion-Effekt. Darunter wird allgemein das Phänomen gefasst, dass Erwartungen die Tendenz besitzen, sich selbst zu bewahrheiten, indem sie fremdes Verhalten so beeinflussen, dass am Ende das geschieht, was man erwartet. Mit Blick auf die Lehrer zeigen Rosenthal und Jacobson (1974), dass sich die Erwartungshaltungen der Lehrer auf die Entwicklung der Schüler auswirken. Unter Experimentalbedingungen führten sie an einer US-amerikanischen Grundschule (1.-6. Klasse) Intelligenztests durch und erklärten dabei den 19 Lehrern, dass der Test besonders dazu geeignet sei, die zukünftigen Leistungen der Schüler vorherzusagen.

Pygmalion-Effekt

Per Zufall wurden 20% der Kinder ausgewählt und den Lehrern mitgeteilt, dass bei diesen Kindern im nächsten Schuljahr mit einem außergewöhnlichen intellektuellen Wachstum zu rechnen sei. Im Ergebnis zeigte sich, dass diese Schüler (v.a. aus untersten Klassenstufen) tatsächlich mehr Intelligenzzuwachs als ihre Mitschüler verzeichneten.

Auf die Frage, wie dies zustande kommt, verweisen die Forschungen von Brophy und Good (1974) auf einen subtilen Modus der Erwartungsartikulation der Lehrer an die Schüler. Zum Beispiel warten die Lehrer bei den als schwächer eingeschätzten Schülern nicht so lange auf eine Antwort, sie loben diese seltener, beachten sie weniger und sehen sie weniger als Teil des öffentlichen Dialogs.

Paradoxien des Lehrerhandelns

Verkörpern die Lehrer also blinde Handlanger der dominierenden Kultur? Studien, die sich stärker der Mikroebene – also dem konkreten Handlungsfeld der Lehrer – zuwenden, zeigen, dass diese Handlungsebene von zahlreichen strukturell bedingten Paradoxien geprägt ist. Das heißt, die Lehrer stehen mit ihrer pädagogischen Praxis vor widersprüchlichen Anforderungen (z.b. Helsper 2002; Oevermann 1996; Schütze 1996) bzw. vor antagonistischen Funktionen (Nave-Herz 1977). So sind sie im Rahmen ihre Selektionsarbeit dazu angehalten, die Schüler nach besser und schlechter zu kategorisieren. Gleichzeitig sollen sie aber die Individualität und Selbständigkeit der Schüler fördern, was eine Anerkennung der gesamten (einzigartigen) Schülerpersönlichkeit, nicht jedoch eine Typisierung und soziale Etikettierungen erfordert.

> Nach Nave-Herz (1977: 42ff.) erfüllt der Lehrerberuf drei gesellschaftliche Funktionen:
> - die Sozialisations- und Vermittlungsfunktion;
> - Begutachter- und Selektionsfunktion und
> - kompensatorische Funktion.

Praxeologischer Habitus

Wie der Lehrer in seinem alltäglichen Handeln mit diesen Widersprüchen umgeht, wird von seinem spezifischen Habitus beeinflusst (vgl. Kapitel 9). Der Idealfall besteht dabei in einer Überwindung dualistischen Denkens, d.h. einer starren Trennung zwischen Subjektivem und Objektivem, zugunsten einer „praxeologischen Denkweise".

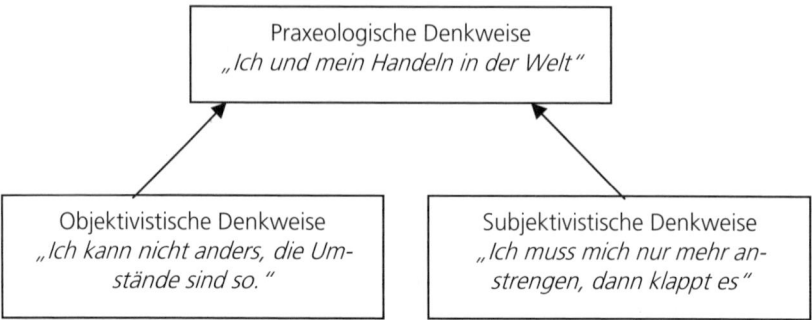

Das subjektzentrierte Denken äußert sich in der Aussage: Ich muss mich nur mehr engagieren, dann wird sich die schulische Wirklichkeit ändern. Das objektivistische Denken reduziert die soziale Wirklichkeit auf strukturelle Bedingungen, im Sinne des Ausspruchs „Ich kann nicht anders, die Umstände sind so." Den „praxeologischen Habitus" kennzeichnet die Kompetenz, das eigene Handeln und die Handlungsmöglichkeiten im Kontext der Bedingungen zu reflektieren. Der Lehrer wäre so imstande „das Latente, Vor- und Unbewußte pädagogischer Interaktionen im praktischen Feld zu erkennen und bewusst zu machen, um so zur Aufklärung einer undurchschauten, oftmals durch negative habituelle Verhaltensweisen geprägte Praxis beizutragen" (Wagner 1998: 44). Mit Blick auf die Reproduktion sozialer Ungleichheit betonen Bourdieu und Passeron (1973: 55), dass die Lehrer den strukturellen Grenzen nicht so vollständig unterlegen wären, wenn sie nicht „ihr Denken und ihre Praxis in der Illusion der Freiheit und der Universalität vollziehen würden".

Die sozialen Reproduktionsmechanismen in und durch die Schule gelten damit nicht als unumstößlich oder naturgegeben, sondern die Lehrer können diese durchaus als Problem erkennen und versuchen im Sinne einer „rationalen Pädagogik" (Bourdieu 2001: 39) gezielt dagegen vorzugehen.

4 Fazit

Im Kapitel 11 wurde das Sozialisationsfeld Schule vor allem unter dem Gesichtspunkt des „heimlichen Lehrplans" betrachtet und seine Sozialisationseffekte nach zwei theoretischen Ansätzen analysiert. Dabei fiel vor allem die sozial-konservierende Funktion von Schule ins Auge – Schule als Instanz gesellschaftlicher Reproduktion. Die Frage, ob hier ein Fatalismus zu sehen ist, dem der Lehrer hilflos zusehen muss, wurde allerdings über die Figur der „praxeologischen Denkweise" verneint, die dem Lehrer die Widersprüche seiner Rolle bewusst macht und ihn ermutigt, gegen die soziale Selektion anzugehen. Nach der Betrachtung der umfassenden sozialen Funktionen schulischer Sozialisation wird sich das abschließende Kapitel wieder der Person des jungen Menschen zuwenden.

Wiederholungsfragen

1. Was meint der Begriff „sekundäre Sozialisation"?
2. Auf welche Aspekte schulischen Lernens fokussiert der „heimliche Lehrplan"?
3. Wodurch unterscheidet sich nach Parsons die Orientierung der Eltern und der Lehrer am Kind?
4. Was sind die zentralen Unterschiede zwischen den Konzepten schulischer Sozialisation von Parsons und Bourdieu?
5. Welche Funktionen erfüllt die Schule?
6. Was wären mögliche Erklärungen dafür, dass es trotz Bildungsexpansion zu einer Reproduktion sozialer Ungleichheit kam?

7. Was meint Bourdieu mit „relativer Autonomie" von Schule?
8. Was versteht man unter dem „Pygmalion-Effekt"?
9. Was ist unter „praxeologischem Habitus" zu verstehen?

Reflexionsfragen

1. Wie kann man sich eine Gesellschaft vorstellen, in der primäre und sekundäre Sozialisation von der gleichen Instanz übernommen wird?
2. Die Erforschung des heimlichen Lehrplans zielt nicht darauf, individuelles Lernen zu erforschen, sondern im Mittelpunkt steht der schulische Interaktionskontext, der hinsichtlich seiner Einwirkungen auf die Persönlichkeitsentwicklung untersucht werden soll. Wie könnte man praktisch vorgehen, um die „versteckten" Prozesse in der Schule zu erforschen?
3. Inwieweit ist folgendes pädagogisches Prinzip von Pestalozzi (1790) heute noch von Bedeutung? Was bedeutet es für das heutige Lehrerhandeln?
„Ich vergleiche nie ein Kind mit einem anderen, sondern immer nur mit ihm selber."
4. Wie könnte eine Schule aussehen, in der sozial-konservierende Sozialisationsprozesse vermieden werden?

Empfehlung zur weiteren Lektüre

Einen Überblick über Schultheorien geben:

Fend, Helmut (2006): Neue Theorie der Schule. München.
Tillmann, Klaus-Jürgen (2004): Sozialisationstheorien. Eine Einführung in den Zusammenhang von Gesellschaft, Institution und Subjektwerdung. Reinbek bei Hamburg: Rowohlt. darin: Sozialisation durch die Schule – zugleich eine Einführung in soziologische Basistheorien; S. 108-190.

Zum Problem der Reproduktion sozialer Ungleichheit durch die Schule existiert eine Textsammlung von Bourdieu in:

Bourdieu, Pierre (2001): Wie die Kultur zum Bauern kommt. Über Bildung, Schule und Politik. Hamburg.

Zum Lehrerberuf

Tenorth, Heinz-Elmar (2004): Lehrerarbeit – Strukturprobleme und Wandel der Anforderungen, In: Beckmann, U.; Brandt, H./Wagner, H.: Ein neues Bild vom Lehrerberuf? Pädagogische Professionalität nach PISA. Weinheim/Basel, S. 14-25.
Terhart, Ewald: „Gute" und „Schlechte" Lehrerarbeit aus wissenschaftlicher Sicht (www.Ich.ch/referate.htm#Terhart)

Kapitel 12: Entwicklung von Identität als zentrale Herausforderung in der Jugendzeit

1 Die Jugendphase: Charakteristiken und Herausforderungen

Der Begriff Jugend bezeichnet eine Sozialisationsphase zwischen Kindheit und Erwachsenenleben, die (wie alle Phasen der Sozialisation: vgl. Kapitel 9) keine unveränderbare naturgegebene Konstante verkörpert, sondern „ein soziokulturelles Phänomen, das in seinen Erscheinungsformen historisch-gesellschaftlichen Dimensionen unterworfen ist" (Griese 1987: 19).

> Einen historischen Überblick zur Entwicklung des Phänomens Jugend geben beispielsweise Gillis und Mitterauer. Der Historiker John R. Gillis argumentiert in seinem Buch „Geschichte der Jugend" (1980: 19ff., engl. 1974), dass vom Phänomen Jugend erst gegen Ende des 18. Jahrhunderts im Zuge der Entstehung der bürgerlichen Gesellschaft gesprochen werden kann. Hingegen verdeutlicht Michael Mitterauer in seinem Buch „Sozialgeschichte der Jugend" (1986: 23ff.), dass bereits im vorindustriellen Europa im 16. bis 18. Jahrhundert unterschiedliche jugendliche Lebensformen existierten, man jedoch nicht von übergreifenden Entwicklungsaufgaben, wie die der Identitätsfindung oder der Berufswahl sprechen kann. Die heutige Sozialgestalt „Jugend" finden wir erst mit der Expansion des Schul- und Ausbildungssystems. So spricht auch Zinnecker (1985: 33) von einem „Wendepunkt in der Epochalgeschichte von Jugend seit dem 18. Jahrhundert."

Im Laufe der Zeit hat sich die Dauer der Jugendphase immer weiter ausgedehnt: die biologische Reife (Pubertät) tritt früher ein (vgl. z.B. Mitterauer 1986: 11f.) und der Übertritt ins Erwachsenenalter erfolgt später. Während heute der Beginn der Lebensphase Jugend mit dem Einsetzen der Pubertät ab etwa dem 13. Lebensjahr festgelegt wird, also dann, wenn sich massive körperliche Veränderungen vom kindlichen zum Erwachsenenkörper vollziehen, kann das Ende der Jugendphase nicht genau bestimmt werden. Dieses „pluralisiert" sich, „entstrukturiert" sich oder „fasert aus". Die Jugendforschung spricht hierbei von einem Strukturwandel der Jugendphase, der seit dem Ende der 1960er Jahre zu beobachten ist und der durch folgende drei gesellschaftliche Prozesse gekennzeichnet werden kann (Fuchs 1983; Jugendwerk 1992/2; Tillmann 2004: 268ff.):

Strukturwandel der Jugendphase

- Verlängerung der Jugend durch Verschulung,
- Verunsicherung der Jugend durch Arbeitsmarktrisiken,
- Vervielfältigung des Übergangs in das Erwachsenenalter.

Im Kontext dieser Entwicklungen finden sich Jugendliche in einem spannungs- und risikoreichen Verhältnis zwischen Selbstständigkeit in Bereichen wie Partnerschaft oder Ausbildung auf der einen Seite und ökonomischer Unselbstständigkeit auf der anderen Seite. Zudem erfahren sie auf allen Altersstufen einen drohenden Ausschluss aus dem Erwerbsleben (Deutsche Shell 2000), womit immer deutlicher wird, dass „die gesellschaftliche Krise die Jugend erreicht hat" (Jugendwerk 1997: 13ff.). Nun kann davon ausgegangen werden, dass hiervon nicht alle Jugendlichen gleichermaßen betroffen sind, sondern dass die Lebenschancen weitestgehend von der sozialen Herkunft bestimmt werden (PISA-Studien, Deutsche Shell 2006). Es existiert also eine Lebensphase Jugend, jedoch verkörpert die Jugend keine einheitliche Gruppe, sondern zeichnet sich durch eine Vielfalt von subkulturellen Lebensstilen aus.

Drei Etappen der Jugendphase

Im Hinblick auf das Alter unterscheidet die Jugendforschung drei Etappen der Jugendphase (Schäfers/Scherr 2005: 24). Als Jugendliche im engeren Sinne gelten die 12 bis 17jährigen, die sich in der pubertären Phase befinden. Die 18 bis 21jährigen sind die jugendlichen Heranwachsenden. Sie befinden sich in der nachpubertären Phase. Jugendliche in der Phase nach dem Erlangen der vollen Rechtsmündigkeit bis zum Abschluss der Erstausbildung sind junge Erwachsene. In der Regel reicht diese Etappe vom 21. Lebensjahr bis ca. Ende 20. Die über 18jährigen bezeichnet man auch als Post-Adoleszenten, die sich dadurch auszeichnen, dass für sie das Spannungsfeld zwischen einer rechtlichen und soziokulturellen Mündigkeit und einer finanziellen Abhängigkeit direkt erfahrbar wird.

> Ein Blick auf die empirischen Jugendstudien zeigt, dass diesen je nach Untersuchungskontext höchst unterschiedliche Altersangaben von Jugend zugrunde liegen. Dies sei an zwei Beispielen verdeutlicht: Die Shell-Jugendstudie von 1991 konzentrierte sich auf die 13 bis 29jährigen (Fischer/Zinnecker 1992: 21), die von 1997 auf die 12 bis 24jährigen (Fritsche 1997: 395), die aus dem Jahr 2000 befragte die 15 bis 24jährigen (Fritzsche 2000: 353) und bei der von 2002 oder 2006 standen die 12 bis 25jährigen im Mittelpunkt (Deutsche Shell 2002, 2006).

Aufgaben der Jugendphase

Das Jugendalter ist von spezifischen Herausforderungen geprägt, mit denen sich der Jugendliche im jeweiligen sozialen Kontext von Familie, Schule, Medien oder Gleichaltrigengruppen auseinandersetzt und dabei seine Persönlichkeit und Handlungsfähigkeit entwickelt. Das Konzept der altersspezifischen Entwicklungsaufgaben geht auf Robert J. Havighurst (1900-1991) zu-

Entwicklung von Identität – Herausforderung der Jugendzeit

rück, der zusammen mit seinen Kollegen an der Universität in Chicago zwischen 1930 und 1940 einen Aufgabenkatalog erstellte.

Die Forscher gehen davon aus, dass die Entwicklungsaufgaben ein Bindeglied zwischen der inneren Entwicklung und den äußeren Anforderungen verkörpern, wobei der Jugendliche als aktiver Lerner mit einer aktiven sozialen Umwelt interagiert (Havighurst 1982: VII). Im Anschluss hieran haben Jugendforscher verschiedene Entwicklungsaufgaben formuliert, deren Bewältigung für die Jugendlichen der Gegenwart eine zentrale Herausforderung verkörpert (z.B. Dreher/Dreher 1985: 59; Fend 2005: 210ff.; Oerter/Montada 2002: 271; Schäfers/Scherr 2005: 78, Hurrelmann 1994: 47).

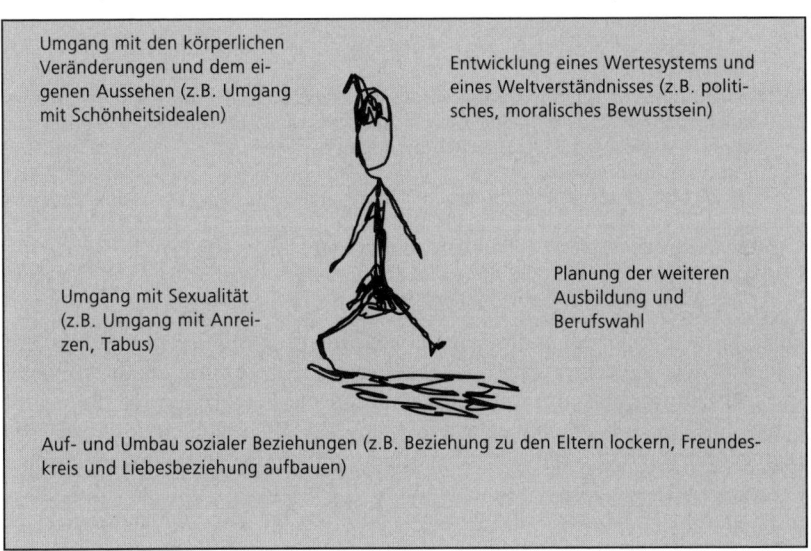

Umgang mit den körperlichen Veränderungen und dem eigenen Aussehen (z.B. Umgang mit Schönheitsidealen)

Entwicklung eines Wertesystems und eines Weltverständnisses (z.B. politisches, moralisches Bewusstsein)

Umgang mit Sexualität (z.B. Umgang mit Anreizen, Tabus)

Planung der weiteren Ausbildung und Berufswahl

Auf- und Umbau sozialer Beziehungen (z.B. Beziehung zu den Eltern lockern, Freundeskreis und Liebesbeziehung aufbauen)

Im produktiven Umgang mit diesen Herausforderungen entwickeln junge Leute ihre Identität, wobei insbesondere die Peer-Beziehungen eine wichtige Rolle spielen.

Mit der allmählichen emotionalen Ablösung vom Elterhaus wächst die Bedeutung der Gleichaltrigengruppe für die Persönlichkeitsentwicklung der Jugendlichen. Mit Peers bezeichnen wir die „Gleichaltrigen", die für die Person eine relevante Bezugsgruppe ihres Handelns verkörpern, wie z.B. Straßencliquen, stärker organisierte Jugendgruppen, Gangs oder Freundschaften. Die Gleichaltrigengruppe verkörpert eine „informelle Sozialisationsinstanz", die sich durch eine relative Gleichheit der Akteure auszeichnet und dadurch einen Erfahrungsraum für verschiedene Handlungsmöglichkeiten bildet, zur Entwicklung gemeinsamer Handlungsorientierungen (Überzeugungen, Normen, Interessen) und Lebensweise beiträgt sowie die Identitätssuche der Jugendlichen erleichtert (vgl. Schäfers/Scherr 2005: 18; Grundmann 2006: 130).

Die Relevanz der peer-group

Dieter Baacke (1999: 13ff.) benennt folgende „nationenübergreifende Strukturzüge der Peergruppen":

1. Peer-Gruppen sind wichtige Sozialisations- und Erfahrungsinstanzen für in der Freizeit (nicht in Schule und Familie) artikulierbare erotische und sexuelle Bedürfnisse.
2. Sie bilden sich „parasitär" an Orten, die Jugendliche versammeln (Wohngegend, (Aus-)bildungsstätte).
3. Sie spiegeln die Zusammensetzung der Gesellschaft wider, d.h. Peergruppen konstituieren sich entlang den Merkmalen sozialer Schichtzugehörigkeit und ethnischer Herkunft.
4. Die sozio-strukturelle Verankerung der Peers bestimmt das Wertesystem der Gruppen.
5. Die Erwartungen der Jugendlichen an ihre Peers beziehen sich v.a. auf den erotischen Erfahrungsbereich, Erprobung der eigenen Persönlichkeit, in Rivalitäten und solidarischem Verhalten.
6. Der Einfluss der Eltern bleibt bestehen – nicht nur im Sinne des Punktes 3, sondern auch in der Stellung der Eltern zum Freundeskreis ihres Kindes, was, wenn dieser negativ ist, zu Belastungssituationen führen kann.
7. Der Bedeutungszuwachs der Peers in den letzen 50 Jahren erfolgt nicht auf Kosten der Familie, sondern beide Instanzen sind für unterschiedliche Problembereiche Ansprechpartner der Jugendlichen: die Eltern z.B. in Sachen der Qualifikation und die Gleichaltrigen in Fragen von Beziehungsproblemen.
8. Peers beeinflussen stark das Selbstbild der Jugendlichen und helfen so bei der Identitätsbildung und Ablösung vom Elternhaus.

Shmuel N. Eisenstadt und die gesellschaftliche Notwendigkeit von peergroups

Zwar besteht in der Jugendforschung weitestgehende Einigkeit über die zentrale Stellung der Peergruppe im Jugendalter, jedoch existieren unterschiedliche Auffassungen darüber, welche Funktion die Peergruppe für die Gesellschaft und für die persönliche Entwicklung der Jugendlichen besitzt. Der israelische Soziologe Shmuel N. Eisenstadt (geb. 1923) argumentiert in seiner Studie „Von Generation zu Generation. Altergruppen und Sozialstruktur" (1966; engl. 1956), dass komplexe Gesellschaften auf altershomogene Jugendgruppen angewiesen sind. Mit dieser These knüpft Eisenstadt an Parsons Strukturfunktionalismus an, in dessen Mittelpunkt die Frage nach den funktionalen Erfordernissen zum Erhalt des Gesellschaftssystems steht (vgl. Kapitel 9). Welche funktionalen Beiträge leisten nun die *Peers*?

Ausgehend von einem Vergleich vormoderner traditioneller (partikularistischer) Gesellschaften und unserer heutigen komplexen modernen Gesellschaft kommt Eisenstadt zu dem Schluss, dass die Jugendlichen in ihren Peergruppen zur Bewältigung der späteren universalistischen Verhaltenserwartungen z.B. im Beruf vorbereitet werden. Zudem finden die Jugendlichen bei ihren Gleichaltrigen ähnliche Bedürfnislagen, wie das Bedürfnis nach emotionalem Rückhalt in Form von Gemeinschaft, das Bedürfnis nach Identität, sexuelle Bedürfnisse oder Ängste beim Loslassen von der Familie (Eisenstadt 1966: 40). Die *Peers* bilden damit eine Verbindung zwischen den primären (Familie) und sekundären (außerfamilialen) Sozialisationsinstanzen, also zwischen den partikularistischen Verhaltensorientierungen in der

Familie und den universalistischen Verhaltensmustern in anderen gesellschaftlichen Bereichen (Eisenstadt 1966: 280f.) (vgl. *pattern variables* im Kapitel 9).

Eisenstadt formulierte als einer der ersten eine umfassende Theorie des Jugendalters, indem er Parsons Theorien auf die Jugend anwandte. Verbunden mit dem strukturfunktionalistischen Paradigma, das am Status quo orientiert ist, finden sich auch einige Schwachstellen (vgl. Griese 1987: 118ff.; Tillmann 2004: 207f.). Dies wird vor allem dort deutlich, wo Eisenstadt *Peers* thematisiert, deren Verhalten nicht mit den Erwartungen, die die Erwachsenenwelt an sie richtet, übereinstimmt. Kriminelle Jugendbanden oder revolutionäre Jugendgruppen betrachtet er als störende Tendenzen, die zur gesellschaftlichen Desintegration beitragen. Die innovativen Elemente, die damit verbunden sein könnten, bleiben außerhalb des theoretischen Blicks. Weitere Kritikpunkte richten sich auf die vernachlässigte Differenzierung zwischen den subjektiven Bedürfnissen der Jugendlichen und den funktionalen Systemerfordernissen sowie auf die außer Acht gelassene milieuspezifische Heterogenität von Jugend.

Kritik an Eisenstadt

Auf die milieu- bzw. klassenspezifische Prägung der Peergruppe hat Paul Willis mit seiner ethnografischen Studie „Spaß am Widerstand" (1982) (engl.: *„Learning to labor: how working class kids get working class jobs"* 1977) aufmerksam gemacht. Mittels teilnehmender Beobachtung studierte er eine Gruppe von männlichen Jugendlichen in einer mittelenglischen Großstadt, die er Hammertown nannte und die eine prototypische Industriestadt verkörperte. Er begleitete diese jungen Leute während des Schultags, in der Freizeit sowie in ihren Familien und kam zu dem überraschenden Ergebnis, dass erst der aktive Widerstand der (männlichen) Arbeiterkinder gegen die schulischen Normierungen und die dabei entwickelte Gegenkultur die Jugendlichen befähigt, nach Schulabschluss in der Fabrik zu arbeiten und in der unterlegenen Position ihre Identität zu bewahren. In Abgrenzung zu den konformen Schülern – genannt die *„earoles"* – und den Lehrern kreieren die Jugendlichen der Arbeiterklasse – die *„lads"* – eine gemeinsame oppositionelle Kultur, die der Kultur entspricht, aus der sie kommen. Die wichtigste Dimension dieser schulischen Gegenkultur der Arbeiterkinder besteht in einer allgemeinen personalen Opposition gegenüber Autoritäten (Willis 1982: 24).

Paul Willis und die klassenspezifische Peergruppe

„Die wichtigste, offenbarste und expliziteste Dimension der Gegen-Schul-Kultur ist die tief verwurzelte allgemeine und personale Opposition gegen die „Autorität". Dieses Gefühl wird von den „lads" (so der selbstgewählte Titel derer, die zur Gegen-Schulkultur gehören) jederzeit verbalisiert."

(In einer Gruppendiskussion über die Lehrer)

Joey: ... sie können uns bestrafen. Sie sind größer als wir, sie vertreten ein größeres Establishment als wir, weil, wir sind klein und sie vertreten die größeren Sachen, und man versucht ja nur, den eignen Kram zu machen. Es ist, äh, glaub ich, die Ablehnung der Autorität.

Eddie: Die Lehrer meinen, sie sind groß und stark, weil sie Lehrer sind, aber in Wirklichkeit sind sie niemand, sie sind einfach gewöhnliche Menschen, oder nicht?

Bill: die Lehrer glauben wunder was sie sind. Sie sind mehr, sie stehen höher als wir, aber sie glauben, sie stehen sehr viel höher, und das tun sie nicht.

Spansky: Ich wollte, wir könnten sie mit dem Vornamen anreden und so ... sie glauben, sie sind Gott.

Pete: Das wär schon viel besser.

PW: Was, du sagst, sie stehen höher? Akzeptierst du etwa, dass sie alles besser wissen?

–

Joey: Ja, aber das heißt nicht, dass sie über uns stehen, nur weil sie ein bisschen intelligenter sind.

Bill: Sie sollten uns so behandeln, wie sie von uns behandelt werden wollen" (Willis 1982: 24).

Ein wichtiger Ertrag der Studie von Willis besteht darin, auf die Notwendigkeit verwiesen zu haben, die Praxis der Jugendlichen als kreative Handlung zu erforschen, wobei die Jugendkultur nur mit Blick auf die Klassenzugehörigkeit der Jugendlichen und ihrer Familien verständlich wird.

2 Soziale, persönliche und Ich-Identität

Erving Goffman und die Kategorien von Identität

Identität gilt als „Kernaufgabe der Jugendphase" (Heitmeyer 1995: 77), wobei der junge Mensch über bewusstseinsfördernde Fragen („Wer bin ich?", „Was will ich?") in eine Auseinandersetzung mit gesellschaftlich akzeptierten Wertvorstellungen, Verhaltensmustern, Ereignissen, Erwartungen und Anforderungen tritt. Insbesondere Mead (vgl. Kapitel 9) macht deutlich, dass die Identitätsbildung nicht nur an die Fähigkeit zur Selbstreflexion gebunden ist, sondern vor allem daran, wie mich andere sehen. In Anschluss an den Symbolischen Interaktionismus unterscheidet Erving Goffman (1922-1982) in seinem Buch „Stigma. Über Techniken der Bewältigung beschädigter Identitäten" (1967, 1975) (engl. Stigma: Notes on the Management of Spoiled Identity. Englewood Cliffs 1963) drei Kategorien von Identität: die persönliche, die soziale und die Ich-Identität (vgl. Habermas 1968/1973; Krappmann 1969/2005).

Persönliche Identität

Die *personal identity* (persönliche Identität) meint die Einzigartigkeit einer Person, die sich aus ihrer unverwechselbaren Biografie, aus der Ansammlung früherer Erfahrungen und damit verbundenen Erwartungen ergibt.

„Die persönliche Identität hat folglich mit der Annahme zu tun, daß das Individuum von allen anderen differenziert werden kann und daß rings um dies Mittel der Differenzierung

Entwicklung von Identität – Herausforderung der Jugendzeit

eine einzige kontinuierliche Liste sozialer Fakten festgemacht werden kann, herumgewickelt wie Zuckerwatte, was dann die klebrige Substanz ergibt, an der noch andere biographische Faktoren festgemacht werden können" (Goffman 1975: 74).

Die *social identity* (soziale Identität) bezieht sich auf die Selbstinterpretation, die sich aus der Zugehörigkeit zu einer oder mehreren Bezugsgruppen und deren Erwartungen ergibt. *Soziale Identität*

Die Ich-Identität ergibt sich aus der ständig herzustellenden Balance zwischen persönlicher und sozialer Identität. Während die soziale und persönliche Identität vor allem Teil der Definitionen anderer sind, bezeichnet die Ich-Identität *Ich-Identität*

„zuallererst eine subjektive und reflexive Angelegenheit, die notwendig von dem Individuum erfunden werden muß, dessen Identität zur Diskussion steht" (Goffman 1975: 132).

Als eine krisenhafte Sonderform der Identitätsbildung diskutiert Goffman die Stigmatisierung, als einen Prozess, bei dem Gruppen oder Individuen mit negativ bewerteten Merkmalen etikettiert werden. *Stigmatisierung*

„Der Terminus Stigma wird also in Bezug auf eine Eigenschaft gebraucht werden, die zutiefst diskreditierend ist, aber es sollte gesehen werden, daß es einer Begriffssprache von Relationen, nicht von Eigenschaften bedarf. Ein und dieselbe Eigenschaft vermag den einen Typus zu stigmatisieren, während sie die Normalität eines anderen bestätigt, und ist daher als ein Ding an sich weder kreditierend noch diskreditierend.

Ähnlich wird ein Junge aus dem Mittelstand keine Gewissensbisse fühlen, wenn er beim Gang in die Bücherei gesehen wird; ein Berufsverbrecher jedoch schreibt: „Ich kann mich an mehr als eine Gelegenheit von früher erinnern, zum Beispiel, wenn ich in eine öffentliche Bücherei in der Nähe meiner Wohnung ging, dass ich einige Male über meine Schulter zurückblickte, bevor ich tatsächlich hineinging, nur um ganz sicher zu sein, dass keiner, der mich kannte, irgendwo herumstand und mich dabei sah" (Goffmann 1975: 11).

Stigma meint demnach eine Eigenschaft, die „zutiefst diskreditierend ist", wobei die Eigenschaft kein Ding an sich ist, sondern ein und dieselbe Eigenschaft kann den einen in seiner Normalität bestätigen und den anderen diskreditieren (Goffman 1975: 11). Goffman (1975: 12f.) unterscheidet zwischen drei Typen von Stigma:

- Abscheulichkeiten des Körpers (physische Deformationen);
- individuelle Charakterfehler wahrgenommen als Willensschwäche (z.B. Sucht);
- phylogenetische Stigmata von Rasse, Nation und Religion.

Neben der Theorie von Mead gilt die von Erik H. Erikson (1902-1994) als eine zentrale und viel diskutierte Quelle der Identitätstheorie (z.B. Krappmann 2005; Habermas 1976; Griese 1987: 64ff.; Tillmann 2004: 208ff.). Aufbauend auf der psychoanalytischen Entwicklungstheorie von Sigmund Freud (1856-1939) und dabei insbesondere auf dessen Annahme, dass jedes Kind psychosexuelle Phasen (oral, anal, phallisch) durchläuft, entwickelt Erikson sein Modell der ontogenetischen Entwicklung. Dabei unterscheidet *Identitätsentwicklung nach Erik H. Erikson* er – z.B. in seinem Buch „Jugend und Krise" (1998: 91ff./engl.: *„Identity. Youth and Crisis"* 1968) folgende acht Phasen im Lebenszyklus eines Menschen.

1. Urvertrauen vs. Misstrauen (orale Phase nach Freud): Nachdem bei der Geburt das Neugeborene Unbehagen erlebt, bildet sich im ersten Lebensjahr durch eine zuverlässige Bedürfnisbefriedigung durch die erwachsene Bezugsperson das Urvertrauen als Grundlage für die Identitätsentwicklung heraus: „ein wesenhaftes Zutrauen zu anderen als auch ein fundamentales Gefühl der eigenen Vertrauenswürdigkeit" (Erikson 1989: 97).
2. Autonomie vs. Scham und Zweifel (anale Phase nach Freud): In der frühen Kindheit (1-3 Jahre) stärkt das Kind sein Muskelsystem, wodurch es in der Lage ist, Akte des Festhaltens und Loslassens zu koordinieren. Durch die wachsende Selbstbeherrschung des Körpers und die elterliche Ermutigung, auf eigenen Füßen zu stehen als auch den elterlichen Schutz des Kindes vor Aktionen, die es noch nicht bewältigen kann, gewinnt das Kind das Gefühl von Autonomie und Stolz. Der Kampf um Autonomie kann jedoch zu Scham, Zwanghaftigkeit und Selbstzweifel führen, wenn die Eltern das Kind übermäßig zu beherrschen versuchen und ihm ständig das Gefühl geben, etwas Falsches getan zu haben (Scham, Zweifel).
3. Initiative vs. Schuldgefühl (phallische Phase nach Freud): Am Ende des dritten Lebensjahres entwickelt das Kind auf der Basis seines erweiterten Sprach- und Bewegungsvermögens eine reiche Phantasie und Neugierde, wobei es sich verschiedene Rollen und Pläne ausdenkt. Sind die Zielstellungen zu hoch gegriffen, kommt es zu Schuldgefühlen. Erikson bezieht sich hierbei auf den Ödipuskomplex, mit dem Freud den Kampf um die Liebe des andersgeschlechtlichen Elternteils umschreibt und der damit verbundenen Verinnerlichung des „Über-Ichs". Dies führt im Hinblick auf den gleichgeschlechtlichen Elternteil zu Ängsten und Schuldgefühlen, welche mit einer Identifikation mit dem gleichgeschlechtlichen Elternteil überwunden wird.
4. Werksinn vs. Minderwertigkeitsgefühl (Latenzphase nach Freud). Etwa mit Beginn des 7. Lebensjahres konzentriert sich das Kind auf die Übernahme von Verpflichtungen, Disziplin und Leistung, auf Ziele und bestimmte Tätigkeiten (Erikson 1998: 125ff.) und lernt, dass es Anerkennung durch Leistung erwirbt (Erikson 1998: 126). Macht das Schulkind die Erfahrung, die Aufgaben nicht zu meistern, kann dies zu Minderwertigkeitgefühlen führen.
5. Identität vs. Identitätsdiffusion Die Adoleszenz ist von der Suche nach einem „neuen Gefühl der Kontinuität" geprägt (Erikson 1998: 1313). Wo der Jugendliche nicht in der Lage ist, ein eigenes Selbstbild aufzubauen, kommt es zu Identitätsverwirrung.
6. Intimität vs. Isolierung (frühes Erwachsenenalter): Ist die Identitätsbildung vorangeschritten, kann die Bildung intimer Beziehungen erfolgen, wenn nicht, scheut der Jugendliche „vor der zwischenmenschlichen Intimität zurück oder stürzt sich in intime Akte, die „promiskuös" ohne echte Verschmelzung oder wirkliche Selbstaufgabe sind" (Erikson 1998: 139). Infolge dessen entsteht ein Gefühl der Isolation.
7. Schöpferische Tätigkeit vs. Stagnation (Erwachsenenalter): Wird das Bedürfnis, etwas an die nächste Generation weiterzugeben (Nachfahren, Ideen, Schöpfertum, Gebrauchtwerden) nicht erfüllt, entsteht ein Gefühl der Stagnation oder Langeweile und die Person verliert die Verbindung zur sozialen Umwelt und versinkt in Eigenliebe.
8. Integrität vs. Verzweiflung: Im Alter resultiert der Rückblick auf das eigene Lebenswerk in Stolz oder aber als Gewissheit, falsch gelebt und so vieles nicht getan zu haben.

Entwicklung von Identität – Herausforderung der Jugendzeit

Wie sich zeigt, ist für jede Phase eine Krise bzw. ein Spannungsverhältnis kennzeichnend, das der Einzelne in Auseinadersetzung mit der Umwelt überwinden muss, um erfolgreich seine Identität zu entwickeln. Die Krisenbewältigung auf einer Stufe beeinflusst die Krisenbewältigung in den folgenden Phasen und ist für die Identitätsentwicklung von großer Wichtigkeit.   *Bedeutung der Krisenbewältigung*

In Eriksons Modell verkörpert die Jugendzeit bzw. die Adoleszenz (Reifezeit) eine für die Identitätsfindung zentrale Phase. Dabei erwächst die Identitätsbildung aus

„der selektiven Verwerfung und wechselseitigen Assimilation von Kindheitsidentifikationen und ihre Aufnahme in eine neue Gestaltung, die ihrerseits abhängig ist von dem Prozeß, durch den eine Gesellschaft (häufig durch Subgesellschaften) das junge Individuum identifiziert, es als jemanden bestätigt und anerkennt, der so werden musste, wie er ist, und der so wie er ist, als gegeben hingenommen wird" (Erikson 1998: 163).

Die neuen Identifizierungen sind im Unterschied zur Kindheit Entscheidungen „fürs Leben", wobei die Adoleszenz als ein psycho-soziales Moratorium betrachtet werden kann – „als eine Periode sexueller und kognitiver Reifung und gleichzeitig als ein sanktionierter Aufschub endgültiger Verpflichtungen", welches „eine relative Ellenbogenfreiheit für Rollenexperimente, zu denen auch der sexuelle Bereich gehört", gestattet (Erikson 1995: 98). Am Ende der Jugendzeit muss der Jugendliche „einen passenden Platz in irgendeinem Ausschnitt seiner Gesellschaft finden" (Erikson 1998: 160).   *Psychosoziales Moratorium*

Das Verdienst von Erikson besteht darin, grundlegend auf die Identitätsproblematik im Jugendalter aufmerksam gemacht zu haben, indem er das Freudsche Konzept durch eine stärkere Berücksichtigung der gesellschaftlichen Bedingungen entbiologisierte und entpsychologisierte (Griese 1987: 64). Kritik kann jedoch in folgender Hinsicht geübt werden (Griese 1987: 74ff.; Tillmann 2004: 216ff.): Erikson betrachtet die Phasen als biologische Reifung, wobei die psychosexuelle Dimension bis zur Adoleszenz eine zentrale Rolle spielt. Dabei bleiben erstens die Kriterien für die Untergliederung des Erwachsenalters unklar und zweitens kann die implizite Annahme einer historisch und kulturell invarianten Entwicklung bezweifelt werden. Griese (1987: 75f.) kritisiert in diesem Sinne die Vernachlässigung historisch-ökonomischer Faktoren und der damit verbundenen gesellschaftlichen Macht- und Herrschaftszusammenhänge, die sowohl die Verlaufsform als auch Dauer der Jugendzeit beeinflussen.   *Kritik an Erikson*

Eriksons Theorie basiert drittens auf einer normativen Wertvorstellung von einer erfolgreichen Persönlichkeit, die den „erfolgreichen Mittelschicht-Amerikaner" mit den Merkmalen Leistung, Unternehmungsgeist und Initiative charakterisiert (Tillmann 2004: 217): „der Gesunde ist der Wohlangepasste, und wer sich abweichend von den Standards verhält, ist krank" (Griese 1987: 75). So zeigt Erikson auch eine ablehnende Haltung gegenüber der revoltierenden Jugend und spricht von einer „sexuellen Identitätsverwirrung" (Griese 1987: 76). Schließlich werden schicht- und geschlechtsspezifische Differenzen ausgeblendet.

Ich-Identität als kommuni- kative Kompetenz

Jürgen Habermas, den wir bereits mit seiner Kritik am traditionellen strukturfunktionalistischen Rollenkonzept und als Vertreter der Kritischen Theorie mit ihrem Anspruch einer ideologiekritischen Aufklärung kennen gelernt haben (z.B. Habermas 1962/1971), lenkt mit seinem Identitätskonzept die Aufmerksamkeit auf die (erstrebenswerte) Möglichkeit einer gesellschaftskritischen Ich-Identität, die er auch als kommunikative Kompetenz bezeichnet (Döbert/Nunner-Winkler 1975: 29). Diese beschreibt er zunächst mit den Grundqualifikationen des Rollenhandelns, wie wir sie im Kapitel 9 diskutierten, also als Empathie, Sprachbeherrschung, Frustrationstoleranz, Ambiguitätstoleranz und Rollendistanz. Darüber hinaus interessiert Habermas, wie sich eine solche Ich-Identität herausbildet.

Zur Klärung dieser ontogenetischen Fragestellung geht er zunächst in Anschluss an Erikson (und Freud) davon aus, dass sich die Ich-Strukturen in der Bewältigung von Krisen stufenförmig entwickeln. In der Auseinandersetzung der Person mit den Anforderungen seiner Umwelt bewirkt die Lösung des Spannungsverhältnisses auf einer Stufe eine Reorganisation der Ich-Struktur auf der nächst höheren Stufe (Habermas 1968: 128). Zur Ausformulierung der Stufen bezieht sich Habermas auf Piagets Theorie der kognitiven Entwicklung, die wir bereits im Kapitel 10 kennen gelernt haben und auf die Theorie der moralischen Entwicklung von Lawrence Kohlberg (1927-1987), die ebenfalls auf Piaget aufbaut.

Kohlberg unterscheidet drei Niveaus der moralischen Urteilsfähigkeit, denen er jeweils zwei Entwicklungsstufen zuordnet (1996: 128ff.). Auf der prä-konventionellen Ebene wird das Urteil über Gut und Böse an Folgen der Handlung ausgerichtet. In einer ersten Stufe orientiert sich das Kind an Autoritäten, an Bestrafung und Gehorsam. Auf einer zweiten Stufe am eigenen Vorteil. Auf der konventionellen Ebene findet eine unreflektierte Orientierung am Normensystem einer unmittelbaren Bezugsgruppe/an sozialen Systemen statt. Kinder auf der dritten Stufe orientieren sich an den Erwartungen anderer und Kinder auf der vierten Stufe an Gesetzen und fixierten Regeln, die zu akzeptieren sind. Auf der post-konventionellen Ebene werden Fragen und Konflikte prinzipienorientiert unter abstrakten Gesichtspunkten der Gerechtigkeit beurteilt. Die fünfte Stufe zeichnet sich dadurch aus, das die Person die Richtigkeit einer Handlung nach allgemeinen Rechten, die nach kritischer Prüfung von der gesamten Gesellschaft getragen werden, also auch hinsichtlich der Nützlichkeit relativiert werden können. Menschen auf der sechsten Stufe orientieren sich an selbst gewählten, allgemeingültigen ethischen Prinzipien (z.B. dem Kategorischen Imperativ, Prinzip der Gerechtigkeit und Gleichheit), wobei sie sich auf Universalität und Konsistenz berufen.

Entwicklung von Identität – Herausforderung der Jugendzeit

Auf Grundlage dieser verschiedenen Theorien konstruiert Habermas die Entstehung von Ich-Identität als Entwicklung von einer natürlichen Identität des kleinen Kindes, die in die ödipale Krise gerät und sich zur Rollenidentität des Schulkindes entwickelt. Diese gerät wiederum in die Adoleszenzkrise und kann sich zur Ich-Identität bzw. kommunikativen Kompetenz des jungen Erwachsenen entwickeln. Die verschiedenen Theoriebausteine, die Habermas zur Entwicklung seiner Identitätstheorie heranzieht, sind in folgender Tabelle zusammengefasst (vgl. Tillmann 2004: 235).

kognitive Entwicklungsstufe nach Piaget	moralische Entwicklungsstufe nach Kohlberg	Identitätsform	Alterstufe/Entwicklungskrisen nach Erikson/Freud
sensumotorische und prä-operationale Stufe noch nicht zur Perspektivübernahme in der Lage	Stadium Null	natürliche I-dentität	frühe Kindheit (ersten sechs Lebensjahre)
	moralische Probleme tauchen noch nicht auf		
konkretes Operieren (ca. 7-12 Jahre)	prä-konventionell (ab 6 Jahre)	kindliche Rollenidentität	ödipale Krise, die zur Geschlechter und Generationenrolle führt
	konventionell (ab 10 Jahre)		
formales Operieren	Verbleib im konventionellen Stadium oder	Berufsbezogene Rollenidentität oder	Adoleszenzkrise, die die Sicherheit der kindlichen Rollenidentität erschüttert und zu einer „eigenen" Identitätsbildung veranlasst
	post-konventionell	Ich-Identität	

Mit der Adoleszenzkrise beginnt sich der Jugendliche von der eigenen Familie zu lösen und Fragen nach seinem Selbstkonzept und Lebenssinn rücken in den Mittelpunkt. Dieser Bruch mit der Rollenidentität kann zur Stabilisierung der Identität auf gleichem (konventionellem) Niveau (Berufsidentität) oder aber dazu führen, dass die Rollenidentität zugunsten einer prinzipiengeleiteten Ich-Identität (kommunikative Kompetenz) überwunden wird. Beispielsweise würden dann Beruf, Karriere und die damit verbundenen extrinsischen Gratifikationen (Geld, Ansehen, Karriere) als gültiges Orientierungssystem hinterfragt.

Die kommunikative Kompetenz bildet die Grundlage kommunikativen Handelns. Hierunter versteht Habermas Handlungen, bei denen:

„die Handlungspläne der beteiligten Aktoren nicht über egozentrische Erfolgskalküle, sondern über Akte der Verständigung koordiniert werden. Im kommunikativen Handeln sind die Beteiligten nicht primär am eigenen Erfolg orientiert; sie verfolgen ihre individuellen Ziele unter der Bedingung, daß sie ihre Handlungspläne auf der Grundlage gemeinsamer Situationsdefinitionen aufeinander abstimmen können" (Habermas 1981: 385).

Erst diese kommunikative Rationalität, also die zwanglose kommunikative Verständigung über wünschenswerte Normen und Formen des Zusammenlebens ist in der Lage, die derzeitige Dominanz der instrumentellen Rationalität (vgl. Kapitel 9) zu bändigen.

Kritik an Habermas

Die Arbeit von Habermas gilt als ein bis heute gültiges und unangefochtenes Modell, das makrogesellschaftliche Strukturüberlegungen mit der mikrogesellschaftlichen Identitätstheorie verbindet (vgl. Tillmann 2004: 281). Kritisiert werden kann jedoch die von Habermas unkritisch übernommene ethnozentrische Sicht Kohlbergs, der seine eigene westliche Kultur, so der Einwand, zum absoluten Maßstab für andere Völker und Erdteile erklärte.

3 Fazit

Ausgehend von der Annahme, dass Jugend mit den sozio-kulturellen Bedingungen variiert, diskutierte das Kapitel die Identitätsentwicklung als eine Auseinandersetzung der jungen Leute mit ihrer Umwelt. Dieser Blickwinkel der produktiven Auseinandersetzung verdeutlichte das „soziale Defizit" derjenigen Theorien, die die Entwicklung von Identität als Abfolge von (vorgegebenen) Phasen bestimmen. Einen relevanten sozialen Kontext der Identitätsentfaltung bilden die *Peers*, deren gesellschaftliche Funktion von der Wissenschaft jedoch unterschiedlich gesehen wird: als Bindeglied zwischen Familie und Schule vs. als Potenzial zur Entwicklung einer Gegenkultur im Rahmen der schulischen Sozialisation.

Wiederholungsfragen

1. Was kennzeichnet den Strukturwandel der Jugendphase und in welcher Etappe der Jugendzeit wird dieser für die Jugendlichen direkt erfahrbar?
2. Was meint Havighurst mit altersspezifischen Entwicklungsaufgaben und welche zentralen Aufgaben haben Jugendliche heute zu bewältigen?
3. Wodurch zeichnet sich die Peer-Gruppe in Hinblick auf die Entwicklung der jugendlichen Persönlichkeit aus?
4. Auf welche Theorietradition baut Eisenstadt seine Jugendtheorie auf?
5. Inwieweit unterscheiden sich Willis und Eisenstadt bei ihrem Blick auf die Jugend?
6. Was bezeichnet Goffman mit den Begriffen „persönlicher", „sozialer" und „Ich-Identität"?
7. Welche Lebensphasen unterscheidet Erikson und was entscheidet dabei über die „erfolgreiche" Weiterentwicklung der Persönlichkeit?
8. Auf welche Theoriebausteine bezieht sich Habermas bei der Entwicklung seiner Identitätstheorie?

Reflexionsfragen

1. Die Pubertät findet heute früher statt als noch vor 100 Jahren (Tillmann 2004: 194ff.). Zum Beispiel setzt die Menstruation bei den Mädchen heute mit 12/13 Jahren und nicht mit 15/16 Jahren ein (vgl. Oerter/Montada 2002: 280), die Menschen werden heute größer und das Längenwachstum ist mit 18 und nicht erst mit 20 Jahren abgeschlossen (vgl. Mitterauer 1986: 13). Was sind mögliche Ursachen hierfür?
2. Wenn Sie an ihre eigene Schulzeit denken, inwieweit können Sie da Momente einer Gegenschulkultur feststellen?
3. Wie sollte eine Schule gestaltet sein, die zur Entwicklung einer kommunikativen Kompetenz beiträgt?
4. Inwieweit ist Kohlbergs Sicht ethnozentristisch?

Empfehlung zur weiteren Lektüre

Ein Überblick über wichtige Jugendtheorien findet sich in:

Schäfers, Bernhard/Scherr, Albert (2005): Jugendsoziologie. Einführung in Grundlagen und Theorien. Wiesbaden: VS Verlag.
Griese, Hartmut M. (1987): Sozialwissenschaftliche Jugendtheorien. Eine Einführung. Weinheim, Basel: Beltz Verlag.
Tillmann, Klaus-Jürgen (2004): Sozialisationstheorien. Eine Einführung in den Zusammenhang von Gesellschaft, Institution und Subjektwerdung. Reinbek bei Hamburg: Rowohlt. darin: Sozialisation im Jugendalter – zugleich eine Einführung in Theorie verbindende Ansätze; S. 191-285.

Literatur zum Begriff Sozialisation

Allert, Tillmann (1998): Die Familie. Fallstudien über die Unverwüstlichkeit einer Lebensform. Berlin/New York: de Gruyter.
Apple, Michael (1999): Power, Meaning, and Identity: Essays in Critical Educational Studies. New York: Peter Lang.
Ariès, Philippe (2000): Geschichte der Kindheit. München: DTV.
Baacke, Dieter (1999): Jugend und Jugendkulturen. Darstellung und Deutung. Weinheim, München: Juventa.
Baethge, Martin (1995): Materielle Produktion, gesellschaftliche Arbeitsteilung und die Institutionalisierung von Bildung. In: Baethge, Martin/Nevermann, Knut: Enzyklopädie Erziehungswissenschaft Bd. 5. Stuttgart: Klett Cotta, S. 21-51.
Baumgart, Franzjörg (2004): Theorien der Sozialisation. Bad Heilbrunn: Klinkhardt.
Beck, Ulrich (1986): Die Risikogesellschaft. Frankfurt a.M.: Suhrkamp.
Beck, Ulrich (1993): Die Erfindung des Politischen. Zu einer Theorie der reflexiven Modernisierung. Frankfurt a.M.: Suhrkamp.

Beck, Ulrich/Beck-Gernsheim, Elisabeth (1990): Das ganz normale Chaos der Liebe. Frankfurt a.m.: Suhrkamp.
Beck-Gernsheim, Elisabeth (2000): Was kommt nach der Familie? München: Beck.
Beer, Tim (2004): Professionalisierung und Habitus. Oldenburg: Geschäftsstelle des DIZ (Didaktisches Zentrum).
Bellenberg, Gabriele/Hovestadt, Gertrud/Klemm, Klaus (2004): Selektivität und Durchlässigkeit im allgemein bildenden Schulsystem. Essen [http:/www.gew.de/Binaries/Binary6323/Studie_Selektivi-taet_und_Durchlaessigkeit.pdf].
Berger, Peter L./Luckmann, Thomas (1994): Die gesellschaftliche Konstruktion der Wirklichkeit. Frankfurt: Fischer-Taschenbuch-Verlag. (Original 1966, New York).
Bernstein, Basil (1973): Soziale Schicht, Sprache, Sozialisation. Düsseldorf: Schwann.
Bertram, Hans (1978): Gesellschaft, Familie und moralisches Urteil. Analysen kognitiver, familialer und sozialstruktureller Bedingungszusammenhänge moralischer Entwicklung. Weinheim: Beltz.
Bertram, Hans (1981): Sozialstruktur und Sozialisation. Darmstadt: Luchterhand.
Bien, Walter/Weidemacher, Albert (Hrsg.) (2004): Leben neben der Wohlstandsgesellschaft. Familien in prekären Lebenslagen. Schriften des Deutschen Jugendinstituts: Familien-Survey. Wiesbaden: VS Verlag.
Blumer, Herbert (1973): Der methodologische Standort des symbolischen Interaktionismus. In: Arbeitsgruppe Bielefelder Soziologen (Hrsg.): Alltagswissen, Interaktion und gesellschaftliche Wirklichkeit, Bd. 1, Reinbek bei Hamburg: Rowohlt.
Bourdieu, Pierre (1982): Die feinen Unterschiede. Frankfurt a.M.: Suhrkamp.
Bourdieu, Pierre (1983): Ökonomisches Kapital, kulturelles Kapital, soziales Kapital. In: Kreckel, Reinhard (Hrsg.): Soziale Ungleichheit. Göttingen: Otto Schwartz & Co., S. 183-198.
Bourdieu; Pierre u.a. (1998): Das Elend der Welt. Konstanz: UVK.
Bourdieu, Pierre (1992): Rede und Antwort. Frankfurt a. M.: Suhrkamp.
Bourdieu, Pierre (2001): Wie die Kultur zum Bauern kommt. Über Bildung, Schule und Politik. Hamburg: VSA-Verlag.
Bourdieu, Pierre/Passeron, Jean-Claude (1973): Grundlagen einer Theorie der symbolischen Gewalt. Frankfurt a.m.: Suhrkamp.
Bourdieu, Pierre/Passeron, Jean-Claude (1971): Die Illusion der Chancengleichheit. Stuttgart: Klett Verlag.
Bowles, Samuel/Gintis, Herbert (1976): Schooling in Capitalist America: Educational Reform and the Contradictions of Economic Life. New York: Basic Books.
Böhnisch, Lothar/Lenz, Karl (1999): Familien. Eine interdisziplinäre Einführung. Weinheim, München: Juventa.
Broccolichi, Sylvain (1998): Ein Kräfteverhältnis, In: Bourdieu, Pierre u.a.: Das Elend der Welt. Konstanz: UVK, S. 621-626.
Bronfenbrenner, Urie (1976): Ökologische Sozialisationsforschung. Stuttgart: Klett.
Bronfenbrenner, Urie (1989): Ökologie der menschlichen Entwicklung. Frankfurt a.M.: Fischer-Taschenbuch-Verlag.
Brophy, Jere E./Good, Thomas L. (1974): Teacher-student relationships. New York: Holf.
Brumlik, Micha (1983): Symbolischer Interaktionismus. In: Lenzen, D./Mollenhauer, K. (Hrsg.): Theorien und Grundbegriffe der Erziehung und Bildung (S. 232-245). Stuttgart: Klett-Verlag für Wissen u. Bildung.

Bründel, Heidrun/Hurrelmann, Klaus (1996): Einführung in die Kindheitsforschung. Weinheim, Basel: Beltz Verlag.
Bundesministerium für Arbeit und Sozialordnung (BMAS) (Hrsg.) (2006): Lebenslagen in Deutschland. Der 2. Armuts- und Reichtumsbericht der Bundesregierung. Berlin.
Bundesministerium für Familie, Frauen, Senioren und Jugend (BMFSFJ) (Hrsg.) (1995): 5. Familienbericht: Familien und Familienpolitik im geeinten Deutschland. Zukunft des Humanvermögens. Bonn.
Burkart, Günter (1991): Kohabitation und Individualisierung – Nichteheliche Paarbeziehungen im kulturellen Wandel. In: Zeitschrift für Familienforschung 3 (3), S. 26-48).
Butler, Judith (2003): Das Unbehagen der Geschlechter. Frankfurt a.M.: Suhrkamp.
Cheal, David (2002): Sociology of family life. Houndsmills: Palgrave.
Claessens, Dieter (1979): Familie und Wertsystem. Berlin: Duncker & Humblot.
Coleman, James Samuel (1986): Die asymmetrische Gesellschaft. Vom Aufwachsen mit unpersönlichen Systemen. Weinheim, Basel: Beltz Verlag.
Coleman, James Samuel (1988). Social capital in the creation of human capital. In: American Journal of Sociology 94 (1), S. 95-120.
Coleman, James Samuel (1992): Grundlagen der Sozialtheorie, Bd. 2 [Kapitel 22: Neue Generation in der neuen Sozialstruktur]. Weinheim, Basel: Beltz Verlag.
Combe, Arno (1973): Zur Arbeitssituation des Lehrers. Staatliche Bildungspolitik und Schulpraxis. München: List.
Dahrendorf, Rolf (1958): Out of utopia: Toward a reorientation of sociological analysis. In: American Journal of Sociology 64, S. 115-127.
DeMause, Lloyd (2003): Hört ihr die Kinder weinen. Eine psychogenetische Geschichte der Kindheit. Frankfurt a.M.: Suhrkamp.
Deutsche Shell (Hrsg.) (2000): Jugend 2000. 13. Jugendstudie. Opladen: Leske + Budrich.
Deutsche Shell (Hrsg.) (2002): Jugend 2002 – zwischen pragmatischen Idealismus und robustem Materialismus. Frankfurt a.M.: Fischer Taschenbuch Verlag.
Deutsche Shell (Hrsg.) (2006): Jugend 2006 – eine pragmatische Generation gerät unter Druck. Opladen: Leske + Budrich.
DiMaggio, P./Mohr, J. (1985): Cultural capital, educational attainment, and marital selection. In: American Journal of Sociology, S. 1231-1257.
Ditton, Hartmut (1992): Ungleichheit und Mobilität durch Bildung. Theorie und empirische Untersuchung über sozialräumliche Aspekte von Bildungsentscheidungen. Weinheim: Juventa.
Döbert, Rainer/Nunner-Winkler, Gertrud (1975): Adoleszenzkrise und Identitätsbildung. Psychische und soziale Aspekte des Jugendalters in modernen Gesellschaften. Frankfurt a.M.: Suhrkamp.
Dreeben, Robert (1980): Was wir in der Schule lernen. Frankfurt a.M.: Suhrkamp.
Dreher, Eva/Dreher, M. (1985): Entwicklungsaufgaben im Jugendalter. Bedeutsamkeit und Bewältigungskonzepte. In: Liepmann, Detlev/Stiksrud, Arne (Hrsg.): Entwicklungsaufgaben und Bewältigungsprobleme in der Adoleszenz. Göttingen: Hogrefe, S. 56-70.
Durkheim, Emile (1973): Erziehung, Moral und Gesellschaft. Neuwied.
Durkheim, Emile (1999): Über soziale Arbeitsteilung. Frankfurt a.M.: Suhrkamp-Taschenbuch Wissenschaft.

Durkheim, Emile (2006): Selbstmord. Frankfurt a.m.: Suhrkamp-Taschenbuch Wissenschaft.
Edelmann, Walter (1993): Lernpsychologie. Weinheim: Psychologie-Verlag-Union.
Eisenstadt, Shmuel N. (1966): Von Generation zu Generation. Altersgruppen und Sozialstruktur. München: Juventa.
Elias, Norbert (1987): Engagement und Distanzierung. Frankfurt a.M.: Suhrkamp.
Erikson, Erik H.(1998): Jugend und Krise. Berlin: Ullstein.
Fend, Helmut u.a. (1973): Sozialisationseffekte unterschiedlicher Schulformen. In: Zeitschrift für Pädagogik 6, S. 887-903.
Fend, Helmut (1981): Theorie der Schule. Wiesbaden: VS Verlag.
Fend, Helmut (2005): Entwicklungspsychologie des Jugendalters. Opladen: Leske + Budrich.
Fend, Helmut (2006): Neue Theorie der Schule. Wiesbaden: VS Verlag.
Fischer, A./Zinnecker, J (1992): Einleitendes zur Jugendstudie 1992. In: Jugendwerk der Deutschen Shell (Hrsg.): Jugend '92. Lebenslagen, Orientierungen und Entwicklungsperspektiven im vereinigten Deutschland. Bd. 1. Opladen: Leske + Budrich, S. 9-22.
Fritzsche, Yvonne (1997): Stichprobe und Interviewsituation. In: Jugendwerk der Deutschen Shell (Hrsg.): Jugend '97. Zukunftsperspektiven, gesellschaftliches Engagement, politische Orientierungen. Opladen: Leske + Budrich, S. 391-403.
Fritzsche, Yvonne (2000): Die quantitative Studie: Stichprobenstruktur und Feldarbeit. In: Deutsche Shell (Hrsg.): Jugend 2000. 13. Shell Jugendstudie, Bd. 1, Opladen: Leske + Budrich, S. 349-378.
Fuchs, Werner (1983): Jugendliche Statuspassage oder individualisierte Jugendbiographie? In: Soziale Welt 3, 34, S. 341-371.
Geulen, Dieter (1989): Das vergesellschaftete Subjekt. Frankfurt a.M.: Suhrkamp.
Geulen, Dieter/Hurrelmann, Klaus (1980): Zur Programmatik einer umfassenden Sozialisationstheorie. In: Geulen, Dieter/Hurrelmann, Klaus (Hrsg.): Neues Handbuch der Sozialisationsforschung Weinheim: Beltz, S. 51-67.
Gillis, John R. (1980): Geschichte der Jugend. Tradition und Wandel im Verhältnis der Altersgruppen und Generationen in Europa von der zweiten Hälfte des 18. Jahrhunderts bis zur Gegenwart. Weinheim, Basel: Beltz.
Giroux, Henry A. (1989): Popular culture, schooling, and everyday life. New York: Bergin & Garvey.
Goffmann, Erving (1967): Stigma: Über Techniken der Bewältigung beschädigter Identität. Frankfurt a. M.: Suhrkamp.
Gomolla, Mechthild/ Radtke, Frank-Olaf (2002): Institutionelle Diskriminierung. Die Herstellung ethnischer Differenz in der Schule. Opladen. Leske + Budrich.
Good, Thomas L./Brophy, Jere E. (1995): Contemporary educational psychology. White Plains: Longman.
Goode, William J. (1967): Struktur der Familie. Köln, Opladen: Westdeutscher Verlag.
Goodson, Ivor F./Hargreaves, Alexander (Hrsg.) (1996): Teacher's Professional Lives. London, Washington D.C.: Longman.
Griese, Hartmut M. (1987): Sozialwissenschaftliche Jugendtheorien. Eine Einführung. Weinheim, Basel: Beltz.
Grundmann, Matthias (2006): Sozialisation. Skizze einer allgemeinen Theorie. Konstanz: UVK Verlagsgesellschaft mbH.

Grundmann, Matthias/Huinink, Johannes (1991): Wandel der Familienentwicklung und der Sozialisationsbedingungen von Kindern und dessen Bedeutung für das Bildungssystem. In: Zeitschrift für Pädagogik 37, 4, S. 529-554.
Grundmann, Matthias/Huinink, Johannes/Krappmann, Lothar (1994): Familie und Bildung. Empirische Ergebnisse und Überlegungen zur Frage der Beziehung von Bildungsbeteiligung, Familienentwicklung und Sozialisation. In: Büchner, Peter u.a. (Hrsg.): Kindliche Lebenswelten, Bildung und innerfamiliale Beziehungen. 5. Familienbericht Bd. 4. München: Verlag Deutsches Jugendinstitut.
Grundmann, Matthias/Groh-Samberg, Olaf/Bittlingmayer, Uwe/Bauer, Ullrich (2003): Milieuspezifische Bildungsstrategien in Familie und Gleichaltrigengruppe. In: Zeitschrift für Erziehungswissenschaft 6, 1, S. 25-45.
Habermas, Jürgen (1962): Kritische und konservative Aufgaben der Soziologie. In: Habermas, Jürgen: Theorie und Praxis (1971) Frankfurt a.M.: Suhrkamp, S. 290-306.
Habermas, Jürgen (1968): Stichworte zu einer Theorie der Sozialisation. In: Habermas, Jürgen: Kultur und Kritik. Verstreute Aufsätze. Frankfurt a.M.: Suhrkamp. (Neuauflage 1973), S. 118-194.
Habermas, Jürgen (1976): Moralentwicklung und Ich-Identität. In: Habermas, Jürgen: Zur Rekonstruktion des Historischen Materialismus. Frankfurt a.M.: Suhrkamp, S. 63-91.
Habermas, Jürgen (1982): Theorie des Handelns. Frankfurt a. M.: Suhrkamp.
Habermas, Jürgen (1997): Theorie des kommunikativen Handelns (zwei Bände). Frankfurt a.M.: Suhrkamp. (Erstveröffentlichung 1981)
Hagemann-White, Carol (1984): Sozialisation? Weiblich – männlich? Opladen: Leske + Budrich.
Harris, Judith Rich (2000): Ist Erziehung sinnlos? Reinbek bei Hamburg: Rowohlt.
Havighurst, Robert J. (1982): Developmental tasks and education. New York: Longman. (Original 1948)
Heckhausen, Heinz (1974): Leistung und Chancengleichheit. Göttingen: Hogrefe.
Helsper, Werner (2002): Lehrerprofessionalität als antinomische Handlungsstruktur. In: Kraul, Margret/Marotzki, Winfried/Schweppe, Cornelia (Hrsg.): Biographie und Profession. Bad Heilbrunn: Klinkhardt, S. 64-102.
Heitmeyer, Wilhelm (1995): Rechtsextremistische Orientierungen bei Jugendlichen. Weinheim und München: Juventa.
Horkheimer, Max (1986): Traditionelle und kritische Theorie. Fünf Aufsätze. Frankfurt a.M.: Fischer-Taschenbuch-Verlag.
Horkheimer, Max/Fromm, Erich/Marcuse, Herbert (1936): Studien über Autorität und Familie. Paris: Lüneburg (1987): zu Klampen.
Hradil, Stefan (2001): Soziale Ungleichheit in Deutschland (8. Aufl.). Opladen: Leske + Budrich.
Huinink, Johannes (1993): Warum noch Familie? Frankfurt a.M.: Campus-Verlag.
Hurrelmann, Klaus (1971): Unterrichtsorganisation und schulische Sozialisation. Weinheim: Beltz.
Hurrelmann, Klaus (1990): Einführung in die Sozialisationstheorie. Weinheim, Basel: Beltz.
Hurrelmann, Klaus (1994): Lebensphase Jugend. Eine Einführung in die sozialwissenschaftliche Jugendforschung. Weinheim, München: Juventa.
Institut für marxistische Studien und Forschungen (Hrsg.) (1986): Marxistische Persönlichkeitstheorie. Jahrbuch des IMSF 10. Frankfurt a.m.: Plambeck & Co Druck und Verlag GmbH.

Jugendwerk der Deutschen Shell (Hrsg.) (1992): Jugend 1992. Lebenslagen, Orientierungen und Entwicklungsperspektiven im vereinigten Deutschland. Bd. 2. Opladen: Leske + Budrich.

Jugendwerk der Deutschen Shell (Hrsg.) (1997): Jugend '97. Zukunftsperspektiven, gesellschaftliches Engagement, politische Orientierungen. Opladen: Leske + Budrich.

Kalthoff, Herbert (1997): Das Zensurenpanoptikum. Eine ethnographische Studie zur schulischen Bewertungspraxis. In: Zeitschrift für Soziologie 25, 2, S. 106-124.

Kaufmann, Franz-Xaver (1995): Zukunft der Familie im vereinten Deutschland: gesellschaftliche und politische Bedingungen. München: Beck.

Kaufmann, Franz-Xaver (1997): Strukturwandel der Familie. In: Zum nachdenken. Hessische Landeszentrale für politische Bildung 58, S. 3-16.

Keupp, Heiner u.a. (2002): Identitätskonstruktionen. Das Patchwork der Identitäten in der Spätmoderne. Reinbek bei Hamburg: Rowohlt-Taschenbuch-Verlag.

Kirchhöfer, Dieter (2004): Das Tätigkeitskonzept der kulturhistorischen Schule. In: Hoffmann, Dagmar/Merkens, Hans (Hrsg.): Jugendsoziologische Sozialisationsforschung. Impulse für die Jugendforschung. Weinheim, München: Juventa, S. 61-69.

Kohlberg, Lawrence (1974): Zur kognitiven Entwicklung des Kindes. Frankfurt a.M.: Suhrkamp.

Kohlberg, Lawrence (1996): Die Psychologie der Moralentwicklung. Frankfurt a.M.: Suhrkamp.

Kohlberg, Lawrence/Turiel, Elliot (1978): Moralische Entwicklung und Moralerziehung. Neuere Ansätze zur moralischen Entwicklung und Erziehung. In: Portele, Gerhard (Hrsg.): Sozialisation und Moral. Weinheim: Beltz, S. 13-80.

Kohli, Martin (1991): Lebenslauftheoretische Ansätze in der Sozialisationsforschung. In: Hurrelmann, Klaus/Ulich, Dieter: Neues Handbuch der Sozialisationsforschung. Weinheim, Basel: Beltz, S. 303-317.

Korte, Hermann (2004): Einführung in die Geschichte der Soziologie. Wiesbaden: Verlag für Sozialwissenschaften.

König, René (1974): Die Familie der Gegenwart: ein interkultureller Vergleich. München: Beck.

Krais, Beate. (1996): Bildungsexpansion und soziale Ungleichheit in der Bundesrepublik Deutschland. In: Bolder, Axel u.a. (Hrsg.): Die Wiederentdeckung der Ungleichheit. Aktuelle Tendenzen in Bildung für Arbeit (Jahrbuch Bildung und Arbeit). Opladen, S. 118-146.

Krappmann, Lothar (1969): Soziologische Dimension der Identität. (bisher letzte Neuauflage 2005) Stuttgart : Klett-Cotta.

Krappmann, Lothar (1985): Mead und die Sozialforschung. In: Joas, Hans (Hrsg.): Das Problem der Intersubjektivität. Frankfurt a.M.: Suhrkamp, S. 156-178.

Leontjew, Aleksej N. (1982): Tätigkeit, Bewusstsein, Persönlichkeit. Berlin: Volk und Wissen.

LeRiche, Leo W. (1998): Society and the schools. Social Forces in Education. Perth: Synergistic Press.

Lerner, Richard M./Busch-Rossnagel, Nancy A. (Hrsg.) (1981): Individuals as producers of their development: Conceptual and empirical bases. New York: Academic Press.

Leschinsky, Achim/Roeder, Peter Martin (1983): Schule im historischen Prozess. Zum Wechselverhältnis von institutioneller Erziehung und gesellschaftlicher Entwicklung. Frankfurt a.M.: Ullstein.

Littlewood, William T. (1999): Foreign and second language learning. Language-acquisition research and its implications for the classroom. Cambridge: Cambridge Univ. Press.
Lüscher, Kurt/Bertram, Hans (1987): Sozialpolitik für das Kind. Stuttgart: Klett-Cotta.
Marx, Karl (1981): Ökonomisch philosophische Manuskripte aus dem Jahre 1844. In: MEW Ergänzungsband erster Teil. Berlin: Dietz, S. 465-568.
Marx, Karl (1988): Gesamtausgabe. Berlin: Dietz.
Marx, Karl/Engels, Friedrich (1969): Manifest der kommunistischen Partei. München, Fink.
Marx, Karl (1988): Der Akkumulationsprozeß des Kapitals. In: Marx-Engels-Werke 23, Berlin: Dietz, S. 589-802.
Mead, Georg Herbert (1973): Geist, Identität und Gesellschaft. Frankfurt a.M.: Suhrkamp.
Mead, George Herbert (1995): Geist, Identität und Gesellschaft aus der Sicht des Sozialbehaviorismus. Frankfurt a.M.: Suhrkamp.
Mitterauer, Michael (1986): Sozialgeschichte der Jugend. Frankfurt a.M.: Suhrkamp.
Müller, Walter (1998): Erwartete und unerwartete Folgen der Bildungsexpansion. In: Kölner Zeitschrift für Soziologie und Sozialpsychologie 50 (1998), Sonderheft 38, S. 81-112.
Münch, Richard (2004): Soziologische Theorie, Frankfurt a.M./New York: Campus.
Nave-Herz, Rosemarie (1977): Die Rolle des Lehrers. Darmstadt: Wiss. Buchgesellschaft.
Nave-Herz, Rosemarie (1989): Gegenstandbereich und historische Entwicklung der Familienforschung. In: Nave-Herz, Rosemarie/Markefka, Manfred (Hrsg.): Handbuch der Familien- und Jugendforschung. Neuwied: Luchterhand, S. 1-18.
Nave-Herz, Rosemarie (2000): Wandel der Familie: eine familiensoziologische Perspektive. In: Schneewind, Klaus A. (Hrsg.): Familienpsychologie im Aufwind, Göttingen: Hogrefe, S. 19-31.
Nave-Herz, Rosemarie/Markefka, Manfred (Hrsg.) (1989): Handbuch der Familien- und Jugendforschung. Neuwied: Luchterhand.
Negt, Oskar (1997): Kindheit und Schule. In einer Welt der Umbrüche. Göttingen: Steidl.
Neidhardt, Friedhelm (1970): Die Familie in Deutschland. Gesellschaftliche Stellung, Struktur und Funktionen. Opladen: Leske + Budrich.
Neidhardt, Friedhelm (1980): Strukturbedingungen und Probleme familialer Sozialisation. In: Claessens, D./Milhoffer, P. (Hrsg.): Familiensoziologie. Ein Reader als Einführung. Athenäum, Weinheim, München: Juventa. S. 281-308.
Nunner-Winkler, Gertrud (2004): Chancengleichheit und individuelle Förderung, eine Analyse der Ziele und Konsequenzen moderner Bildungspolitik. Stuttgart: Enke.
Oerter, Rolf/Montada, Leo (Hrsg.) (2002): Entwicklungspsychologie. Weinheim: Beltz.
Oevermann, Ulrich (1972): Sprache und soziale Herkunft. Ein Beitrag zur Analyse schichtenspezifischer Sozialisationsprozesse u. ihrer Bedeutung für d. Schulerfolg. Frankfurt a.M.: Suhrkamp.
Oevermann, Ulrich (1996): Theoretische Skizze einer revidierten Theorie professionalisierten Handelns. In: Combe, Arno/Helsper, Werner (Hrsg.): Pädagogische Professionalität. Untersuchungen zum Typus pädagogischen Handelns, Frankfurt a.M., Suhrkamp, S. 70-182.

Oevermann, Ulrich (2006): Zur Behinderung pädagogischer Arbeitsbündnisse durch die gesetzliche Schulpflicht, In: Rihm, Thomas (Hrsg.): Schulentwicklung durch Lerngruppen. Opladen: Leske + Budrich, S. 69-93.
Ottomeyer, Klaus (1980): Ökonomische Zwänge und menschliche Beziehungen. Soziales Verhalten im Kapitalismus. Reinbek bei Hamburg: Rowohlt.
Parson, Talcott (1981): Sozialstruktur und Persönlichkeit. Frankfurt: Klotz. (original Chicago 1934)
Parsons, Talcott (1997): Die Schulklasse als soziales System: Einige ihrer Funktionen in der amerikanischen Gesellschaft. In: Parsons, Talcott: Sozialstruktur und Persönlichkeit. Eschborn: Klotz. (englische Erstveröffentlichung 1964; Erstveröffentlichung des Aufsatzes 1959), S. 161-193.
Parsons, Talcott (1997): Sozialstruktur und Persönlichkeit. Eschborn: Verlag Dietmar Klotz GmbH.
Parsons, Talcott/Bales, Robert F. (Hrsg.) (1955): Family, Socialization and Interaction Process. Glencoe: Free Press.
Parsons, Talcott/Shill, Edward, A. (1951): Toward a General Theory of Action. Cambridge, Mass.: Harvard University Press.
Piaget, Jean (1962): The Relation of Affectivity to Intelligence in the Mental Development of the Child. In: The Bulletin of the Menninger Clinic 26, S.192-199.
Rolff, Hans-Günter (1967): Sozialisation und Auslese durch die Schule. Heidelberg: Quelle & Meyer.
Rolff, Hans-Günter (1980): Sozialisation und Auslese durch die Schule. Heidelberg: Quelle & Meyer.
Rosenbaum, Heidi (1982): Proletarische Familien: Arbeiterfamilien und Arbeiterväter im frühen 20. Jahrhundert zwischen traditioneller, sozialdemokratischer und kleinbürgerlicher Orientierung. Frankfurt a.M.: Suhrkamp.
Rosenthal, Robert/Jacobson, Lenore (1974): Pygmalion in the Classroom. Weinheim: Beltz.
Schäfers, Bernhard/Scherr, Albert (2005): Jugendsoziologie. Einführung in Grundlagen und Theorien. Wiesbaden: VS Verlag.
Schneewind, Klaus A. (1999): Familienpsychologie. Stuttgart: Kohlhammer. (Kapitel 7,8,11).
Schütze, Fritz (1996): Organisationszwänge und hoheitsstaatliche Rahmenbedingungen im Sozialwesen: Ihre Auswirkungen auf die Paradoxien des professionellen Handelns. In: Combe, Arno/Helsper, Werner (Hrsg.): Pädagogische Professionalität. Frankfurt a.M., S.183-275.
Seeger, Dorothee/Holodynski, Manfred (1983): Grundlagen einer materialistischen Theorie der Persönlichkeit. Berlin: Volk und Wissen.
Steiner-Khamsi, Gita/Torney-Purta, Judith/Schwille, John (2002): New paradigms and recurring paradoxes in education for citizenship. Amsterdam: An Imprint of Elsevier Science.
Strike, Kenneth A. (1989): Liberal Justice and the Marxist Critique of Education. New York Routledge.
Strohmeier, Klaus Peter (1993): Pluralisierung und Polarisierung der Lebensformen in Deutschland. In: Aus Politik und Zeitgeschichte, B17, S. 11-22.
Terhart, Ewald (1996): Beruf, Kultur und professionelles Handeln bei Lehrern. In: Combe, Arno/ Helsper, Werner (Hrsg.): Pädagogische Professionalität. Frankfurt a.M.: Suhrkamp, S. 448-472.

Terhart, Ewald (2000): Schüler beurteilen – Zensuren geben. In: Wie Lehrerinnen und Lehrer mit einem leidigen, aber unausweichlichen Element ihres Berufsalltags umgehen. In: Beutel, Silvia-Iris/Vollstädt, Witlof (Hrsg.): Leistung ermitteln und bewerten. Hamburg: Bergmann + Helbig, S. 39-50.

Terhart, Ewald (2001): Schule und Selektion: Die Perspektive der Lehrer. In: Melzer, Wolfgang/Sandfuchs, Uwe (Hrsg.): Was Schule leistet: Funktionen und Aufgaben von Schule, München: Juventa, S. 87-110.

Tillmann, Klaus-Jürgen (1976): Unterricht als soziales Erfahrungsfeld. Soziales Lernen in der Institution Schule. Frankfurt a.M.: Fischer-Taschenbuch-Verlag.

Tillmann, Klaus-Jürgen (2004): Sozialisationstheorien. Reinbek bei Hamburg: Rowohlt.

Trudewind, Clemens (1975): Häusliche Umwelt und Motiventwicklung. Göttingen; Zürich: Hogrefe.

Van Den Berghe, Pierre Louis (1963): Dialectic and functionalism: Toward a theoretical synthesis. In: American Sociological Review 28, S. 695-705.

Vester, Michael (2004): Die Illusion der Bildungsexpansion. Bildungsöffnung und soziale Segregation in der Bundesrepublik Deutschland. In: Engler, Steffanie/ Krais, Beate (Hrsg.): Das kulturelle Kapital und die Macht der Klassenstrukturen. Weinheim: Juventa, S. 13-55.

Wagner, Hans-Josef (1998): Eine Theorie pädagogischer Professionalität. Weinheim. Deutscher Studien Verlag.

Walper, Sabine (2004): Auswirkungen von Armut auf die betroffenen Kinder und Jugendlichen. München: Verlag Dt. Jugendinstitut.

Weiß, Reinhold (1982): Abbruch der Berufsausbildung. Daten, Motive, Lösungsmöglichkeiten. Köln: Deutscher Instituts-Verlag.

Wiggershaus, Rolf (2001): Die Frankfurter Schule. Geschichte, theoretische Entwicklung, politische Bedeutung. München: dtv.

Wilk, Liselotte (Hrsg.) (1994): Kindliche Lebenswelten. Eine sozialwissenschaftliche Annäherung, Bd. 4. Opladen: Leske + Budrich.

Willis, Paul (1977): Learning to labour: how working class kids get working class jobs. Farnborough: Syndikat.

Willis, Paul (2004): Twenty-Five Years on: Old Books New Times. In: Dolby, Nadine/Dimitriadis,Greg/Willis, Paul (Hrsg.): Learning to Labour in New Times. New York, London: RoutledgeFalmer, S. 167-196.

Zinnecker, Jürgen (1975): Der heimliche Lehrplan. Untersuchungen zum Schulunterricht. Weinheim/ Basel: Beltz.

Zinnecker, Jürgen (1987): Jugendkultur 1940-1985. Hrsg. vom Jugendwerk d. Deutschen Shell. Opladen: Leske + Budrich.

Unverzichtbar für das Studium: Einführungskurs Erziehungswissenschaft

Band 1
HEINZ-HERMANN KRÜGER
WERNER HELSPER (HRSG.)
Einführung in Grundbegriffe und Grundfragen der Erziehungswissenschaft
UTB L. 9. Auflage 2010. 347 S. Kt.
17,90 € (D), 18,40 € (A), 31,90 SFr
ISBN 978-3-8252-8092-5
„In systematischer und knapper Form die wesentlichen und vor allem prüfungsrelevanten Themen in verständlicher Sprache... kompaktes Überblickswissen ..." ww.buchkritik.de

Band 2
HEINZ-HERMANN KRÜGER
Einführung in Theorien und Methoden der Erziehungswissenschaft
UTB L. 5., durchgesehene Auflage 2009. 262 S. Kt.
16,90 € (D), 17,40 € (A), 29,90 SFr
ISBN 978-3-8252-8108-3
„... vermittelt grundlegende Kenntnisse, die auch mit Hilfe der angegebenen weiterführenden Literatur ohne Probleme vertieft werden können und ist daher [...] gut zu empfehlen."
ZSE 1 2008

Band 3
KLAUS HARNEY
HEINZ-HERMANN KRÜGER (HRSG.)
Einführung in die Geschichte von Erziehungswissenschaft und Erziehungswirklichkeit
UTB L. 3., erweiterte und aktualisierte Auflage 2006. 352 S. Kt.
16,90 € (D), 17,40 € (A), 29,90 SFr
ISBN 978-3-8252-8109-0

Band 4
HEINZ-HERMANN KRÜGER
THOMAS RAUSCHENBACH (HRSG.)
Einführung in die Arbeitsfelder des Bildungs- und Sozialwesens
UTB L. 4., durchgesehene und aktualisierte Auflage 2006. 334 S. Kt.
16,90 € (D), 17,40 € (A), 29,90 SFr
ISBN 978-3-8252-8093-2

Direkt bestellen: in Ihrer Buchhandlung oder bei

Verlag Barbara Budrich • Barbara Budrich Publishers
Stauffenbergstr. 7. D-51379 Leverkusen Opladen
Tel +49 (0)2171.344.594 • Fax +49 (0)2171.344.693 • info@budrich-verlag.de

www.budrich-verlag.de